曾繁旭 / 林珊珊 / 庄永志 著

深度报道
题材、理念与方法

In-depth Reporting

Topics,
Principles
and
Methods

清华大学出版社

北京

本书封面贴有清华大学出版社防伪标签,无标签者不得销售。
版权所有,侵权必究。举报:010-62782989,beiqinquan@tup.tsinghua.edu.cn。

图书在版编目(CIP)数据

深度报道:题材、理念与方法/曾繁旭,林珊珊,庄永志著.—北京:清华大学出版社,2021.1(2023.1重印)
ISBN 978-7-302-53968-1

Ⅰ.①深… Ⅱ.①曾… ②林… ③庄… Ⅲ.①新闻报道—研究 Ⅳ.①G212

中国版本图书馆 CIP 数据核字(2019)第 230616 号

责任编辑:纪海虹
封面设计:崔浩原
责任校对:王荣静
责任印制:宋　林

出版发行:清华大学出版社
网　　址:http://www.tup.com.cn, http://www.wqbook.com
地　　址:北京清华大学学研大厦 A 座　　邮　编:100084
社 总 机:010-83470000　　邮　购:010-62786544
投稿与读者服务:010-62776969, c-service@tup.tsinghua.edu.cn
质量反馈:010-62772015, zhiliang@tup.tsinghua.edu.cn

印 装 者:小森印刷霸州有限公司
经　　销:全国新华书店
开　　本:188mm×260mm　　印　张:13.5　　字　数:299 千字
版　　次:2021 年 1 月第 1 版　　印　次:2023 年 1 月第 2 次印刷
定　　价:58.00 元

产品编号:082095-01

作者简介 About The Authors

曾繁旭：博士，清华大学新闻与传播学院长聘副教授、博士生导师。曾任《南方人物周刊》记者、资深编辑。哈佛燕京学社访问学者（2010—2011）。著有《表达的力量：当中国公益组织遇上媒体》《媒体作为调停人：公民行动与公共协商》《风险传播：通往社会信任之路》等。曾获第七届"教育部高校优秀成果奖"三等奖、第三届"全国新闻学青年学者优秀学术成果"专著奖等学术奖项。目前在清华大学承担"初级新闻采写""高级新闻采写""传媒创新与创业"等课程的教学。

林珊珊：知名非虚构写作者，曾任《南方人物周刊》资深记者、《时尚先生 esquire》专题总监和主笔、One 实验室负责人，而后创办"故事硬核"工作室，与腾讯进行非虚构领域的合作，同时兼任清华大学新闻与传播学院的任课教师。代表性新闻作品包括《九号院的年轻人》《唐慧的漩涡》《少年杀母事件》《教父最后的敌人》等。曾获《南方周末》传媒致敬之年度最佳特稿""北京大学公益传播致敬奖""南方报业传媒集团年度记者""网易华语新媒体传播大奖之年度非虚构写作"等奖项。

庄永志：1999 年进入中央电视台新闻中心评论部《新闻调查》栏目任策划，2003 年任新闻中心评论部《焦点访谈》主编，2009 年任新闻中心 DESK 制片人。2014 年 5 月辞去中央电视台职务，现就任南京大学新闻传播学院副教授、广电系主任，讲授"电视新闻采访""新闻高级采写"等课程。

目 录 Contents

导言 ·· 1

第一部分　人物报道

第一章　让人物报道更生动：观察的视角 ·· 9
　　第一节　民间人物：外部冲突,还是内心世界 ·· 10
　　第二节　公众人物：仰视,还是平视 ·· 16
　　第三节　延展性人物：时代符号,还是人物细节 ·· 21
　　小结 ·· 23
　　【课后习题】 ·· 24

第二章　让人物报道更饱满：寻找坐标系 ·· 25
　　第一节　人物的多重坐标系 ·· 26
　　第二节　透过坐标系寻找报道主线 ·· 29
　　第三节　灵活组合坐标系 ·· 33
　　小结 ·· 37
　　【课后习题】 ·· 37

第二部分　文化报道

第三章　让文化报道更有关怀：不审丑也不谄媚 ···································· 41
　　第一节　立场：精英文化、大众文化与亚文化 ··· 42
　　第二节　视角：粉丝视角VS观察者视角 ··· 46
　　第三节　态度：起哄、简化VS专业、丰富 ··· 50
　　小结 ·· 54
　　【课后习题】 ·· 54

第四章　让文化报道更厚重：脉络感与学科视角 ···································· 55
　　第一节　流行工业的演进 ·· 56
　　第二节　社会文化语境的变迁 ·· 60

第三节　文化潮流的更替 ································· 63
　　第四节　文化报道的学科视角 ····························· 64
　小结 ··· 66
　【课后习题】 ··· 66

第三部分　商业报道

第五章　让商业报道更专业：分析框架与问题意识 ············· 69
　　第一节　商业报道的不足与改进 ··························· 70
　　第二节　商业报道的分析框架 ····························· 72
　　第三节　商业报道的问题意识 ····························· 76
　小结 ··· 83
　【课后习题】 ··· 83

第六章　让商业报道更好读：从人物切入商业故事 ············· 85
　　第一节　借人物谈公司与行业 ····························· 86
　　第二节　企业家的生活与性格 ····························· 88
　　第三节　商业人物背后的经济模式与商业环境 ··············· 93
　　第四节　商业人物的调查报道与群像 ······················· 96
　小结 ··· 97
　【课后习题】 ··· 98

第四部分　突发事件报道与时政报道

第七章　让突发事件报道更从容：落点与角度 ················· 101
　　第一节　突发事件报道的现状与改进 ······················· 102
　　第二节　突发事件的报道落点 ····························· 103
　　第三节　突发事件的报道角度 ····························· 107
　小结 ··· 113
　【课后习题】 ··· 114

第八章　让时政报道更深入：路径的选择 ····················· 115
　　第一节　如何报道国家仪式 ······························· 116
　　第二节　如何报道官员 ··································· 120
　　第三节　如何报道热点政治事件 ··························· 125
　小结 ··· 128
　【课后习题】 ··· 128

第五部分　调查性报道

第九章　让调查性报道更有突破：信源获取 ……………………………… 131
　　第一节　谁是报道的核心信源 …………………………………………… 132
　　第二节　如何逼近核心信源 ……………………………………………… 136
　　第三节　如果采访不到核心信源怎么办 ………………………………… 139
　　第四节　善用互联网突破信源 …………………………………………… 142
　　小结 …………………………………………………………………………… 143
　　【课后习题】 ………………………………………………………………… 144

第十章　让调查性报道更严谨：证据链 …………………………………… 145
　　第一节　寻找关键证据 …………………………………………………… 146
　　第二节　超越庸俗的"平衡观" …………………………………………… 149
　　第三节　证据链条的完整性 ……………………………………………… 150
　　第四节　证据链与报道立论 ……………………………………………… 153
　　小结 …………………………………………………………………………… 157
　　【课后习题】 ………………………………………………………………… 158

第十一章　让调查性报道更有影响：焦点确定 …………………………… 159
　　第一节　焦点何在 ………………………………………………………… 160
　　第二节　为何失焦 ………………………………………………………… 163
　　第三节　如何聚焦 ………………………………………………………… 167
　　小结 …………………………………………………………………………… 170
　　【课后习题】 ………………………………………………………………… 171

第六部分　环境科技报道

第十二章　环境科技报道的专业化之路：成为合格的沟通者 …………… 175
　　第一节　重塑专业理念 …………………………………………………… 177
　　第二节　立场：在公众与专家之间 ……………………………………… 179
　　第三节　什么是"主流科学观点" ………………………………………… 183
　　小结 …………………………………………………………………………… 187
　　【课后习题】 ………………………………………………………………… 188

第十三章　环境科技报道的专业化之路：克服本能 ……………………… 189
　　第一节　判断：一般常识 VS 科学证据 ………………………………… 190
　　第二节　语态：煽情 VS 专业 …………………………………………… 192

第三节　环境科技报道的贴近性 …………………………………… 196
　　小结 ………………………………………………………………… 199
　　【课后习题】 ………………………………………………………… 200

参考文献 …………………………………………………………………… 201

致谢 ………………………………………………………………………… 206

导　言

一、本书的理念

长期以来，新闻学院的教学都强调学生的知识视野与现场反应能力，以便更快地捕捉各种新鲜的题材。因此，新闻系的同学常会被认为是"杂家"，甚至是"万金油"。①

然而，这个时代的新闻业正在呼吁"专家型记者"的出现。

在碎片化的社交媒体环境下，一个热点新闻刚刚发生，便有无数的信息、解读与评论，看似热闹非凡，却又经常不得要义，更不乏情绪主导或者混淆是非的内容。媒体机构如果能够提供真正权威、专业的报道，便能极大满足公众的需求。从这个角度而言，"专家型记者不仅是记者的个人修养问题，更是关乎传统媒体生死存亡的关键性议题"②。

不仅如此，随着科学技术的发展以及风险议题的崛起，新闻题材变得越来越专业化，这给新闻采写带来了巨大的挑战。不难想象，当一个不具备专业知识的记者面对"PX"事件、转基因食品争论、疫苗风波或者"马航客机失联"事件时，他们可能进退失据，甚至会在报道中犯下错误或无意中传播了谣言。正是因为过去一段时间在此类议题上的表现欠佳，中国新闻人的专业素养颇受诟病。

媒体机构的"条线分工"（Beat）也在变得更为细化。除了常见的时政新闻、社会新闻、文化新闻，不少媒体还开拓了商业报道、法律报道、环境科技报道、教育报道、体育报道、人物报道等诸多细分的领域。即使以同样一个新闻领域为深耕的方向，不同的媒体机构也往往会凸显自己的独特竞争力与专业视角，从而形成明显的区隔。因此，不少媒体机构在招聘时，强调新进员工应该具备新闻专业以外的某种知识背景。何况，成千上万的自媒体早已占领各种细分的领域和题材，这也推动着媒体机构进一步专业化。

从一个记者的职业发展而言，专家型记者因为高度熟悉某个报道领域或者行业，往往具有不可替代性，而且会在工作中更从容、更有把握。即便中途转行，这样的记者也会轻易得到相关行业的青睐。

---

① 刘翼：《全媒体时代更需要"专家型记者"》，载《青年记者》，2016(28)上：63。
② 夏德元、白红义、张燕：《专家型记者：新机遇与新挑战》，载《传媒评论》，2014(5)：39～41。

事实上，培养"专家型记者"的呼声近年来得到了很多媒体人和新闻院校的认同。

作为全球新闻教育的领先者，美国哥伦比亚大学（以下简称"哥大"）新闻学院早在2003年就推出了一个硕士项目，以培养"专家型记者"为目标。该项目的学生必须在哥大的另外一个科系修习一年的课程，并在4个研究专业中选择一项，其分别为艺术和文化新闻学、商业经济新闻学、科学和医药新闻学、国际政治新闻学，学生们还可通过学习获得双硕士学位。学者们认为，这一项目使得学生"具备更独特的专业知识和新闻采写能力，在制作精细而复杂的故事基础上，以更专业的视角向公众解释复杂的专业问题"①。

从这个项目的"培养方式"出发，我们不难理解，什么才是"专家型记者"。

专家型记者应该对某个领域或行业有持续的关注，并具备相关的专业知识，从而能够"准确把握报道题材的现状、问题、趋势，并寻找权威的消息来源"②。如果你是一个文化记者，就应该对电影、音乐、文学、历史、建筑、城市、设计、社会思潮等若干个领域有比较深入的洞察，既熟悉精英文化的趣味，也了解大众文化乃至亚文化的推陈出新，并且知道谁是其中最活跃、最重要的人。

专家型记者需要掌握相关的理论工具、分析框架与观察视角。如果是一个商业财经记者，你应该对某个行业或若干个重要企业的商业模式了然于胸，能够运用各种行业分析或企业分析的理论框架，也能读懂财务报表，甚至知道中国企业制度在过去半个世纪的变迁与轮回。

专家型记者还应该具备沟通专家与公众的能力。一方面，"足以发表专业意见，并能得到专业人士的认可"；另一方面，又能"将这些艰涩的科学术语转换成广大受众看得懂、接受得了的道理"。③ 如果你是一个环境科技领域的专业记者，对于最新的转基因争论或者食品添加剂风波，应当既知晓科学界的主要研究结论，又明白公众的顾虑与恐慌，从而用恰当的故事讲述方式，协助公众了解与辨别技术问题。在其中，专业能力与沟通技巧需要得到平衡。

当然，你未必能够像哥大新闻学院的学生一样，在另外一个科系接受系统的学术训练。因此，本书最想强调的是，你应该对新闻业在某个领域的实践有充分的鉴赏能力，熟知其中的经典报道与代表作者，关注新浮现的话题与争论，同时还能常常指出新闻实践中的不足，并总结国内外同行在该领域的方法论，从而知道如何突破。当你日后进入媒体机构，自然可以对报道选题举一反三，并可运用不同的专业视角、证据链采集方式，凸显自己的判断立场。

二、本书的方法

首先，本书从常见的新闻题材领域切入，分门别类地梳理其中的理念与方法。

深度报道，是一个相对宽泛的概念。学者张志安曾界定了它的三种定义：第一，深度报道是一种文体，包含了调查性报道、解释性报道和预测性报道等主要类型；第二，深度报

---

① 金琛、张贤、冯慧珠：《美国哥伦比亚大学新闻教育的改革实践》，载《新闻战线》，2017(7)下；127～128。
② 夏德元、白红义、张燕：《专家型记者：新机遇与新挑战》，载《传媒评论》，2014(5)：39～41。
③ 夏德元、白红义、张燕：《专家型记者：新机遇与新挑战》，载《传媒评论》，2014(5)：39～41。

道是一种形式,比如,组合报道、系列报道;第三,深度报道是一种旨趣,重在挖掘新闻的内涵。[1]

然而,本书认为,不同题材领域的深度报道往往相去甚远。因此,我们并不把深度报道作为一致的整体,而是凸显人物报道、文化报道、商业报道、突发事件报道、时政报道、调查性报道、环境科技报道等不同题材的逻辑,并归纳出主要的方法论与分析框架。

我们假定,你已经掌握新闻采写的一般流程和技巧,正在寻找自己感兴趣的题材领域,并准备以其为出发点来培养自己的知识深度与洞察力。事实上,当你进入媒体机构工作时,总会被安排到具体的部门并对接某个相应的题材领域,本书将帮你做好准备。

其次,本书超越单纯的实践技巧,聚焦于新闻的方法论层面。

关于新闻采写的教材与著作,常常着力于总结新闻实践中的技巧,比如,记者应该如何与消息源打交道,如何通过现场的采访与观察捕捉丰富的信息,如何在写作时运用细节等。这些内容凸显的是一名合格记者应该掌握的基本技巧与专业素养。

本书则着眼于新闻方法论的探讨,它希望帮助记者形成观察、思考与判断的方式。具体而言:可以从哪些视角去观察新闻人物?人物复杂多面,以什么作为参照系准确判断?可以从哪些角度去解读新闻事件?怎样的证据链才是完整的?如何将人物或者事件放入历史脉络中打量?如何通过运用学科视角和分析框架让报道更有解释力?不同的新闻题材应该追问怎样的问题意识和理念?报道如何关照时代?换言之,我们不过多关注微观层面的问题,而是透过这些中观乃至宏观层面的探讨,希望新闻人可以在这个信息泛滥而真相模糊的时代保持自己的明辨与沉着。

对于新闻方法论层面的总结,既需要有长时间对新闻业的观察历练,又需要有抽离式的研究。在业界,记者、编辑们对于方法论有许多摸索及提炼,但通常囿于各自的报道领域和题材,可能缺乏系统性知识;而在学界,教授们则更多投入于理论研究,对不同新闻题材的实践过程未必十分熟悉。正因为如此,我们才有此写作计划,希望能梳理不同新闻题材的实践方法论。

最后,本书尝试在写作中运用案例教学的方式,并提升互动性。

在新闻实务课上,案例教学是常用的方式。但理想的案例教学,显然不是"精品赏析",它从不假定存在唯一的路径,也不认为被分析的报道就是最佳方案。因此,本书在每一章剖析若干个案例,带领读者回到案例的情境,并细致比较各种潜在的方法,探究其优劣。

在叙述上,本书非常强调互动性,不仅在案例中时刻注意调动读者的参与感,而且使用"课前提问""思考""小贴士""小结""课后习题"等多种方式,试图启迪读者的思考与探索。

三、本书的结构

全书包括6个新闻题材领域:人物报道、文化报道、商业报道、突发事件与时政报道、

---

[1] 张志安:《深度报道:理论、实践与案例》,北京,高等教育出版社,2015。

调查性报道、环境和科技报道。在每个题材领域,我们分别有两到三个章节。

本书的第一章和第二章,聚焦于人物报道。第一章,我们将探讨观察人物的视角——仰视、平视还是俯视?宏观还是微观?如何走入人物内心?所谓时代缩影如何理解?第二章,将探讨如何建立人物的坐标系,以丰富对人物的理解。

第三章、第四章,是关于文化报道的。第三章,我们将讨论如何让文化报道更有关怀——文化形态有高低吗?文化报道应该采取粉丝视角还是文化观察者视角?面对娱乐事件,怎样的报道态度更恰当?第四章,将探讨文化报道的脉络感和学科视角,从而让文化报道更厚重。

第五章、第六章,是关于商业报道的。其中,第五章将介绍商业报道中的各种分析框架,并梳理若干重要的问题意识——商业报道不好读,是因为太专业吗?如何在报道中运用商业分析框架?从更宏观的视野看,中国的商业实践正在发生怎样的变化,如何在报道中凸显这些问题意识?第六章,介绍若干种从人物切入商业故事的方法——应该侧重于企业家的生活与性格,或是透过人物去反映企业与行业?企业家个体或群体如何改变我们的商业环境?仔细阅读这两章,你可能写出既专业又好读的商业报道。

第七章、第八章,涵盖了突发事件报道和时政报道的重要内容。第七章,细致分析了突发事件报道的落点与角度——在新闻竞争中,怎样的报道落点选择更为合理?有哪些报道角度可供选择?在第八章,我们从国家仪式报道、官员报道以及热点时政事件报道三条路径切入,探求时政报道的改进之道——如何让时政报道与公众产生关联?如何挖掘时政新闻当中的人物故事?面对不同类型的官员,报道可以有哪些方法?重大时政事件的背后是否有值得解读的政治逻辑?

第九章、第十章、第十一章,聚焦于调查性报道。具体而言,第九章,关心调查报道的信源选择。我们将阐述:谁是报道的核心信源?如何逼近核心信源?如果采访不到核心信源,应该怎么办?第十章,讲述如何完善调查性报道的证据链——什么是关键证据?如何通过证据链的采集得出明确而且不偏不倚的结论?第十一章,强调调查性报道应该回应社会关切与时代命题。

第十二章、第十三章,是关于环境科技报道的。这也是近年来快速发展的一个报道领域。第十二章,探讨环境科技报道的理念、立场与主流科学观点——中国记者崇尚的新闻观念是否适合环境科技报道题材?记者应该站在科学、专家的一边还是民众的一边?如何让两者产生有效的沟通?如何辨别"主流的科学观点"?在第十三章,我们关注这个领域的记者如何克服一系列的本能,比如,"过于依赖常识性的判断""诉诸煽情化的表达",以及"知识精英的傲慢姿态"。

如果你们进入媒体行业,主要面对的题材就是这些。当然,即使面对其他更细分的新闻题材,你们也可以触类旁通。我们所追求的专家型记者的内涵,已经通过以上的这些章节进行了充分表达,也相信你们完全可以领悟和掌握。

总体而言,本书适合于"新闻采访与写作"(上、下)、"深度报道""非虚构写作"等课堂使用,而且新闻从业者和研究者也能够从中找到契合点。

除了导语,书中共有十三章。如果您是新闻学院的老师,可以根据学期的长度,在这

14周课程的基础上,适当增加一些实践环节。我在清华大学的课程,通常在第一周就要求学生们分成小组,并安排好每周的作业,有的在课堂进行展示,有的则是专门点评。每周上课之前,我会请同学们提前阅读案例材料,便于课堂讨论。有时还会邀请行业嘉宾来访。

如果您是新闻系学生或者是新闻从业者,我则希望您在阅读时能够尽量进入案例情境之中,试着跟我们一起去探寻答案,而且认真对待各章的提问与课后习题。通过这些练习方式,您会提高得更快。

第一部分

人物报道

PART ONE

CHAPTER 1
第一章

让人物报道更生动：观察的视角

> **摘　要**
>
> 　　在本章中，我们将人物报道分为三类：民间人物报道、公众人物报道以及延展性人物报道。本章将分别对其报道视角进行探讨。

前言

当新闻事件发生,你最关注的会是什么?无论是经济的走向、不同社会力量的冲突,还是命运的起伏,最终指向的都是新闻事件中的人。在众多的报道类型中,有一类最专注于新闻当中的人,也就是我们通常说的人物报道。[①]

概括而言,人物报道泛指"一切以人物为核心的新闻报道,包括人物通讯、消息、特写、专访等新闻体裁,它以介绍人物为主要目的,记述人物的言行、事迹、性格、生平、历史等"。[②]

在很长的时间中,人物报道往往被理解为"典型人物"报道,就是用以树立社会楷模的一种宣传方式。但随着市场化媒体的报道领域的拓展,人物报道逐渐成为一种常规的题材和报道方式,并且涵盖社会新闻、时政、商业、文化等各个领域。这一转变,可以《南方人物周刊》《人物》等专门从事人物报道的媒体机构的崛起为关键节点。当然,人物报道不一定十分强调新闻性,但很多时候,人物报道则将新闻事件和历史脉络与一个特定的新闻人物糅合在一起,既是刻画人物,也是反映现实。

当我们决定将人作为报道的主体,如何看待他们就成为记者首先要面对的问题。在真正的媒体实践中,你可能会遇到一些社会底层的小人物(民间人物),或是主宰与影响这个国家社会命途的大人物(公众人物)。有一些人沉醉在自己的精神世界,而更多的人则与整个社会发展的脉络紧紧相连。这个时候,究竟该以何种视角来观察人物呢?

> **课前提问**
> - 从哪个视角去解读人物更好,"仰视""俯视"或者是"平视"?还有其他的报道视角吗?
> - 回想一些你所看过的人物报道,对于这些人物,记者都采用了怎样的视角?

第一节 民间人物:外部冲突,还是内心世界

一、民间人物报道的类型与优势

社会中的时政人物、商业人物、文化人物等都是人物报道的对象,而在我们看到的人物报道中,还有一些人物报道集中在普通人的身上。这些"小人物"常常会有另一个名字——"民间人物"。他们是跟我们一样生活在普通社会阶层里的人。

民间人物的报道通常有两种类型:(1)报道新闻事件中的当事人;(2)报道有着独特生活和经历的民间人物。前者,不仅是将这些小人物看作新闻事件的信源,还希望将小人物当作一个人物来还原。也就是说,记者需要把新闻事件与人物的生命历程乃至情感体

---

① 本章的几个小节曾由曾繁旭、林珊珊等发表于《新闻与写作》2015年第10期、第11期和2016年第1期,纳入本书时进行了增补和修改。
② 晨曦:《转型期中国人物报道创新研究》,南京师范大学硕士学位论文,2011。

验交织在一起写。后者,则凸显民间人物的故事性和传奇性,而不强调其新闻色彩。

民间人物报道有其相当多的优势:

1. 民间视角。从某种程度上说,中国的新闻改革就是从小人物成为新闻报道题材开始的。作为中国新闻改革一个重要标本,《东方时空》就曾以此为突破口。其中一个栏目《生活空间》的宗旨就是"讲述老百姓自己的故事",并把目光投向老百姓,开创了中国电视新闻史的先河。《生活空间》正是通过这样的努力,把民间视角带入新闻报道,为后人留下了一部"民间人物的历史"。

2. 题材广阔。民间的人物题材多而广,容易寻找。

3. 可接近性。如果人物报道的努力是希望能够讲一个好的故事,那首先需要被采访者愿意跟你分享大量的故事内容,愿意花很长时间和你相处,甚至你可以有很长的时间观察他的生活习惯。相比于知名的商业人物、文化人物,"民间人物"是比较容易接近的。

4. 故事性强。民间人物跟普通的新闻读者较为相似,因此更容易产生共鸣或展现出对人生富有启发的内涵。

二、民间人物报道的视角选择

通常而言,报道一个民间人物的视角可以有两种:(1)聚焦于人物所经历的外部冲突;(2)聚焦于人物的内心世界。

"人物的外部冲突"侧重的是人物与外部世界的关系。比如,个人与家庭、单位乃至社会制度的冲突,这种冲突往往决定一个人物的命运。帅气的韩剧主人公希望与街边的灰姑娘结婚,但整个家族都反对,他只有一步步去争取和抗争,这构成人物与外部世界的关系,形成了故事的悬念。又比如,一个举重冠军始终没有得到社会的公正待遇,郁郁而终,这也是人物与外部世界的冲突。

"人物的内心世界"则更强调报道中的主人公特殊的人生体悟与内心世界。比如说,很多人物并没有与外界的核心冲突事件,却有难以为外人理解的行为逻辑,作出了非常古怪的人生选择,其实这是他内心的恐惧或者野心所致。这听起来有点像心理分析,但很多人的生命选择,都不是取决于外部世界,而是源自内心夙愿。这种内在的宿命感常常是小人物故事中最打动人的部分。

当然,这样的分类更多是为了便于理解。在一篇报道中,可能有所侧重,但并不一定截然对立。比如说,人物在经历与外部世界的冲突时,也往往表现出内心的特质。

三、人物的内心世界

> • **案例:香江野生动物园的女驯兽师李静**

这是本书作者曾繁旭在 2005 年 5 月 1 日接到的编辑部选题。当时作者从《南方人物周刊》的北京记者站回到广州总部,一位编辑希望在"五一"长假期间为读者提供一个轻松的"民间人物"报道,于是让作者前往广州香江野生动物园采访年轻的女驯兽师李静,讲讲她与动物的故事。

如果你得到这样一个选题,会想讲一个怎样的故事?或者说,你会从哪一个视角观察这位驯兽师？

顺着驯兽师的职业线索，你可能会设想很多的可能性：她工作时特殊的经历，如何与动物建立亲密关系，她在日常生活中是一个什么样的人，她成为驯兽师的动机和原因。这些不同的报道角度的存在，是因为我们每个人观察一个人的视角是不一样的。

如果你想知道她工作时的职业状态以及她和动物的各种互动与冲突，那么，你的视角就会聚焦于她和外部世界的关系上。反之，如果你关注她成为驯兽师的动机，关注她的日常生活状态以及心理过程，则自然而然地就聚焦于"人物的内心世界"。

那么，你要选择哪个视角呢？不难想象，很多媒体都会好奇一个驯兽师和动物相处的这种特殊经历，甚至容易将其美化为一个人和动物和睦相处的故事。但是在我们看来，这个故事中很重要的一个视角或者说悬念还是更多地指向人物的内心。任何一个驯兽师都有和动物相处的经历，都有可能遇到危险。但是，一个小女孩，年轻、漂亮，为什么非要做这个比较危险而且远离人类世界的工作，她没有别的选择吗？这个悬念也许是能把她区别于其他驯兽师的一个重要原因。追随这样的视角可能会将记者引向更深入的人物故事。

当你在两种视角之间犹豫时，你需要问自己：人物身上最独特、最精彩的地方在哪里？寻求答案的过程，你会有自己的直觉。

我们在采访中发现，驯兽师李静很害怕和人打交道，她和动物在一起会比较放松。她的工作从上午8点半到下午7点，都与动物在一起。下班回到家里之后，上网看电视，话不多。宿舍人很多，她不适应，她喜欢跟动物关在笼子里的生活。这样的一种生活状态，源自她独特的成长经历——因为父亲职业的缘故，她从小家庭经常搬迁，导致她在人际关系中缺乏安全感，而青春期的一些感情挫折更是让她受到伤害。所以，她就慢慢自我保护，逐渐适应了不跟别人打交道的生活，与动物相处反倒给了她重要的情感慰藉。

我们最后写成的报道使用了这样的导语：

李静：我更愿意亲近野兽（节选）

记者：曾繁旭，实习记者：梁慧敏，载《南方人物周刊》，2005(19)

19岁的美丽女驯兽师李静不时亲昵地搂抱一下小熊田田，捋一捋它棕色的毛发。小熊把脑袋凑了过去，前掌在她草绿色T恤衫上留下了一个黑色的大爪印，她不以为意。

李静数不清和她一起玩耍的野兽在她身上留下多少伤疤。

鲜血洇湿了衣裤，伤口露出骨头，每一次野兽对美女的伤害，比起人类对她的伤害，更多是在身体上，而不是心灵上。"但我原谅它们，从来不生它们的气。"

老虎、熊、猴子、袋鼠、河马……从两个月大就送到她手中，像婴儿一样。她喂它们吃东西，看着它们长大，和它们培养感情，教它们跳芭蕾舞，跳绳，训练各种动作。每一天，早晨八点半到下午七点，她生活的全部就是这些野兽，野兽分享了她的所有情绪。

李静下班回到姐姐家中。上一会儿网，看一会儿电视，话不多。单位的宿舍人多，她不适应。她喜欢和动物一起关在笼子和铁栏里的生活。

很显然,这个故事要比简单的"驯兽师——动物"的故事更为动人,因为决定人物命运的密码并非某个简单而直接的外部冲突,而是深藏于她的内心世界。

四、人物的外部冲突

在另一些案例中,可能人物与外部世界的冲突更吸引人,这是因人而异的。

• 案例:小城拳击队

本书作者林珊珊操作过另外一个选题:一个国家拳击队员,后来当了最早的职业拳击手,再然后回到家乡四川的一座县城,教一群少年打拳击。有人去为他们拍纪录片,这部片子拿了"金马奖"。

如果要写这个故事,你怎么做?从头到尾讲述他的人生?或者聚焦于他给县城少年带来的改变?获奖的纪录片,就详细而饶有趣味地讲述了这样一个故事:一群农村少年想通过拳击比赛改变自己的命运,这个拳击手也非常有耐心地教他们。最后拳击手自己去参加了一场比赛,比赛打输了,纪录片就结束了。

显然,如果简单复制纪录片的故事,那就没有意义了。

我们的经验是这样的——这个人物是有核心冲突事件的,你应该捕捉这个核心事件,通过这个核心事件去理解人物。

这个人物有两个核心冲突事件。

一是重回擂台,参加比赛。他已经当教练了,为什么又重新站到了擂台上?一个30多岁的拳击手,重新站到一个世界级的拳击赛擂台上,去挑战一个来自日本的19岁冠军,这意味着什么?擂台就设在他生活的那个县城里,比赛的结果对他以后的生活会有什么影响?

二是后来关于他的纪录片拿了"金马奖"。我们当时一看到这则消息立刻给他打电话,他刚好去成都转火车回家乡。我们立刻赶去成都见他,在这个节点跟他一起坐了13个小时的火车回到那个县城,当晚又聊了一个通宵。他讲了很多。为什么要在这个时候去呢?因为关于他的纪录片拿了"金马奖"是一个重要事件,也是故事发生转折的契机,必须在第一现场看看大家对他的态度有没有什么变化,所以我们在这个时候切入了。

当然,我们在火车上已经聊到了他参加比赛的事。他说,参加完比赛一直都很抑郁,因为比赛之后,所有的人都对他的意见很大,觉得他输给了"小日本"。这个比赛,他被打得非常惨,整个县里的朋友和乡亲在没有比赛完就跑掉了,觉得他实在太让大家丢脸了——"县里把你宣传得蛮厉害的,你居然在我们县里被'小日本'打败"。这个事情对他的伤害非常大。

我们后来的整个报道就围绕这两个核心冲突事件来讲述了故事。

小城拳击队(节选)

记者:林珊珊,载《南方人物周刊》,2013年总第340期

你可能去过一些中国县城,它们总有一种无所期望的气息,身在其中却不以为意。少年们也有过热爱,往往又化作庸常。年复一年,孩子在地上爬行,时代潮流走

来窜去,似乎这就是天长地久。

某天清晨,我在一个叫永郎的四川小镇下了火车。铁路边低矮的房子在薄雾中紧闭着。我跟随前面的齐漠祥,他个子不高,步伐利索,似乎早已习惯这样的清晨:从成都出发,然后在夜里颠簸12个小时。

他戴顶印红星的绿色鸭舌帽,帽檐压得低,藏着一张小巧的脸,当他抬头看你,湿润明亮的眼睛显得平静。不协调的是,眉骨留下了裂开的伤痕,嘴唇依稀看出缝过好几针,鼻子也有点儿扁塌。一张饱经捶打的脸,我想他曾是凶猛的拳击手。

我在15个小时前认识了他,现在我们要转一趟汽车,绕过群山,到会理县城。清冷的熹微之光中,拉杆箱轰隆隆响在山坡间。他刚从台湾"金马奖"现场回来,3年前,加拿大导演张侨勇开始记录他和一群少年的拳击生活,拍成了《千锤百炼》,获得第49届"金马奖"最佳纪录片。

"刘德华握过的手哟!"老同学摸着他的手嬉笑着,频频举杯。

……

几天里,电影获奖的消息在船城传开了。会理二中挂起了庆祝横幅,校长在升旗仪式上通报喜讯,可能"和刘德华握手"更具传播力,大家都把获奖地点说成了香港。县里还组织了观影会,县领导都前来观看,电视台在现场架起了摄像机。

"很感人!"一位领导说出了他的感想,"当然,那场比赛能赢就更完美了!"李副县长似乎更受感染,"这就是艺术的魅力……悲剧,悲剧更能打动人心!"

齐漠祥低头摆弄手中的橘子皮,就像比赛时那样,再次站到了焦点。尽管,眼前的他更像一个虚焦。

同学们还可以看一下前《南方周末》高级记者李海鹏老师的报道《举重冠军之死》,这是一个很经典的报道。文章一开篇就把举重冠军才力的悲惨命运跟外部的体育制度紧密联系在一起——在僵硬的体制下,小人物的命运有如蝼蚁一般无足轻重。文章聚焦的核心冲突事件,是举重冠军才力突然生病住院以及家人奋力筹集医疗费用的这一天。[①]

我们还操作过许多身处新闻事件当中的民间人物故事。比如,城中村卖烧烤的少年杀了母亲砍了父亲(林珊珊:《少年杀母事件》,载《南方人物周刊》);被伊拉克恐怖分子当成人质的中国公民平安回到自己家乡(曾繁旭:《人质林斌在伊拉克的日子里》,载《南方人物周刊》)。这类题材,都属于有核心冲突事件的民间人物,通常可以紧扣核心事件来展开人物与外部世界的关系。当然,如果透过核心事件反映出了人物的丰富内心,也可以将其纳入主线当中,让核心事件的叙述更加饱满。

五、大时代中的小人物

还有一种报道视角可以运用于民间人物,也就是解读人物的时代脉络。你会发现,人物的命运常常是由时代所决定的。比如,高考制度的恢复,就决定了无数人的命运。换言之,一个小人物身上通常也蕴含着许多时代的密码可以解读。我们也可以将这种视角概

---

① 李海鹏:《举重冠军之死》,载《南方周末》,2003-06-19。

括为"大时代中的小人物"。

• 案例：蜂巢人生

随着房价的快速上涨，在大都市里奋斗的年轻人越来越难以承担相对体面的居住条件。在北京的一些地方出现了"蜂巢"出租屋。一套普通住宅，可以被分隔为数十个"房间"，租客也形形色色。

当你发现这样一个选题，你会怎样去报道其中的人物？你会运用什么报道视角？

在《南方都市报》的这篇报道里，记者聚焦在一个手机应用设计师身上，详细描绘了他所生活的逼仄空间与日常细节，同时也将人物放到一个更广阔的维度展开——大时代正在怎样挤压这群年轻人的空间与青春？

在视角上，文章主要聚焦于人物与外部世界的关系，不断叙述大时代的快速变化对人物形成的压力，当然叙述中也会提及个人的无奈与唏嘘。

蜂巢人生（节选）

记者：马金瑜，载《南方都市报》，2012-11-21

苹果是怎样在改变着人们的生活，做苹果手机游戏程序设计师的大鹏并不是很确切地知道。在那个模拟人生的苹果游戏里，他最想选的是沙特阿拉伯的王子，可以轻松入住迪拜的帆船酒店，而不是住在高档住宅小区一个翻身就会碰到墙的小隔断里。

这是 29 岁的大鹏有生以来住过的最小的房间，长宽都不足两米，大小不过三平方。一进屋，一米八高的他只有坐在床上，床的一侧与小电脑桌和衣柜紧靠着，他转个身不小心就会碰着邻居的墙。从那个一张报纸大小的窗户望出去，对面的五星级酒店"香格里拉"几个红字彻夜亮着。

如果不是之前创业欠下信用卡债务，或许大鹏能住得好一点。在小隔断安家之前，大鹏还去看过附近月租 1000 元以下的房间，没想到比这里还差劲。没有阳光，只有几瓦的节能灯整天昏沉沉地亮着，每个小隔间门挨门，几乎像监狱的牢房一样，就是白天进去，大鹏也觉得压抑阴森。现在住的房间，好歹还有个小窗户，有太阳的日子，能有点阳光照进来；每天晚上虽然要排队到 11 点之后，但总算有热水洗澡，有洗衣机洗衣服，能维持起码的清洁和体面，这几乎是大鹏最为满意的地方了。这套位于顶楼的复式住宅又加盖了一层，三层共 38 个房间都编了号，多是那种没有窗户的房间，象征性的窗户都开在走廊上方。因为大鹏看中的这个屋子有一扇能看见外面世界的窗户——比没窗户的贵 150 块钱。为了这扇窗户，大鹏勉强同意了。

……

六、影响报道视角的因素

报道"民间人物"时，记者应如何在"外部冲突"或"内心世界"等视角当中选择，往往取决于以下因素：(1)人物身上的故事性主要是来自于外部关系还是内心世界？(2)如果主要的情节来自于外部关系,那么人物是否有强烈的核心冲突事件,还是受到更恢宏的时代脉络的挤压?(3)如果主要的情节来自于内心世界,人物的命运和性格是否表现出宿命的色彩?

回答好这些问题,你就知道了故事的主线。换言之,理解人物故事最大的悬念与张力非常重要,它影响着你的报道角度和采写重心。当然,在一篇报道中,也可能整合不同的视角。比如,当你选择一个视角为主线,可以把另一个视角作为副线。

第二节 公众人物:仰视,还是平视

一、报道公众人物的视角选择

通常而言,公众人物主要指文娱明星、艺术家、精英企业家,以及对整个社会有着重要影响力的思想家和科学家。对于记者来说,遇上这样一些带着光环、具有强烈个人魅力的采访对象,与他们对话、了解他们的性格与思想,这可能是工作中特别令人兴奋的一部分。事实上,媒体的人物报道,很大一部分涉及的就是公众人物。

然而,在当今的新闻环境下,公众人物报道往往面临众多媒体的同题竞争。比如说,艺人、演员总是在特定的宣传期接受多家媒体采访。在这种情况下,媒体如何对一个生活在聚光灯下的公众人物进行重新挖掘,在他们身上寻找到新的报道视角,展开不同的新闻操作,这是公众人物报道的一个重要考验。

另外,报道时,记者要仰视他们,还是平视他们?仰视视角,即增加他们的光环;平视视角,则要除去他们身上被叠加的光环,将他们作为普通人看待。

二、呈现日常生活和普通人性

传统意义上的公众人物报道,往往强调人物的典型性——既充分表现其专业上的成就斐然,又通过讲述其前世今生的故事,突出其超高的思想觉悟与个人品格。媒体呈现这群人物"又红又专""德艺双馨"的形象,意在对于读者的观念引导。

商业化媒体的公众人物报道,则有意识远离其专业成就与高标的道德宣言,从而拉近读者与被报道者的关系。因此很多记者或主持人在讲述公众人物的故事时,会选择从日常生活和普通人性入手,仔细讲述某个公众人物如何喜爱小动物,如何乐于陪伴家人,对于大自然充满敬畏之心等。这样的报道,其用意是让被光环化、被标签化的人物形象变得更为饱满——"这个人不仅功成名就,而且热爱生活,是一个丰富、美好的人"。这与最传统意义上的公众人物报道自然有所不同。另一些商业化媒体则更加反叛,它们希望呈现公众人物复杂、多元甚至灰暗与柔软的一面。

> **• 案例:周星驰新片上映**

2013年春节,周星驰带着自己导演的新片《西游·降魔篇》接受了很多媒体的采访。有关周星驰的报道已经很多了,如果在这个时候有了采访他的机会,你会采用怎样的视角呢?你选择仰视他,还是平视他?是着眼于他的事业新发展,还是去探究其作为普通人的一面?

在中央电视台《看见》栏目的报道《旁观周星驰》中,主持人柴静用相对平视的视角追问周星驰的心路历程,并探寻其艺术创作背后的生活印记。这也让周星驰流露心声,讲述了母亲对他创作的影片中女性角色的影响等情感内容。

旁观者周星驰(节选)

记者:柴静,中央电视台《看见》栏目,2013年2月25日

【解说】隔了25天,他约我们做第二次采访,这次采访时他说,无论是这部电影中的段小姐,还是十几年前的紫霞仙子,或者《喜剧之王》中的柳飘飘,都是从他母亲身上得来的女性印象,也是他比较喜爱的女性形象。

周星驰:我妈妈其实跟段小姐一样,她也是武功很高强的,我都打不过她,我都是被她打,那很惨。她的心地很善良,她的美貌也跟段小姐很贴近。她不是外表温柔里面很强,她是外面跟里面都是很强的。

柴静:其实这些女性表面看上去都不是很女人的那种。

周星驰:但是她很真,就别看太多表面的东西。通常表面跟里面的,有可能是非常不一样的。

……

在挖掘公众人物的普通人性方面,《杨澜访谈录》也有过许多较为成功的尝试。杨澜善于进行相对平等的对话,随着访谈的深入,总会让我们看到公众人物身上也有光环之外的一面——他/她跟我们一样,也有恐惧与不安,也有软弱与放弃,一切都不是那么顺理成章。当然,杨澜并非要推翻什么偶像,只是用相对平视的角度,还原一个更复杂的人。

面对身为名人的被采访者,很多记者不自觉地变成粉丝,开始谄媚与赞赏,这反衬了柴静、杨澜等记者在报道视角选择上相对清新的风格。

三、细节特写与场景放大

当然,对于公众人物内心世界的挖掘往往难度较大,而且他们的自我讲述也可能掺杂有自我塑造、自我美化的成分。所以,不少记者在采访公众人物时,运用了"特写"的手法,放大相关的细节与场景,帮助读者捕捉有意义的瞬间。

• **案例:草根明星庞麦郎**

前段时间争议很多的报道《惊惶庞麦郎》就是一个特写——记者对人物有十分细致的观察,然后写一个特别生动的侧面。

惊惶庞麦郎(节选)

记者:鲸书,载《人物》杂志,2015(1)

第二天,见到《人物》记者后,庞麦郎收起了此前的戒备,没再要求查验记者证和身份证,也没再提接受采访要收费。他的头发板结油腻,弓着身子站在上海普陀区的街道十字路口,羞涩得似乎想把自己藏起来,抠着手说,"去我酒店吧先。"

一推门,一大股食物腐烂、被单潮湿的味道。他挺不好意思,招呼服务员来打扫。

房费每天158元,位于转角,不足10平方米,没窗,大白天也得开灯。床脚的被单上,沾着已经硬掉的、透明的皮屑、指甲、碎头发和花生皮。唯一的板凳上堆着他的褐色牛仔布大包。房间的床头,他郑重放了一张歌单,选了5年来写的10首歌,打算出专辑用。

在上海待了半年,庞麦郎的活动范围是一个以小旅馆为中心,半径200米的圆。他没电脑,不会用手机连WiFi,醒了出门去网吧聊QQ,谈找上门的商演生意,没生意时就打连连看。吃饭叫外卖,回到房间,打开电视只有法语频道能看。他不懂法语,仍坚持收看凌晨5点播出的法语动画版《西游记》,这是他夜里唯一的娱乐。

他拎来一袋生花生叫记者吃,然后径直去了洗手间,隔着半透明的玻璃门,一边蹲坐在马桶上一边说,"我要上封面,必须在最前面,拍照也必须把我拍得帅,你不要跟我耍花招。"他要求穿着身上这件价值100多元,买于夜市的花衬衫为封面拍照。

女服务员正在把旧床单扯下来,一抖,毛发、皮屑泼泼洒洒散在空气里。他起身,冲水,马桶剧烈抖动。

特写手法的运用,好处是记者可以相对抽离,保持自己的一些判断与刻画,在报道叙述上,也相对简单,无须刻意寻找完整的主题。更重要的是,公众人物的采访时间经常太短,交流容易流于表面,但细心的记者总能捕捉到若干有意味的细节和场景,将其放大,作为报道的主要内容。

但特写也是有风险的——当你把细节无限放大的时候,这个细节所代表的那个意义不一定经得起仔细推敲。假如你跟随采访某个明星若干日日夜夜,写一个好的特写报道的可能性就比较大。但如果你跟他只见了20分钟,就试图分析他在这20分钟里面的每一句话及他的语态与动作,借此去解读他,可能错误的概率就会比较高,或者主观的成分比较大。《惊惶庞麦郎》发表之后,在一定程度上引起了讨论——讨论更多集中于被访者的隐私以及新闻的价值观上。当然,在运用"特写"手法时,你还可以通过外围采访来补充,然后再决定对人物的某种性格或某种特征作特写与放大。

还有另外一种"特写"方式,也就是聚焦于公众人物某一阶段的状态,而不仅仅是某个特定的场景。比如,《南方人物周刊》就写过白岩松、丁磊、黄渤等人的不惑之年。这种手法,也最好配合外围采访来叙述,以免过于仰视被访者。

四、重新进行主题挖掘

还有一种常见的情况:某位公众人物已经无数次在媒体上畅谈自己的内心世界,记者也不厌其烦地描写过他的生活场景与日常细节,而且,你去采访他的时候又没有什么特殊的新闻点,这个时候你要怎么操作?

我们的建议是:重新对人物进行主题挖掘。

- **案例:李开复的"方法论"**

本书作者林珊珊曾被派去采访李开复。作为一个公众人物,他一直都处在媒体的聚光灯下,有无数报道。这么一个人物要怎么去操作?我们就把他放在一个主题中来表现。

比较贴合李开复的主题有很多的可能性。比方说创新——中国的创新究竟10多年来发生了什么样的变化?作为创新人物的一个代表,他以及周围的人(比如创新工厂的小伙伴)会怎样理解中国创新的真问题?还有一个主题是转型,这一拨早期的海归互联网精英到后来纷纷自主创业。

最终,我们选定了一个主题:李开复的"方法论"。我们发现,大家多番报道这个人物,但对他的"方法论"并没有非常深入的拆解,因此决定以此进行聚焦,重新去打量这个人物——他出生在中国台湾,在美国受过教育,进入了一个顶级的企业,后来到了中国成为著名的青年导师,又在创新企业中重新发展。他是如何做到的,这背后的方法论是什么?

有了这个主题之后,我们的采访就有了焦点,我们会带着思考去读资料,对他的行为就会有一些观察。我们对他进行了多次的采访,一步步去拆解他的"方法论"。

通过这样一种打量,我们提炼出他的核心方法论:"他知道各方的需求是什么,他知道怎么在媒体、大众、政府、企业之中去找到一种平衡,将资源相互盘活。在过去15年的故事中,他经历了中国的崛起,不断深化对中国的理解,随着时代的变化不断改进他的方法论跟逻辑,始终去保持他的影响力,在这个背后是一种获取关注度和影响力的经济学。"

通过大概五六次的采访,我们把他的逻辑基本弄清楚了。但采访完一直没有发稿,因为此时报道还是偏静态了,我们在等待一个事件的发生——这样的公众人物是经常会有事件发生的,可以先放一放。没有料到,两个月之后开始出现网络大V治理行动,有人开始攻击李开复。这么一个寻找平衡的人,现在遭到了挑战,迎来压力,并且展现出在压力面前的反应。在这个契机下,我们又跑去采访他,这个时候他的态度就比之前放开很多,因为他处于一个想要解释和应战的状态之中,我们捕捉到了这种特殊的状态。之后,"大V事件"不断升级,我们在这个过程中又补充了一次采访。之后,他宣布得癌症了。

在不同的压力状态下去观察他,我们对于人物的理解越来越饱满。我们逐渐意识到,在"方法论"之外,他有自己的社会理想与价值观——他在中国这么多年,不断寻找平衡,一直在寻找一种能更好地发挥影响力以改变中国的方式。只不过在实践价值观的时候,他非常理性。我们写成的报道努力表达了一种平视的态度与视角。

李开复的中国逻辑(节选)

记者:林珊珊;实习记者:陈之琰,载《南方人物周刊》,2013(29)

……

"管他呢,我自己先去。"

李开复,网络上最有话语权的人物之一。当他出现在你面前,总是保持着中庸的克制。"你有没有转发秦火火的微博?"

"99.9%没有。"

"你跟方舟子吵过,大家都很怕跟他缠上。"

"不能说我没责任,他确实找到了不严谨的地方。"

他明白自己的优势,"我是有分寸感的人。"

从担任微软中国研究院院长开始,这是他中国故事的第15个年头。一路危机相伴,一路闯关克服。消除了微软"人才圈地运动"的质疑又打赢和微软的官司;在Google和中国政府之间,他来回周旋,双方都信得过他;谷歌撤离前,他转型办起创新工场;外界说他"很难成功""开始复制",他转眼跻身超级天使;当人们赞美科技进步,惊叹围观改变中国,昔日青年导师已升级为微博意见领袖。

微博世界里,唐骏被方舟子打得灰头土脸,他则挺过方舟子的质疑风波。后来连方舟子都在骂战中气愤退出新浪,他依然勤奋经营。作为一名台湾人,他的粉丝是台湾人口的两倍多。

李开复似乎下定扎根决心,辞了顶级跨国公司高管,弃了美国身份。"中国才是华人真正的土壤。"他说。

1998年夏天,他约见十几位华裔学者,发出几十封电子邮件,但没人与他同行中国。一位朋友说:"你知道为什么美国的中国人那么优秀吗?因为优秀的中国人都出来了。"另一位说:"回去?整天就要和官员打交道,赔笑脸,说好话。"

李开复对微软副总裁里克·雷斯特说:"管他呢,我自己先去。"

……

对公众人物重新进行主题挖掘,也可能是因为某个突然发生的新闻事件展现了他/她的争议性。在一般的背景下,媒体喜欢将公众人物刻画成一个颇受尊敬、爱戴的形象。然而,当一个充满争议的新闻事件发生时,记者就可能重新去选择观察的视角。比如,一向形象持重的主持人赵忠祥,在2004年因为女医生饶颖的媒体曝光而陷入争议;再比如,2007年9月,《南方人物周刊》曾经刊登封面报道《"疯"李阳》,讲述著名英语培训老师李阳因为要求学生下跪而引发的公众争议,报道就直接向其抛出有压力的问题,而且展现其内心的脆弱与抑郁。

五、影响报道视角的因素

作为记者或者观察者,你要时常告诫自己,面对公众人物,一定要有平等心才能还原人物之复杂,才能对其客观评价。事实上,如果你过多表达赞赏和仰慕之情,则报道将流于表面甚至偏颇。

不同操作手法也可能是特定情境下的策略性选择。比如,一些创办不久的新媒体往往会采取仰视的视角报道大人物,从而拓展自己的社会网络,获得采访大人物的机会;而一些享有盛誉的媒体,尤其是有强烈人文关怀、善于深度报道的媒体,则比较可能采取有一定距离感,甚至略带质疑的视角,由此表现自己的中立与专业的立场。

事实上,很多媒体在仰视和平视之间试图寻找某种平衡。比如,2013年5月,《智族GQ》的封面报道写的是很少接受媒体采访的陈道明。在报道中,陈道明是一个演技优秀的演员、参政议事的政协委员、担心女儿的父亲,同时也是一个"焦虑的中国人"。记者刻画了陈道明专业、深刻的一面,也同样书写了他对媒体的疏离、克制。

总体而言,对公众人物选择不同报道视角的影响因素很多,除了媒体的定位与风格,还有采访者的特点、篇幅的限制,以及同题竞争的差异化考量等。

第三节　延展性人物:时代符号,还是人物细节

在报道中,记者常会遇到一些特殊的人物,他们生活的起伏转向牢牢地与恢宏的时代气质联系在一起。这些人不仅能够代表自己,也可能代表更庞大的群体、阶层、思潮乃至时代。比如,作家韩寒与郭敬明就常常被当作不同类型的"80后"代表加以解读。这一类人,可以称为"延展性人物"。

对于延展性人物的报道,记者除了将他们作为一种时代的标签和符号,也可以还原其人物细节。这是两种不同的报道视角。

一、将延展性人物符号化

- 案例:春树与韩寒

春树,1983年出生于北京,高中辍学进行写作,曾出版小说《北京娃娃》《长达半天的欢乐》《抬头望见北斗星》等。[①]

韩寒,初中开始写作和投稿,高一退学,1999年出版首部长篇小说《三重门》,创畅销纪录。2005年开通博客,对中国社会问题撰写评论性文章。现为著名作家、导演、职业赛车手。[②]

《时代周刊》2004年的一篇封面文章报道了春树、韩寒、李扬和满舟这4位中国青年人。他们都高中辍学,自由反叛,有着与他们上一辈完全不同的生活态度。

在《时代周刊》的报道中,他们被贴上"新激进分子"的标签,而这只是他们身上的各种时代标签之一。"叛逆""反权威""反传统""新生代作家"等也是他们的标签。《时代周刊》的报道,试图通过这几个符号化的人物,延展到当下中国的文化潮流和观念变革。文章将这些"新激进分子"自身的故事与中国改革开放、文化变迁交织在一起。

80年代出生——中国的新"激进"分子(节选)
记者:Hannah Beech,载《时代周刊》,2004年2月2日

就像此前美国"垮掉的一代"和嬉皮士,还有日本"新人类"的出现那样,中国叛逆的年轻人群体也在迅速扩张。他们现在有了自己的名字:另类。这个词本来是变异的,隐含的意思与浪荡、声名狼藉联系在一起。而现在却不同了。今年,《新华字典》称这只表示一种不同的生活方式,没有贬义了。

在中国,"另类"们的反抗符号主要是锻炼自我表达,一种自我意识中"酷"的有力呈现。"70年代生人关心怎么赚钱,怎么享受生活,"春树(除韩寒外另一位从高中辍

---

① 参见百度百科词条:春树。
② 参见百度百科词条:韩寒。

学的青年作家)说,"但80年代出生的这群人忧虑的是个人表达,如何选择一条适合个体认知的道路。"

你会发现,《时代周刊》处理这组人物报道时,真正想要说的是另类文化在中国的出现。他们的重点并不是讲韩寒的故事,也不是讲春树的故事,而是讲中国的故事。这是外国媒体在报道中国人物时与本土媒体相当不同的一点。

这样的人物报道方式,往往穿插着大量的背景信息、逸闻趣事,乃至第三方的评述,从而丰富了人物的层次感与时代特征。当然,对于个人的还原可能是它的弱项。

二、显微人物细节

如果说,外国记者想通过这些延展性人物呈现中国故事,那么,中国的记者则通常希望带给读者一个丰满的人物。

让我们以《南方人物周刊》处理春树的故事来理解这一点。

春树:《时代》封面上的中国女孩(节选)

记者:吴虹飞,载《南方人物周刊》,2004年7月31日

虽然她也会引用"垮掉派"诗人凯鲁亚克的诗句,但她承认自己并不了解他们的作品;虽然她知道"残酷青春"这样的字眼,却没有看过大岛渚的《青春残酷物语》;虽然杂志封面上她身着"朋克装",但其实那也并不是她的日常打扮。

她虽然喜欢摇滚乐,却仅限于几支朋克乐队,小说中大量引用内地摇滚乐队的歌词,但对于他们之间音乐上的差别她也并不十分了解。虽然她偶尔会提到北京摇滚乐手的聚集地"霍营",事实上,她只去过那里两次。她一直和父母住在一起,很少夜不归宿。

……

"我一直有一个梦想,就是考大学,可是当时职高、中专是不允许考大学的,我连这条路都断了,当时觉得很绝望,就退学了。"

对比上一个故事,你能明显地察觉到,这里记者要讲的是春树的故事,并在《时代周刊》报道之后告诉读者有些标签是不符合春树的。《时代周刊》和《南方人物周刊》在春树的故事上呈现出两种不同的报道视角:前者讲述了中国转型社会背景下的青年一代,而后者觉得抽象化的中国故事是非常不准确、不精致的,从而要呈现春树内心的传统和柔软,并认为一些西方媒体夸大了对"80后"的描述。

三、影响报道视角的因素

其实,春树也好,韩寒也好,这些人的独特之处是他们身上有足够的延展性空间,身上有无数的标签。如前面所说,处理这类人物常常有两种视角:一种是把他们当作一个时代符号来讲;另一种是把他们当作很具体的一个人来讲。

看人物的视角不同,记者的报道角度就会不同,甚至你采访的信源、提问的方式、写作的主线和背景都会不同。假如你要把韩寒符号化、抽象化,你要把他放在中国社会变迁的语境下,不仅由他讲述自己,更需要通过别的采访将关于中国的故事穿插进来;如果你希

望讲述一个纯粹的韩寒,则需要侧重于他的个人细节——他的性格、趣味、与他人的互动方式,等等。

通过对一些案例的分析,你可能了解到国外媒体比国内媒体更懂得"抽离",借"人物"看时代,若隐若现。到底是将人物本身做到极致,还是将人物置于广阔的时代背景中,这些都没有定论,这取决于你所供职的媒体,以及你想诉说的是一个怎样的故事。

当然,我们应该对这些延展性人物身上的标签意义有充分的意识,了解这个人的成长经历和事业发展的社会背景,或者与这个人相关的制度安排,甚至翻看相关历史、政策以及一些评论文章,这些工作有助于你更了解这个人,以挖掘更深层的内容。

小　　结

对于人物报道而言,之前所述的三种主要类型——民间人物、公众人物与延展性人物——的划分是相对的,其中并没有价值判断,而只是强调一个人物的类型。

更值得一提的是,我们针对每一个类型所提出的报道视角,只是一些操作常规,它们也可能运用到另外一个类型中去。比如,写作公众人物时,我们也常会追问他的故事张力是来自于内心世界还是外部冲突。

在现在的人物报道中,读者期待能够看到各种视角相互交错的、更有深度和广度的报道。不少媒体和媒体人都在不断探寻如何运用不同的报道视角来表达自己对人物的观察,这可能也是你所需要的一种能力和品质。

观察人物的视角,影响了每一个记者采访与写作的方向。当你不断体会对不同人物的报道视角的选择,不但你的写作会逐渐丰富,从而体现自己的报道风格,而且,在报道中的所有一切会慢慢地对你产生影响,潜在改变你的生活观念,让你成为一个更开放的人。

作为一个从事人物报道的记者,你应该时刻对自己的价值立场保持警惕。如果你是一个价值判断很强烈的人,认为这样的人生应该过,那样的人生不应该过,那你可能不适合做一个人物报道的记者。一个人物报道记者,首先必须是一个非常善于感同身受的人——我能理解你,尊重你不同的生活方式,而且愿意开放自己,与你进行真正的心灵交流。在某种程度上,这是一种价值观的冒险。但是,一个人物报道记者需要这样的品质。

小贴士
- 你需要在同题竞争的媒体环境中寻找独特的视角,因此,确定一个人物报道的任务时,你应该仔细搜索已有的报道,熟知其他媒体看待这个人的方式,在此基础上再试图另辟蹊径。

【课后习题】

1. 如果现在你是《南方人物周刊》的实习记者,需要挖掘一个小人物报道的选题,在本周发生的众多社会新闻中,你会选择怎样的一个"小人物"?你会从什么视角切入?会问哪些问题?

2. 分析你最喜欢的一篇公众人物报道,体会其中的报道视角,并与文中的案例作对比,想想能否换一个方式切入。

CHAPTER 2
第二章

让人物报道更饱满：寻找坐标系

> **摘　要**
>
> 　　在本章，我们要学会用个人经历、职业角色、社会关系、时代角色等多重坐标系呈现人物的丰富内涵。
>
> 　　与此同时，我们还需要从多重的坐标系当中跳脱出来，为人物报道找到一条有张力的故事主线，一以贯之。

前言

当我们开始进行一个人物报道时,我们通常为此感到困惑:一个人如此多面、复杂,哪个面才是理解人物的主要维度?一个人在不同的环境下、不同的时间中往往呈现出不同特性,我们通常难以简单判断人物好与坏、善与恶、进步与保守,那么如何理解其丰富内涵?

正是因此,打量一个人物时,我们需要一套多重的参照体系,将人物按照时间和空间的逻辑进行定位,从而呈现出一个饱满的人,这样的工作流程可以称为"寻找人物的坐标系"。①

与此同时,我们还需要从多重的坐标系当中跳脱出来,为人物报道找到一条故事主线,这样报道才不至于太过松散,或者太过机械。

课前提问

- 如果有一天,你要去采访一位内涵丰富的人物,比如白岩松,你会从哪些"坐标系"来解读他?他在不同坐标当中是否会有截然不同的评价?

第一节 人物的多重坐标系

如今的人物报道已不再停留于"典型人物"的概念,现代社会价值观的多元化让褒贬变得复杂,各种评价常常是暂时的、多变的。如果还想从人性的角度来打量一个人,问题就更复杂了。

• **案例:白岩松是改革者,还是守成者?**

2007年,本书作者曾繁旭接到了报道中央电视台评论员白岩松的任务。是年,白岩松年届不惑,回望过去或展望未来,是一个比较合适的时机。那么,如何将这位长青的媒体明星放回到多重坐标系当中呢?

很多人认为,《东方时空》在20世纪90年代的创办以及随后的改版,标志着整个中国媒体行业尤其是电视行业的一大进步,而白岩松一直是站在桥头堡的媒体人。某种程度上,借着他的故事可以回望央视的改革历程。

即使如此,这样的解读是否还是过于单薄,是否存在更为丰富的可能性?白岩松在公众眼里一直是个改革者的形象,但他在某种层面上是不是也变成改革成果的守成者?比如,观众天天在电视上看到他——无论是现场直播节目还是大型节目,新人要获得机会可能相对困难。整个央视的改革动力越来越弱,很多曾跟他一起坚持的人都离开了。白岩松也曾受到质疑,一些舆论讽刺他"永远正确,永远正大光明"。可以看到,更多元的评价出现了。

---

① 本章的部分内容曾由曾繁旭、林珊珊发表于《新闻与写作》2016年第3期,纳入本书时进行了大幅的增补和修改。

那么，如何报道与评价白岩松？我们要在什么样的坐标系里打量他？

一、四重坐标系

（一）个人故事

个人生命史是一个非常重要的坐标系。报道一个人之前，一定要尽可能地获取关于他的信息。白岩松有他自己的自传故事，期刊网有50篇以上以他为关键词的论文，贴吧里有粉丝对他的看法……通过各式资料来源，你会理解这个人以及他的过去。

在这些个人信息中，我们尤其会注意他重要的选择和人生节点。他毕业于中国传媒大学（那时候叫北京广播学院），毕业时进了中央人民广播电台——比起那时的央视来，中央人民广播电台是一个更好的工作平台；20世纪90年代初，《东方时空》的制片人在改革时，听说白岩松主持不错，就拉他过来帮忙。试镜一两次后就一直延续下来，日后他才从中央人民广播电台转到央视。

通过这些转折点上的故事，你会了解他的性格、兴趣和作决定的方式。为了建立"生命史"坐标轴，我们采访了他的多位同事、朋友以及他大学时的老师。比如，一位老师告诉作者，白岩松后来在传媒大学设立了"子牛杯"奖学金，但他建议老师不要对外透露奖学金是他设立的。通过外围采访，更多故事补充了进来。在人物报道中，外围采访是相当重要的，除了更多的故事，它还提供了更为丰富的视角。

（二）行业逻辑

我们的报道对象，很多时候是某个行业里的突出人物。因而，行业逻辑是理解一个人非常重要的坐标系。你必须深入去了解这个行业，然后对他进行定位。这个人在他的行业里面有什么样的位置？是领头羊吗？是改革者，还是更守旧的角色？这个行业在发生什么调整？在白岩松的案例中，我们可以设置悬念：电视新闻行业目前正在发生什么变化？在这转换的背景里，他是如何参与并维护电视改革的？他是改革的积极推动者吗？他的工作理念和实践技术先进吗？有没有一些具体的证据？

中山大学的张志安老师说，理解一个人物，需要了解他所在行业的历史、文化与职业理念。具体而言，该行业是自由的、进步的、具竞争性的、市场化的，还是更为保守的、压抑的？是传统的，还是更加灵活多变的？他身上哪些特征是和这个行业一致的？哪些是个人化特征？[①]

遵循这样的思路，我们希望将白岩松放到央视的改革语境下来看，因此，把关于电视改革及央视改革的书籍全部看了一遍。你需要知道有哪些学者在真正研究新闻评论、研究中国主持人、研究中国的新闻改革等，这些内容会帮你非常立体地理解人物的行业背景。

（三）人际网络

人际网络如何作为理解人物的坐标系？事实上，人物总是生活在人际关系网中，他的

---

① 张志安：《深度报道：理论、实践与案例》，221页，北京，高等教育出版社，2015。

人际交往会极大地呈现个人的性格特征。比方说,在工作中,他/她主要跟哪些人打交道,这些人在圈子里属于开明派还是保守派?他们/她们具体的互动方式如何?是阿谀奉承的,还是更具挑战性的?当遭遇到人际关系中的压力时,他/她会如何回应?这些是你理解人物个性时非常重要的内容。

为了通过人际网络来理解白岩松,我们采访了多位曾与他一同工作的制片人,让他们描述一些典型场景,尤其是冲突性的场景,这些外围被访者提供的故事丰富了我们对于白岩松的认知。

同样重要的是,这些外围故事也在一定程度上让报道的信源更加平衡,有了各种不同角度、层次、立场的评价,避免了人物报道信源单一的问题。

(四)时代角色

如果这个人物足够重要、足够有典型性,我们还可以把他放到历史和时代的潮流中去打量。这是超出行业逻辑和人际网络的更宏观的坐标系。

在年轻时,白岩松很喜欢摇滚音乐。进入央视之前,广播工作对他而言确实太轻松了,他写了《动荡节拍——中国流行音乐现状》一书,介绍了当时中国草根音乐或者说是流行音乐的行业变动。这些经历让我们思考:他是不是一个具有强烈草根精神和开放性的一个人?除此之外,提到白岩松你还能想到什么更宏大的社会潮流?有人说他是明星人大代表,这也是可以跟当下中国做一个勾连的点。如果你找到一个恰当的叙述连接,人物就能更加具有时代性。

当你做这样的尝试时,不妨采访一些相关领域的研究者或者文化研究学者。他们有更为宏观的视角来理解当下中国,也知道各种人物在这个变动之中所扮演的角色。在白岩松报道中,我们采访了一批离开央视的人,他们作出了完全不一样的选择。那么,这些人是看不起留在体制里的人,还是会尊重他们?不同的选择,背后是怎样的价值观竞争?这是一个更有历史性、更宏观的一个坐标体系。

当然并不是每个人都有多重的坐标系,这个人要足够有分量,而且还要具有丰富性才可以。找到人物的不同坐标系,是为了将他放置到更宏大的背景下观察,从而超越简单、热点人物的报道。

> **思考**
> - 想一想你特别感兴趣的一位公众人物,你会用怎样的坐标系去打量他?

二、寻找人物坐标系的目的

(一)更充分地挖掘被访者的内涵

虽然建立坐标系的方法不见得适合所有人,但千万不要轻易放过这个方法。即便你做的是小人物,也可以放到更为宏大的语境中去理解,比如,2003年的"孙志刚事件"可以联系到法制改革进程;一位跑龙套的演员可能映照整个娱乐圈的兴衰与变迁;一位企业家的苦闷也许凸显了整个行业乃至经济环境的复杂现状。

（二）找到人物报道的主线

很多记者面对热点人物时,总是会就具体新闻事件进行提问,但这个切入口可能会局限你的视野。如果你把人物放到人生经历、行业逻辑乃至时代进程中来看,尝试为人物寻找不同的坐标系,仔细比对,你就更可能找到凸显人物特征的逻辑与主线。

（三）更平等地进行沟通与采访

一个新闻人物,特别是公众人物,他接受的访问通常很多,如果你重复提问,很可能会被拒绝,因而寻找新的方向就显得尤为重要。建立坐标系将帮助你形成更好的采访策划。

当你做了足够多的外围采访,你得到的素材会不断修整你的主题。同样,得到的故事和评价越多,你的提问就会越贴切。当你采访一个人时,你用他同事告诉你的一些话问他,他会觉得你了解他,会更平等地与你交流;当你对他提出有针对性的评价和追问时,他会觉得你有备而来,因而认真对待你的采访。反过来,如果受访者觉得你对他的信息掌握不足,没有挑战性,他就很难真正尊重你。

从现在开始就可以练习为你感兴趣的人物建立坐标系。

第二节 透过坐标系寻找报道主线

一、寻找主线

在梳理人物坐标系的过程中,非常重要的一点就是要逐渐理解你的报道目的。你到底是要展现人的主要经历、生活状况、丰富的内心世界、充满冲突的人物故事,还是一个更为宏大的主题?你是表达好奇,还是质疑?你要反复地问自己,提炼出来的主题是什么?对记者来说,找到巧妙的、有张力的主题是你文章写得扎实的关键。

比如,在白岩松这个案例中,我们就反复询问自己,人物身上最有张力的地方在哪里?在前面提到的四重坐标系中,哪些维度能够更为充分地体现人物的个性及其蕴含的意义?最终,我们梳理出一个报道主线：白岩松和体制的关系。透过白岩松的处境,可以观察中国电视新闻的改革逻辑与潜力。中国电视行业曾一度打开改革的窗口,一群年轻人意气风发,但一直留在央视的白岩松后来似乎陷入两难：他仍是一个改革者,不愿保守;但一旦过于犀利,就会失去在体制内发言的可能性。那么,他如何平衡这些微妙的力量? 如何在行业体制的限定下寻求有效的表达和沟通? 作为曾经的改革推动者,他需要作怎样的妥协与坚守?

可以看到,我们是以行业逻辑与时代角色这两重坐标系为主线,兼顾其他的维度。比如,在讲述这个主线时,我们也考虑对他的人生状态与内心感悟进行特写——如果能够通过接近内心的对话,挖掘出他严肃外表的另一面,丰富对于人物的认知,将会是比较好的状态。

二、主线的拆解

以下是作者当时采访白岩松前列出的提问角度,其实也暗含了与四重坐标系的对应。

1. 人生节点:他有没有中年危机?是否还经常感到愤怒?如何来评价自己?公众形象和他的个人形象的差异是什么?

2. 行业逻辑:他在过去十多年间经历了哪些行业改革?哪一个阶段最好?突破是如何实现的?他如何看待电视改革的现状?在其中,自己的感受与处境如何,是否觉得两难?具体的策略为何?很多人都离开了,为什么他会坚持留下来?

3. 人际网络:围绕报道主线,访谈跟他关系密切的同事(如制片人、合作者、下属)、亲友与老师。

4. 时代角色:如何看待主持人的更新换代?如何看待电视行业与主持人的话语变迁?在新的民众趣味中,他还会受到欢迎吗?他如何理解自己与观众的关系?

最终,我们形成的采访提纲很长,四个坐标系在提纲里面其实会有意无意地细分到不同的提问领域里面去了。

值得注意的是,这些拆解与操作,都是服务于报道主线的。因此,在整个现场采访与外围采访中,我们主要凸显了行业逻辑与时代角色这两重坐标系,并根据主线进行取舍、裁剪。比如,我们采访了不少离开央视的人,这些周边的人与白岩松形成有趣的比照,虽然是他人的故事,但它们都沿着主线——白岩松跟体制的关系展开。我们也涉及他对当下中国主持人的评价、下一代的主持人应该是怎么样的这类话题,但那只是一些花絮。总体而言,你必须理解所采访的人在主线中扮演了什么角色。

在写作中,我们也把自己的观察带进来。我们透过细节看到一个更加丰富的白岩松:他对体制有警醒,扮演着推动者的角色,尝试在体制内保持自我,但有时候不得不妥协,避免对体制作过多的批评,这其中的意味耐人追寻。

三、主线的勾连与呈现

在刊登的报道中,我们首先用一段文字去描写新闻评论部工作的地方。刚进大楼时,你发现这是一个很市场化的状态,许多大屏幕在显示各个栏目收视率的升降。但同时,你也不难感觉到强烈的机关单位气息。这两种气息的交织,正好表现出央视的改革还处于摇摆的过程。这段细致的描述其实是为了把行业坐标和时代坐标带进报道,在一开始就试图为白岩松建立坐标系。

白岩松:改革者还是守成者(节选)

记者:曾繁旭,载《南方人物周刊》,2007(19)

2007年7月4日中午两点,阳光正好。顺着中央电视台的西门一直向南,穿过几百米树荫,就在胡同边上见到一座三层小楼,新闻评论部的人管这叫"南院",评论部的很多栏目组都在这办公。

因为晚上有直播,白岩松早早到了,一身便装,挎着包,在办公室门口和人说话。楼里面,墙上的大型显示器闪烁着一周以来各个栏目的收视率情况,而角落里张贴着这个季度的获奖节目名单和员工工作量统计。乍一看，完全是一副考核严明、效率至上的企业做派。然而，你也能在入门处的红色牌匾上看到，"近期召开党员大会""某某编导申请入党以及批准某某编导转正"的字样，隐隐透露了这个单位的机关气息。

从1993年2月，白岩松到中央电视台干兼职开始，这个庞大的机构就一直处在从纯粹的机关单位逐渐向一个事业机构转型的过程中。在那个时候，早间节目《东方时空》的创办，算是中国电视行业改革的一块试验田。

……

娱乐时代的到来

毫无疑问，在相当长的时间里，《东方时空》以及屏幕前的白岩松都扮演了一个电视改革者的角色。但娱乐化时代呼啸而来，而一个严肃的新闻时代并没有得到发展，相比于湖南卫视那些娱乐主持人，白岩松显得有些刻板了，有人开始说他老了，甚至，还有人说他成了现有体制的代言人和维护者。

或者，因为在任何一个政治正确的场合都可以看到他，比如两会报道，比如香港回归、澳门回归……这过多提醒了人们他作为一个垄断的国家电视台的主持人身份；或者，因为他在屏幕上的表达总是那么有把握，全知全能，失去了与平民时代的呼应；也或者因为他获得了太多的体制认同，头上顶着诸如"十六大党代表"和"全国十佳青年"等称号，过于闪耀。总之，在一个媒体逐渐商业化，平民意识逐渐崛起的时代，白岩松象征的改革者角色似乎正在淡化。

但在白岩松看来，他一直都是"主流中的另类"，他说自己一直保持着愤怒，并且期待说出一些不同的东西，比如房子问题，他对政府的举措一直颇有微词。"我五年左右的时间，一有时间就抨击，凭什么政府预期每个人都能买得起一套房子？扯淡，13亿人口的国家能每个人买得起一套房子？我从此不姓白了。大家都去讨论房价问题，政府的责任因此被掩盖了。我一直批评经济适用房，为什么？当我都有同事住在经济适用房里，你认为经济适用房公平吗？靠经济适用房解决问题的，为什么没有人说话？我一直在呼吁廉租房，但今年才成为廉租房的元年"。

《时空连线》的制片刘爱民和白岩松有多年的合作，在他看来，"白岩松主持的节目和所表达的观点都是很主流的，即使在直播中也特别让人放心。但他也不是守成者，他创办新的栏目，进行体制改良，而且也开拓新的报道领域，他一直以改革者的形象出现在新闻中心"。

白岩松也说到自己在体制内的消耗，比如，在节目被毙掉的时候"感到绝望"，但很快又有新的内容让自己兴奋起来，"所以才会是痛并快乐着。""其实如果业务素质足够高，没有什么不能做的，看你怎么做，看你有多快。马加爵、孙志刚都是我做的，孙志刚的节目刚播完，中宣部打来电话，节目做得很好，但是后边别再做了。"

有一次，温家宝总理来节目组小范围座谈，让白岩松说一段话，他说："领导要清醒很重要的一点是，要全方位了解各种资讯，记者是社会这艘大船上的瞭望员，前方海面上好的和不好的消息都要告诉乘客和船长，你的船才能安全行驶，如果我只告诉你好消息，而不告诉你坏信息，请问领导怎么冷静和清醒？那就是泰坦尼克。""我说的时候看见总理在记。"

接受本刊记者采访时,当年起用白岩松的制片人时间正在广西挂职,他说:"白岩松来广西看过我两次,我们没有在一起战斗,但心意相通,多年来我们一直都在有限的空间中保持了自我,这一点没有变。"

透过这些细节,我们慢慢看到了一个更加复杂的白岩松:他有表达的锐气,对体制持有自省,他更多扮演了电视新闻改革推动者的角色,但他也注意不对体制作出过多的批评,注意表达的主流。所以,他一方面跟体制的关系很近,另一方面他也希望在体制内保持自我。然而,有时候妥协到底是换来空间的必须,还是放弃努力的托词,恐怕连当事人自己都未必知道。

……

四、不同主线的可能

除了个人与体制的关系,你还会想到什么报道主线呢?

在当时,《南方人物周刊》还派出了另外一位同事吴虹飞一同操作选题,她就更侧重于对白岩松的个人状态与人生阶段进行特写报道。她跟白岩松是早已熟识的朋友,有更多接触,能够胜任这样的特写报道的任务。这其实是侧重于第一层的人物坐标系。

电视"老人"白岩松(节选)

记者:吴虹飞,载《南方人物周刊》,2007(19)

2007年初,北京的深冬季节,白岩松得了一场小病,他到武警总院去打点滴,忽然感慨说:"老了。"

事实上,39岁的白岩松正当壮年。明年的北京奥运直播,他铁定要作为主持人参与。1968年出生的白岩松,在80年代度过青年时代,成名于90年代的电视新闻行业,又将在2008年奥运期间度过40岁生日。生逢盛世,一切于他都顺理成章,又意味深长。

很多人都会把2008年的奥运会当成一个期限。"我也同样如此。困惑是每天都有,还是到2008年9月份之后再想接着做些什么,往哪走,怎么走。四十不惑之后再重新开始吧。"

……

打开电视机,几乎是每天的固定时间,你会看到熟悉的白岩松,一如既往地端坐着。灰色西装,白色衬衣以及条纹领带。他眉头有一个隐隐的"川"字,他语气顿挫,正告天下这个世界正在发生的大小事。

作为主持人,他并不真的照本宣科,他带着某种书生气,声称用自己的个性来诠释这个世界。他获得他应有的名声、地位和报酬。和当前不少不幸获得负面名声的央视主持人相比,他和他的名字一样,立场坚定,方向明确。

供职14年的央视职员白岩松,是你熟悉的陌生人。

另外一本新闻刊物——《人物》杂志在2012年对白岩松进行了专访,记者同样注意到白岩松身上改革者与守成者身份之间的巧妙关系,但文章对于时代性的因素着墨较少,而对人物个性关注更多,突出其"正确先生"的形象。从坐标系而言,更接近于是用"特写"的方式来凸显"个人故事"的坐标,相对更为具体,而不那么宏观。

"稳健的正确先生"是文章的主线。文章开篇用一个生活小事件为"稳健"这一叙事主线铺垫,很有生活趣味。文中以时间顺序描述了白岩松某天录制《新闻1+1》的过程,始终突出"稳健"这一特征,让特写围绕主线展开。在叙述中间,辅以白岩松与周边人互动的细节,偶尔穿插一些反映行业变迁的历史故事,勾连出这个非常稳健的"正确先生"是如何一步步成长的。可以说,文章主要凸显的是第一个坐标系。

正确先生(节选)

记者:张卓,载《人物》杂志,2012(9)

下午4点,白岩松先生驾车驶出北京朝阳区798。车开得很稳,比你想象得更稳。受龙永图之邀,他刚刚录完贵州卫视一档伦敦归来谈奥运的节目。

……

他不断看着表,6点前必须赶回中央电视台:看直播策划、商量选题、化妆。一周7天,有3天晚上的21:30他端坐在《新闻1+1》的直播间,点评新闻,褒贬人物。

车行一个多小时,接近目的地,路上开始有点拥堵。一辆出租车从右侧窜过来,司机摇下后窗,大喊:你后备箱上有镜子!"镜子?"白岩松一愣,回头一瞅,乐了——后备箱左侧躺着一副黑色半框眼镜。

"刚才和龙部长道别时,太匆忙了,戴上墨镜,换下的眼镜随手扔在后备箱上了。"他恍然大悟,哈哈了起来。

……

取回后备箱上的眼镜,再次握住方向盘的白岩松有点得意:"我开车开得稳吧?"20多公里的路,一个多小时的路程,其间还有各种拐弯刹车,这真是个小小的奇迹。

那副没有滑落的、稳稳躺在车上的眼镜,似乎挑起了他内心深处最隐秘的情绪,他忽然跟《人物》记者谈起星座,说自己是狮子座,这是一个"一群人坐在车里,把方向盘交付给他会最安全"的星座。因为狮子座"有使命感,负责任,会非常认真地开车"。

在央视,每次做大型直播,白岩松总对导播说,当你没有办法的时候,把镜头切给我;如果前面信号断了,你把镜头切给我。

可以看到,不同记者对于人物主线的选择有所不同,因此,在对主人公的人生节点、行业逻辑、人际网络以及时代潮流等坐标系进行平衡时,就会采用不同的方式。如果有时间,你不妨找来几篇报道的全文,仔细体会记者如何透过多重坐标系寻找报道主线。

第三节 灵活组合坐标系

一个重要而且丰富的人物,往往有许多的解读角度,也可能面临多元化的评价。那么,如何组合多重坐标系才能形成一个更好、更平衡的报道?现在来看另一个人物报道案例。

> • 案例：胡舒立

胡舒立于1998年创办《财经》杂志，而后又创办财新传媒并任社长。由于《财经》以及后来的《财新》传媒跟进报道了诸多重大而具有一定敏感性的题材，有人认为这得益于胡舒立家世显赫、交友甚广，也有人认为是她有更高的专业策略，懂得尺度所在——这是非常不一样的理解。

面对这样一个丰富的人物，你会觉得任何一个坐标系都值得细致展开，她在新闻行业里的地位，或是她的身世，又或是她独特的性格特征，你会发现都有很大的解读空间。但具体而言，应该如何灵活地组合不同坐标系呢？

《纽约客》记者欧逸文曾经采访了胡舒立，并写了一篇报道《禁区》。① 在分析他的报道之前，我们来看他在一次演讲中说过的一段话。

> 你得和采访对象感同身受，通过他的眼睛去看他的世界，而不是总以一个局外人的角度去观察他。当然，作为一个记者，在写文章的时候也需要作一些评判和判断，帮助读者在更大的语境下去了解采访对象，了解这个事件。更多的时候通过我的眼睛去看，这一点会更加宝贵。②

欧逸文这段话有一个张力：一方面，他强调采访时，要"通过对方的眼睛去看世界"；另一方面，他说写作时要有判断，把对方放到复杂的语境下去呈现。其实，复杂的语境就是指人物的坐标系。

那么，欧逸文的报道是如何处理胡舒立这个角色的？是如何通过多重坐标系来理解胡舒立这个人物的张力的？

一、透过每重坐标系去打量人物

事实上，在欧逸文对胡舒立的报道中，这几个坐标系都被灵活有效地结合起来，从而透过多个维度来呈现人物的丰富内涵。

第一个坐标系是个人故事。欧逸文给她的定位是"因洞察言论的边界而成名"，之后化了很多笔墨写其身世传奇与独特的个性，如，"说话跟放鞭炮似的快而犀利""办事效率极高"。

第二个坐标系是行业逻辑。他把胡舒立放到中国媒体格局当中来打量，"她挑战了中国媒体梦游般的形象"。

第三个坐标系是人际网络，写她跟下属、同行，以及跟上层的关系。他说，"有人叫她女教父，跟她打交道的人要么惊心动魄，要么丧失勇气"。

第四个坐标系就是刚才我们讲的时代角色。他把她定位为"局外人和局内人的边

---

① Evan Osnos(欧逸文)：《禁区》，载《纽约客》，2009-07-20。中文版由方可成翻译。详见：http://m5.baidu.com/feed/data/landingpage?_s_type=news&_nid=2303442192348857769&_p_from=2。
② Evan Osnos(欧逸文)：《纽约客的采写规范》，载《读库1200》，北京，新星出版社，2011。

缘，共产主义历史和资本主义现实的边缘，这样，她成为了一个无价的沟通者和一个翻译者"。

事实上，欧逸文在每一个坐标系的展现上都提供了非常丰富的细节和信息。比如，关于第二个坐标系，他访问了大量记者，也包括研究中国媒体的 Perry Link、新西兰坎特伯雷大学中国媒体研究专家 Anne-Marie Brady、香港大学"中国传媒研究计划"成员 David Bandurski。他把《财经》跟新华社作了比较，认为这是不同的产权结构、不同立场下的比拼。他使用一些报告来作历史背景，以巧妙的方式介绍相关管理部门的角色和运行，等等。单是为了表现这个坐标系，记者就要做大量工作，其中的内容细密而富有张力。

二、在每重坐标系中平衡多个信源

在报道中，平衡不同的信源是非常重要的策略。不同的信源，也就形成了观察人物的不同视角。因此，援引不同立场的信源，有助于塑造人物多元、立体的形象。

具体到每一重坐标当中，记者欧逸文都尽量引用多个信源对胡舒立的评价。

比如，在第三重坐标系"人际网络"方面，他这样写道：

1. 《华盛顿邮报》的 David Lgnatius 对我说，她成为了这个国家的"复仇天使"。
2. "就像一阵风般突然和迅速。"如今在香港大学从事研究工作的钱钢说。
3. 她的老板，财讯传媒集团董事局主席王波明半开玩笑地告诉我说："我怕她！"
4. 为《财经》写专栏的谢国忠说："它的存在，从某种程度上说，是一个奇迹。"
5. 不止一个人将与胡舒立聊天的经历比作接受机关枪连珠炮般的攻击，一些人对她的这种强度不太对胃口。
6. "班上没有一个人不知道她是谁。"苗棣回忆说。

在四重坐标系里，记者都引用了很多不同的信源，一些是非常正面的，一些则是相对持平。记者巧妙地安排不同信源在恰当的位置出现，从而能够更全面地呈现人物。

三、让人物在每重坐标中都与他人互动

人物报道有一个很重要的策略，那就是让你的人物和他周边的人物互动起来。通过人物之间的互动，读者才能明白坐标系是一个广阔的光谱，有着许多不同的角色和定位。

在这篇报道当中，记者欧逸文有意识地把这种互动处理到各重坐标里。比如，关于"行业逻辑"，记者会讲述胡舒立与其他媒体人、资方乃至管理机构的互动；关于"人际网络"，则会呈现她与身处高位的朋友等的互动。

在每一重坐标系当中，记者尤其注意呈现冲突性的故事场景和细节。这样，人物会变得更为鲜活、具体可感，他/她可能好斗或怯懦，可能感到焦虑或害怕，而不是一个简单的符号。比如，在讲述"行业逻辑"这重坐标系时，文章中有一段描写胡舒立跟资方老板王波明的冲突性细节。报道写到，当胡舒立的工作引起监管压力时，资方不得不去作检讨。这些故事表明，资方的立场和胡舒立的专业立场是有分歧的。记者不需要跳出来陈述，只需呈现扎实的故事和细节就已足够。

四、在每重坐标中表达记者的观察

就像记者欧逸文所说,既要对人物感同身受,也要表达自己的观察。那么,这两者如何取得平衡?

我们总说记者要把报道和评论分开——硬新闻的标准之一就是报道和评论分开。可在人物报道里,这是很模糊的地带。当然,在这篇报道里,你会发现每出现一个判断,作者都会迅速使用一个引言或者事实来支撑。所以,作者的情感抒发与观点阐述是有充分铺垫的,并不空泛。

我们来看一个例子。在讲述第四重坐标"时代角色"的时候,欧逸文是这样评论的:"这种方式能够对那些真正想解决问题但又不愿放弃权力的政府内部改革者产生吸引力。然而危险在于,随着《财经》影响力的增加和金融利益的增长,杂志可能选择承担更小的风险。"在阐述这个判断之后,作者加入一个引言:"最近,一位读者在《财经》的网站上发表评论说:'《财经》越来越主流了……'。"

每个媒体的采编风格非常不一样。《纽约客》是非常尊重记者个人风格的媒体,不让文章太整齐划一。你也可以总结出自己在人物报道平衡上的风格。

五、另外一种处理:杨澜访谈胡舒立

在报道同一个人物时,不同的媒体由于受自身立场、记者风格影响,往往会采用不同的报道方式,会运用不同的方式组合坐标系。

同样是采访胡舒立,杨澜对其的访谈更偏向感性,尤其集中于第一重坐标体系。与《纽约客》把她放到中国新闻业、复杂人际关系网络,乃至时代变化的多重坐标系里打量不同,杨澜更强调其女性视角以及个人感受,在个体层面展开故事细节。某种程度上,这两种不同的操作也显示了杂志与电视这两种媒介形态所导致的内容差异。如果是你来报道,你会选择哪种操作方式呢?

胡舒立访谈(节选)

采访者:杨澜,电视栏目《杨澜访谈录》,2009 年 11 月 14 日

杨澜:你一直是一个有正义感、疾恶如仇的人吗?因为搞批评报道是有很多对抗性的,一般被认为女性会不太愿意从事直接对抗的行为。

胡舒立:我觉得其实我可能比较直率。比如,大街上看人打架,我喜欢说"哎你们别打了",有一点这个素质。但我觉得做批评报道也好,或者做一些客观的,不见得是批评,并不是单纯的表扬稿也好,包括以后做这样的报道也好,我觉得我还是追求对新闻这个角色的理解,追求新闻的正直性。其实我倒觉得不一定非得横扫一切,不是从这个角度,我觉得还是一个正直的角色选择问题。我可能比较追求做正直的新闻。

……

杨澜:你怕别人说你不够女性化吗?

胡舒立:我不怕,这是个特别普遍的问题,好多好多人都特别怕。

……

小　结

　　学习把人物放到多重坐标系当中来展开观察，这样你才能超越简单的热点人物报道。一个优秀的记者，需要对不同行业、不同社会阶层乃至宏大的社会转型有足够的把握，在这些积累之上，你能够从更丰富的维度去理解人物的得与失、幸与不幸、才华与局限，这是一个有人文关怀的深度报道记者应该追求的。

　　为了更好地搭建坐标系，采访前的资料准备工作极其重要。这些资料微观上包括核心人物的履历、自传、相关媒体报道、个人新媒体账号等；宏观上包括其所在的工作单位背景、所在的行业现状和逻辑、所经历的时代和社会潮流。你也可以找相关研究者聊聊，或从核心人物周围的人入手进行预采访，这将给你带来启发，让你的报道更加饱满。

　　注意观察坐标系当中的其他角色，这将帮你更深刻地理解核心人物在坐标系处于什么位置。比如，与核心人物接近或截然不同的人有谁？这些人如何观察与评述你的核心人物？他们之间是否有过冲突性的故事与细节？他们的本质差异在哪里？试着寻找其中的原因，并让人物产生互动。

　　尤其值得注意的是，本章所讲述的四重坐标系，在一篇文章中往往不是彼此分离的，而是依照主线和故事的发展相互编织在一起。你可能以一重坐标系为主，并且兼顾其他。在操作中，不能过于机械化。

　　你在阅读好稿件时，也要注意养成分析的习惯：作者建立的坐标系是什么？它如何搭建结构？如何组织材料？有什么洞见？有什么不足？如果是你，你要怎么做？有什么可以吸收借鉴的？

【课后习题】

　　1. 为你的父亲或者母亲写一篇人物报道，你会采用哪些坐标系去衡量他/她？你会去了解哪些方面的信息？试着为你的父母列出坐标轴。

　　2.《人物》杂志曾于2013年7月刊登对郭敬明的报道《郭敬明：名利场》，尝试分析在文章中记者运用了哪些坐标系去呈现这个人物，如果你来写他，是否还有更好的坐标系？

第二部分

文化报道

PART TWO

CHAPTER 3
第三章

让文化报道更有关怀：不审丑也不谄媚

> **摘　要**
>
> 　　文化报道的立场，大致可以分为精英文化、大众文化和亚文化三种。成熟的记者总是尽力让自己的报道保持开放的立场，从而更好地观察各种文化形态之间的演化关系。
>
> 　　本章强调，文化报道应该摈弃粉丝视角，而尽量冷眼旁观；与此同时，文化报道应该采取专业的报道态度，而不是起哄、嘲弄。只有如此，我们才能让报道更有关怀，充分地展现文化故事的层次感与人性力量，做到不审丑也不谄媚。

前言

文化报道包含的内容甚广,对它进行清晰的界定并不容易。比如,有学者通过研究《三联生活周刊》的报道指出,文化报道应该涵盖艺术、阅读、电影、电视、音乐、传媒、建筑、时尚、历史、家居,以及娱乐等领域。[①]

为了叙述的便利,本书对文化报道重新进行分类。第一类,是对在专业领域有较高成就的文化人物的报道,比如,学者、科学家、作家、音乐人、著名建筑师等;第二类,是关于文化事件与文化潮流的报道;第三类,就是娱乐明星和娱乐产品,这也是最为大众熟知的内容。由于娱乐领域非常吸引眼球,不少媒体将"娱乐报道"从"文化报道"中独立出来,还有一些媒体将"文化版面"称为"文娱版面"。

相比于新闻和商业报道来说,文化报道的敏感度较低,相应的行政监管也较少,因此,文化报道是中国媒体充分竞争的领域。从媒体的新闻生产本身来说,它的成本较低,操作性较强。不难理解,一个突发性新闻往往会涉及复杂的调查取证环节,会产生高额的差旅费,同时还会有很多不确定因素。而关于文化与明星的新闻则不同,记者与采访对象建立联系要相对容易。如果一个媒体机构或一位记者在文化圈子享有盛誉,他们的报道就很好推进。

当然,文化报道也有自己的专业标准与操作难度。在文化报道这样一个偏软性的报道领域,媒体比拼的往往不是核心事实的突破、对于利益链条的梳理,而是在报道中体现出来的立场、态度与视角,以及对于文化背景和脉络的呈现。这也是接下来两章要讨论的问题。

中国媒体的文化报道,在很长的时间段中主要承担了宣传文化政策、进行文化教育的功能。在20世纪90年代以来,随着市场改革的深入与大众文化消费形式的多元化,各种反映普罗大众趣味的文化报道快速增长。在其中,有的媒体渐趋流俗,迎合八卦与娱乐性的需求,以阅读数和点击量为目标;而有的媒体则凸显了文化精英的立场,时常表达对文化事件和文化人物的反思与独特观察。因此,如果你仔细翻看今天媒体的文化报道,会发现存在着风格迥异的立场、视角和态度。本章就结合上文提到的三类文化报道,对此进行阐述。

> **课前提问**
>
> - 比较《人民日报》《三联生活周刊》《新京报》对于相近或同一文化题材的报道,看看它们的报道方式有何差异?

第一节 立场:精英文化、大众文化与亚文化

文化系统有着丰富的内涵。简单而言,它包含了精英文化、大众文化与亚文化等不同的文化形态。

[①] 彭艳萍:《叙事视野中的〈三联生活周刊〉文化报道》,兰州大学硕士学位论文,2009。

与此相应，文化报道的立场大致也可分为三种：精英文化立场、大众文化立场与亚文化立场。精英文化立场，凸显的是政治精英或文化精英的文化趣味，通常具有自上而下的灌输性与批判性；大众文化立场，着眼于各种形态的流行文化与时尚工业，它认可甚至追捧大众的文化选择；而亚文化的立场，则侧重于具有草根性、颠覆性的文化形态，比如，街头涂鸦、地下电影、嘻哈音乐、跑酷等，这些文化形式常常兴起于各种亚文化社群，并具有强烈的生命力。

说到这，请大家想想，你更喜欢哪一种文化报道立场呢？

我们要强调的是，不必机械地选择其中的某一种立场。事实上，在一个良性的文化系统当中，这几类文化之间并不截然对立，而是既相互竞争，在某种程度上又相互演化。作为一个文化记者，你可以有个人的审美偏好，但在报道中最好是能够理解不同文化的复杂性，用更为开放的文化系统观念进行报道。

• 案例：崔永元"批判"超级女声

很多时候，文化报道的选题来自社会中的文化事件或者文化潮流。2005 年，崔永元因为"骂"超级女声节目，被很多媒体关注到。因为超级女声当时正红得发紫，不仅是流行文化的成功典范，更被认为通过娱乐促进了人人皆可投票的权利意识，崔永元的"批判"自然引起舆论喧哗。

如果编辑请你来写一篇报道，你会站在哪个立场？你会批判崔永元，还是赞赏崔永元？这样的选择，可能也反映了你的文化立场：是立足于精英文化、大众文化，还是亚文化。

《南方人物周刊》记者易立竞写了一篇文化报道叫《病人崔永元》。记者采访的初衷只是想了解为什么他要骂"超级女声"，但很快发现，崔永元希望表达的是"收视率是万恶之源"。这来自一个学者的表述，崔永元认同这个观点，并加以强调。

同时，崔永元说自己得了抑郁症。他为什么会得病？他表示，这个社会有太多的不公、蝇营狗苟，让他感到极度不安。对他来说，去顺应挣钱太容易不过，但他显然不愿放下文化人的道德准则，不能放下批判，这样的状况带来了内心的分裂。所以，他长时间服药。

让我们先来看看报道的开篇部分：

病人崔永元（节选）

记者：易立竞，载《南方人物周刊》，2005(19)

崔永元为什么要骂《超级女声》，是我们采访的初衷。追问过后，才知道这多半只是一场误会，虽然他对《超级女声》的评委颇有微词。实际上，崔永元只看了 10 分钟的《超级女声》，他能说些什么呢？他是喜欢那些超级女声的，觉得她们青春、活泼可爱。问题出在我们的电视没有"公共"和"商业"之分，这正是他目前大声疾呼的一件大事。

他很讲理地认为，如果是商业电视的一档商业节目，那么对于这档异常火爆的《超级女声》，任何人都没有置喙的权利；但如果它是公共电视的节目，它就应该被枪毙，因为它没有征求大家的同意，就播放了那些在他看来对孩子们不宜的东西。

崔永元并没有像一些媒体想当然地以为的那样，站在央视的立场上，以老大哥的姿态对《超级女声》大加挞伐。他倒是对央视某些主持人的不厚道的做法感到恶心和寒心，主持人在荧屏上虚伪地流泪，他在下边愤怒地呕吐。
　　7个多小时的采访，一次漫长的漫谈。在采访初衷所预设的那条通道上，并没有发现崔永元和《超级女声》之间的针尖对麦芒，我们遇到的还是那个熟悉的崔永元，幽默、睿智、轻其外，重其中，如在《实话实说》里那样，说些噱头，开些玩笑，在有意思的外表下端出致命的内核；也遇到了令我们感到有点吃惊的崔永元，那种不能抑制的忧愤，那种"一条道走到黑"的对于良心、责任和道德的执着。
　　但是悬在他头顶上的良心，并不总是像太阳一样将他照得光彩照人，有时，倒像一种坏气候，将他折磨得死去活来。这不是良心自身的问题，真正的坏气候，是良心四周的社会乱象和时代病症。崔永元真的有过死去活来的时候，抑郁症最严重时，他曾经需要24小时的陪护，曾经想过自杀。
　　我们没有采访到崔永元的那位心理医生，不能确认他的抑郁症仅仅是一种与职业相关的生理疾病，还是更多地源自这个时代的种种问题对于他的恶性刺激，但是当他的失眠越来越紧密地和那些折磨他的问题纠缠在一起的时候，我们不得不承认，这个严重错位的时代，已经把这个失眠症和抑郁症患者拉到更深更黑暗的精神疾病中去了，让他不断地在绝望中反叛，又不断地在反叛中绝望。
　　崔永元的心理医生只对我们的记者说了一句：他要是没什么责任感，他的病就好了。崔永元开给自己的处方是：我要是把那良心丢了，我的病就好了。

这是一篇非常出彩的报道，获得了2005年"南方周末传媒致敬之年度文化报道奖"。仔细阅读，不难发现记者选择的是精英文化的立场，站在崔永元一边，对他面向民众趣味和流行文化的批评心有戚戚，认为民众趣味、收视率高、社会评价不一定是可靠的——"全民娱乐化，可能是一种反文化"。由此，该报道讨论的是崔永元的抑郁症以及我们时代的精神病灶。

那么，收视率高真的是万恶之源，我们的社会真的道德沦丧了吗？这个立场虽然掷地有声，但是否太过简单化？批判民众的趣味低俗，是否也是陷入极端？我们可以再想一想，中国媒体的商业化虽然使得一些媒体机构或主持人逐渐失去社会责任感，但也带来了更多样的文化选择——这并非全然无益。

如果不局限于精英文化的立场，而是运用一个更开阔的文化立场，也许会写出不一样的报道。比如，记者可以借"超女"这一文化现象来探讨中国的文化生态问题。在中国除了"春晚"一类由政治精英和文化精英选定的"样板戏"外，另一种文化典范则是民众海选出来的类似于"超级女声"这样的"大众文化"节目——后者也有强大的生命力，只是民众刚刚开始拥有更多的选择，显然还需要学习。而在精英文化与大众文化这两种文化典范之外，其他的文化形态却高度匮乏，这是整个中国文化生态独特的景观。

上述的文化系统观念，可以用来分析很多有趣的文化现象。比如，在一个亚文化很有活力的社会中，它往往能够在精英文化和流行文化之外获得发展的空间，并逐渐形成自己的风格，进而对其他的文化进行颠覆和改编。但在中国，亚文化明显活力不足。这也是为什么《三联生活周刊》《南方周末》等注重文化报道的媒体总是对于街头涂鸦、草根音乐等亚文化现象保持着十足的善意。

如上所述，如果运用开放的文化立场，记者也可能对"超女"这个事件有更持平、更有层次的报道方式。《南方人物周刊》的报道《PK》（记者：杨潇）就讲述了一批青年人卷入"超级女声"造星梦而后又重返日常生活的故事，它并没有自上而下地表达对大众文化的批判，而是着力于凸显追星梦想与现实逻辑的巨大反差，这更是一种平视的立场。

PK（节选）
记者：杨潇，载《南方人物周刊》，2011(1)

日落的时候，巩贺就坐在沙发上抽烟，偌大的客厅里有什么东西一直嗡嗡响个不停，和4年前那个有一点点胖的"PK王"相比，眼前这个女子简直瘦得惊人——"减肥也不一定都是主动想减，有时候就是压力大，心事多，没有食欲。"

她是2006年"超女"沈阳唱区三甲，全国总决赛最后一刻被尚雯婕PK掉，没能进入10强。"人人都有'赞助商'，"她用一种看破了的语气说道，"这个比赛真的不是凭借你的家人和粉丝就能拿到这么多票的。一个很明了的事情就是：没有人支持，你是肯定进不去的。我给你打个比方吧，两个老板一块喝茶，偶然间看到了电视节目，觉得这个女孩不错，我们反正有闲钱啊，通过什么渠道能找到她，给她指点和资助，这不是很正常吗……"

她2009年初和天娱解约，是被一家声称要捧她"做一姐"的小公司忽悠出来的，之后就没了下文。她一直没签公司，"从2008年商演就少下来了，因为2007年'快男'出来了，我们（2006'超女'）这拨儿就断线了。2007年的商演是2006年底排的，所以2007年还不错，没断过，但是从2007年底到2008年，就一下子没演出了，一下子没市场了"。

和巩贺一个唱区，被她PK掉的王欣如似乎要积极得多。在陈冲和姚晨主演的《爱出色》里，她扮演了一个小角色，主要任务就是在办公室里飘过来飘过去。解约以后，她也签过两个公司：一家极不靠谱，就要演出了，练ం没排好；一家什么都好，就是没钱。2008年年底，在北京飘着的王欣如突然有了个强烈的念头：不行，我要考大学！于是回到沈阳开始补文化课，第二年考上了中戏。

"我现在完全就是一个渴求的状态，我要往上走。我给自己的目标就是一步步拿砖头垫，我拍一部戏，就摆了一个砖头，我要慢慢垫上去。我经历过那种很不踏实的阶段，那种踏空的感觉，超女让我拔地而起，我什么都没有，只有上面一块板，当然一踩就掉下来了，还不如不要上去。"

从2004年到2006年，三届超级女声以及其他模仿它的节目培养了一个巨大的选秀市场，人们曾经乐观地认为，选秀开辟了中国人为数不多的又一条社会上升通道，但是很快，这条通道又被资本和权力所淤塞——选手一茬茬地生产出来，每个人据说都是一棵苗子，都可能在这个圈子占有一席之地，已经很难反映民意了，却仍然要被收割人气。在这以后，至于你是想唱就唱还是不得不唱，干掉别人还是被别人干掉，成为王贝还是成为韩真真，是没有人在乎的。

与此类似,应该如何对日益兴盛甚至泛滥的网络流行文学加以报道呢?是应该站在精英文化的立场,对流行文学和网络文学进行审美上的批判,还是将它作为一个利润惊人的大众文化门类,通过平视的视角细细展开其中的人物、观念、生意和命运?《GQ》杂志曾经刊登的报道《路金波和他嗡声作响的出版王国》,讲述的是著名文学出版人路金波的故事。① 文章选择的就是后面一种方式。在文章中,路金波是出版商业王国的操盘手,记者通过这个形象饱满、内涵丰富的角色去带动整个故事。当然,记者困困对于流行文学工业有她的观察与判断,只是她更愿意深入到一个生动的大众文化现象的内部,并将观点潜藏在故事之中。这值得我们仔细地加以体会。

还是运用文化系统的观念,让我们来看看大众甲壳虫汽车如何借助亚文化而在20世纪60年代的美国获得流行。事实上,当时的美国汽车文化已经非常成熟。汽车被分为若干个等级,越大、越豪华的汽车便是越好的汽车。在这种主流的消费文化之下,德国品牌的汽车一开始进入美国市场的时候特别困难。但随着反叛文化在60年代开始兴起,美国出现了各种社会文化革命。大众甲壳虫汽车提出口号——"small is good",顺应时势地向大众传达"不要开大汽车"的信息,同时还请了很多具有亚文化色彩的反叛大明星做广告。这种亚文化的态度,逐渐变得流行,并受到嬉皮士和各种亚文化群体的喜爱,进而对主流价值观进行了修订和颠覆。② 当社会文化系统还能被这种亚文化改变时,说明它是富有弹性的。

如果大家感兴趣,还可以看一下《南方周末》的报道《"潮人"都爱奥巴马》。③ 在文章中,奥巴马不仅是一个精英文化的符号,更与大众时尚工业、甚至亚文化紧密相联——在开放的视角下,政治与时尚根本就无法截然分开。《南方周末》文化编辑袁蕾曾经强调:《南方周末》应该关注的正是这样一种"泛社会化的时尚"——从"服装上"也能读懂为什么奥巴马在政治上如此成功。④

谈到这里,你是否觉得文化报道可以有很多有意思的报道立场?如果请你用一个文化故事来讲述今天中国社会的文化变迁,你觉得可能是什么?你会关心的是精英知识分子的文化事件、大众文化中的造星梦想,或者是街头涂鸦这样的亚文化题材?通过这样的练习,你可能会明白,面对繁杂的文化事件与现象,你自己的立场是什么,并且懂得如何对它有所平衡。

第二节 视角:粉丝视角 VS 观察者视角

如果简单分类,文化报道的视角大约包含了粉丝视角与观察者视角两种。前者展现的往往是高度卷入的姿态,对于喜欢的文化人物一味追捧,而对于不喜欢的则毫不留情地进行道德批判;后者则保持距离,抽身事外,尝试对文化人物与事件有恰当的审视和观察。

---

① 困困:《路金波和他嗡声作响的出版王国》,载《GQ智族》,2010(2)。
② Bernhard·Rieger(伯恩哈德·里格尔):《人民的车:大众甲壳虫的全球史》,剑桥,哈佛大学出版社,2013。
③ 赖芳:《潮人都爱奥巴马》,载《南方周末》,2008-11-27。
④ 袁蕾:《时尚之美在"得体"》,载新浪尚品,2011-08-18。

换一句话说,粉丝视角,关心的是大众想知道什么;而观察者视角,关心的是公众还应该知道什么有见地的内容。

• 案例:杨振宁的忘年恋

2004年年底,社会上传出82岁的杨振宁即将和28岁的硕士生翁帆结婚的消息,该消息一出,引起了广泛的关注和争议。

如果你的编辑将该选题派给你,你会如何推进报道?面对这个选题,记者可能形成怎样的报道立场?

从粉丝的视角出发可能会追问:这个忘年恋是怎么发生的?为什么她会嫁给他?他们在一起生活的细节会是什么样?你也可能会进行道德审判,杨振宁怎么可以有失学者尊严?像杨振宁这样非常有成就的老年学者的生活是怎样的?这样的信息,正是粉丝所关切的。然而,这样的关注点又过于平常,难以在不同媒体之间形成区隔;而且,在一个新闻发生的风暴点之中,所有媒体一拥而上,当事人则避而远之,这些私密的信息难以获取,有时就流于捕风捉影。

那么,从观察者的视角出发可以怎么做呢?或者,你可以拉开距离,更为抽离地观察人物与事件,试着还原一个被符号化与标签化的文化人物。比如说,杨振宁为什么一直有着如此耀眼的光环,因为他是一个科学领域的学术常青树,还是因为其他?这个光环正在发生什么变化?像杨振宁这样非常有成就的老年学者的生活是怎样的?

本书的作者曾繁旭当时就接到了这一选题。出于以上提及的原因以及刊物的风格,我们选择了文化观察者的报道视角。借着这个事件,我们正好重新打量这个长期以来被公众符号化的科学家。

转换了报道视角之后,记者的焦点就在于呈现"日常化的杨振宁"与"符号化的杨振宁"之间的差异,而婚姻事件仅仅是新闻的由头。这样一来,故事的层次感就丰富了,可以采访的信源也随之增多。最终,我们在《南方人物周刊》上发表了一篇名为《杨振宁的多重世界》的报道。

在确定了思路和立场之后,我们来到杨振宁的工作单位——清华大学高等研究院。(当时)高等研究院的大堂里,树立着杨振宁先生的塑像,塑像背后有一块黑色幕布。记者在二楼一间一间地找他的办公室,最终采访了他的一个博士生以及若干位同事,了解了关于他的生活与学术细节。

随后,记者找到了他居住的院落。院落"戒备森严",保安一口回绝了记者进入的请求。那天下着大雪,记者在门口站了差不多一个多小时。虽然采访的可能性很小,但这种等待和观察不仅会得到一种现场感,也有可能"柳暗花明又一村"。果不其然,等待了一段时间后,记者从门口的保安处得到了很多细节。

无疑,细节的叠加帮助我们逐步还原了杨振宁先生的生活。当我们回到最先设定的视角,这些细节丰富了"被符号化"的杨振宁先生,通过记者的描述让这个著名科学家回归为平凡人。

文章的导语和第一部分是这样写的:

杨振宁的多重世界(节选)

记者:曾繁旭、陈磊,载《南方人物周刊》,2005(1)

在清华大学高等研究中心的庭院东南角,安放着杨振宁先生的塑像。

塑像面东,黑幕布景,身旁种着高高的凤尾竹,点缀彩灯,受人瞻仰。塑像身着西装,表情肃穆。天气晴朗的正午时分,阳光穿透玻璃天花板,斜斜投射在塑像上。

现实中的他,被认为与塑像有距离。除了极正式的场合,他从不穿西装;他爱笑,经常给学生讲故事;他的博士生,几乎从不必预约,就可以敲开办公室的门找到他;星期一给学生上课,下午答疑,学生们常问他各种学术以外的问题;博士生中有个Physics Club,他照例参加;每月最后一个星期五晚上,他主持"通俗演讲会",讲座终了,他邀大家闲聊,三两桌子上摆满咖啡、茶点,众人谈笑风生,地点就在塑像的旁边。

生活中的杨振宁,和大家理解中的杨振宁,也有类似的差距。

长期以来,这位远隔重洋的科学家给我们留下的印象,是诺贝尔奖得主,是爱国的伟大的华人科学家,是传统文化的守护者,是道德完美主义者,他有很多光环,甚至于,是一个寄托了种种美好愿望的符号。

2003年12月,他正式定居国内,当了清华大学全职教授,住在2层小楼"归根居"。他离我们近了,他开始对中国传统文化、本科教育、博导制度和科研状况发出言论,引发争议,他还恋爱,并结了婚。这一切,让杨振宁再度进入舆论中心。

或许,这是一个契机,让我们看到一个科学家以外的杨振宁。

细节杨振宁

杨振宁的办公室不大,座位面西,南墙上挂一块绿色黑板,上面写满公式,大约他经常在办公室思考问题。背后书架上主要有三类书:杨振宁文集和传记;《三松堂全集》一类的人文书籍;另外,还有十几本李政道传记,看得出,先生对这位多年好友、多年宿敌的关注。

学术报告厅和办公室紧挨着,每个周一下午他在那里答疑。有时,学生或者其他学者作报告,他总坐在前排听着,随时提出自己的疑问,或者给一些提示。

他每周给大一学生上两次理论物理课,听课学生必须有听课证才准许进教室。"先生的课非常受欢迎,他很有煽动性,"先生的同事,清华大学高等研究所徐湛说,"平时先生也很健谈,新生入学典礼,他总会参加,给同学们讲他的老师,讲科学家的轶事趣闻,一旦兴起就停不了,作为主持人,我只好给他一些暗示。"

出了课堂,更多时候,在无比宽阔的清华校园,先生并不过多引人瞩目。

2004年暮春时分,徐湛有时看到杨振宁一个人走在校园的湖心岛,慢慢踱着步,手里拎着个相机。偶尔有人过来拉拉家常,更多人认不出他来。在徐湛印象中,"普普通通的,他不喜欢别人过于严肃和毕恭毕敬,也从来没有摆架子。他的快乐和悲伤总是写在脸上"。

"杨从来不把学校以外的身份带到学校来,在学校时,他的角色是单重的。把办公室的门一关,外面的所有喧嚣都远去了。在这里,他与我们平等,我们都直接面对科学,没有高低。他是很平等的人。"徐湛说。

杨振宁第一位获得博士学位的学生翟荟告诉记者,他从没有因为是杨振宁的学生而得到任何特殊待遇。

按照翟荟的描述,在1997年前后,杨先生还发表了学术论文。此后在第一线的研究就很少了。杨先生目前工作主要是:确定学科方向、人才引进和资金筹集。2000年"图灵奖"获得者姚期智就是在先生的劝说下来到清华,现在是先生邻居。

每天早晨,司机会把奥迪房车停在大门十米处等杨先生,他从大门出来,走20秒钟,上了车,9点前到达位于学校西北角的高等研究中心。下班,他回到家中,吃四川保姆给他准备好的食物——面条。晚上,工作,经常11点左右才熄灯休息。风吹动庭院里的竹子,沙沙响,保姆和司机各自回家,先生独自一人守着300平米的二层楼房。

在一位身边的工作人员看来,杨振宁每天的生活大致如此:"深居简出,早晨不起来活动,和周边的人很少接触,前来探访的也不多,除了工作,还是工作,但工作之余呢,一个人住在那么大的房子里,孤独啊。他就是一个普普通通的老人,而且,没有亲人在旁边。有时担心,他要是万一生病,恐怕都无人照料"。

……

从开篇,我们就希望扣紧主线。通过塑像与现实生活的反差,强调"生活中的杨振宁"和"符号化的杨振宁"之间的差距。

透过这个案例,我们可以看到,如果记者站在普通粉丝的视角来报道文化事件与文化人物,过多追问一些猎奇、八卦的信息,反而往往无法在新闻竞争当中形成个性。而且,当新闻事件发生时,即使你来到新闻现场,也很难采访到当事人,甚至难以获得真正有效的信息。如果另辟蹊径,换在文化观察者的立场上,有时候则可能抽身事外,冷眼旁观,尽量展现新闻故事的复杂性和层次感——让读者知道,故事还有另一面,人物还有另一面!换言之,通过文化观察者的报道视角,记者可能借新闻事件来讲述一个更人性化的、更有历史性的、甚至更加有社会张力的文化故事。

10年之后,杨振宁先生偕同妻子翁帆到访"杨澜访谈录",录制了一期"十年情路",讲述两人相恋与相处的种种细节,在相当程度上回应了普罗大众的关切。但这是因为时过境迁,当事人对于外界的关注已经坦然处之,也就可能敞开心扉。而当时在新闻发生的当口,是难以实现的。

大家可能会联想到,很多媒体的文化报道经常使用一些哗众取宠的标题来博眼球,语言空洞而煽情,辅以似是而非的八卦、典故或金句,甚至动辄号召公众"点蜡悼念"某位大师,其中并无多少真正的文化内涵。而反过来,好的文化报道即使也关注点击量,但总是在内容上、思想上不落俗套,尽力满足读者更深层的文化需求。

思考

- 杨绛先生去世时,媒体进行了大量的报道,请对其进行整理和分析,看看其中体现了怎样不同的报道视角。

第三节　态度：起哄、简化 VS 专业、丰富

面对文化娱乐新闻时，报道往往呈现两种态度：一种是起哄、简化，另一种是有专业精神的、丰富的。当然，你可能想到还有一种态度是板起脸孔、面无表情，但这是属于上一个时代的媒体态度，这里就不作讨论。

• 案例：杨丽娟追星事件

2007年刘德华的歌迷杨丽娟疯狂追星的事件是关乎大众娱乐明星的热门话题，代表了另外一类文化报道类型。

杨丽娟出生在甘肃兰州市阿干镇，从16岁开始痴迷于刘德华并随后辍学。为了见到刘德华，杨丽娟先是花掉了家里所有积蓄，之后又由父亲卖肾，多次尝试未果。2007年夏天，有媒体跟她说能让她去香港见刘德华一面，但她必须承诺见面之后就好好过自己的生活。然而，这次寻找刘德华之旅也未能顺遂，她父亲则选择在香港跳海自杀。追星梦酿成了悲剧。

假如你接到这样的选题，会如何处理呢？

当时所有媒体都争着报道这个事件，存在激烈的同题竞争。可以想见，大多数的媒体都会兴奋异常，将这个女孩子的疯狂举动当作现代社会的一个奇观，以猎奇心理去搜罗她的追星过程及其离奇经历。这类报道，某种意义上只是跟随热点新闻而起哄，并无情地嘲弄，就像扑向尸体的秃鹫。当然，也有一些媒体试着对事件进行严肃的追思，同时尽力保持对主人公命运的关切和悲悯——这是具有社会责任感的媒体该有的报道态度。

《南方周末》针对事件作了一篇报道，叫《你不会懂得我伤悲》。这是刘德华一首歌的名字。这篇报道将故事放回到个人青春、家庭关系、区域文化乃至舆论浪潮等一层又一层的脉络当中，追问其发生的根源。记者袁蕾仿佛永远在场——带着读者来到香港，走过阿干镇，走入一家人的精神深处，而这些信息以一种非常耐心、冷静甚至悲悯的方式在笔下呈现。接下来，我们一起来看看其中的一小段。

你不会懂得我伤悲——杨丽娟事件观察（节选）
记者：袁蕾，载《南方周末》，2007-12-27

阿干镇，寂静岭

杨丽娟和母亲陶菊英都出生在阿干镇，生活在这里的人在外人看来格外"脆弱、敏感、绝望"。

"阿干镇出杨丽娟这样的怪人，一点也不出奇。"郦哲说。他是兰州的一名警察，用业余时间去阿干镇拍摄纪录片，已经拍了两年。"不出奇"的原因是，生活在这里的人在外人看来格外"脆弱、敏感、绝望"。

杨丽娟和母亲陶菊英都出生在阿干镇，父亲杨勤冀在阿干镇教书，直到1995年提前退休。

阿干镇虽然离兰州市区不过20多公里，但道路崎岖，汽车要开近一个小时。"阿

干"的名字出自《尔雅·释地》：大陵曰阿，干为水畔。阿干河从南向北穿镇而过，河两边是密不透风的荒山。阿干镇形成于北宋，之前是丝绸之路上中国内陆部分颇为重要的一站。

20世纪50年代，阿干镇成为兰州工业用煤和民用燃料的主要生产基地之一。当地流传着"先有阿干煤坑坑，后有兰州城窝窝"的说法。"20世纪50年代，在阿干镇上班的人都是很骄傲的。而现在，说一个人很土，兰州人会说'你是阿干镇来的吧'"。张磊和他的伙伴正在招商拍摄另一部纪录片《影像阿干镇》。

如今的阿干镇，建筑仍以苏式居民楼和办公楼为主。玻璃很多已经破碎，还有大量空出来的宿舍楼，当地居民谁愿意搬进去就搬进去。唯一的电影院已经改成了塑料制品加工厂，跨进院子，迎面三个斑驳的大字"观人子"——它的前身是"观众您好"，这里已经20多年没有放过电影了。最繁华的街道铁冶街粗看上去家家关门闭户，走近你就会发现，其实每扇窗户后面都有人在打量。偶尔出现在街上的人，没有多少表情，嘴角向下耷着。

郏哲说，阿干镇的人大多可以预测自己的命运：男人不是因为事故在矿上伤残亡故，就是患上这样那样的职业病；女人在家里默默守候着活一天是一天的丈夫和在教学质量不怎么高的学校里念书的孩子；小孩沉默地行走在煤尘扑面的街道上，或者被狭窄道路上奔驰的运煤车撞伤。

20世纪90年代初，阿干镇人口开始大量迁移，不到5年时间，阿干镇从最初将近10万人减到现在2万多人。杨志彬是《兰州晚报》记者，前后11次去阿干镇采访，在他看来，阿干镇是甘肃这类城镇的代表：资源枯竭、千疮百孔，百姓居无定所，背井离乡是他们最大的愿望。

……

文章并没有在香港这场闹剧的现场投入过多笔墨，而是很快写到了阿干镇。阿干镇是杨丽娟出生、成长的地方。这个镇位于甘肃兰州城外20公里处，是一个典型的资源枯竭性城镇，凋敝、绝望、千疮百孔。记者从阿干镇的绝望，写到杨丽娟的苦难青春，再到她奇特的家庭。比如，杨丽娟父亲的弟弟因精神错乱，一怒之下把自己母亲砍死；比如，杨丽娟的妈妈一辈子都认为丈夫是一个非常无能的人，所以两人的关系很不好；再比如，杨丽娟的妈妈跟别人生活在一起，但经常回来帮他们父女洗衣服，杨丽娟跟父亲一起生活，父亲非常娇惯她。总之，这是一种非常特殊的家庭关系。绝望的地方、绝望的家庭，以及充满灰暗和压抑的青春，刘德华就成了她的一个重要的情感寄托。"见刘德华"变成了这个家庭的强烈愿望。他们认为，只要女儿能见到刘德华，这个家庭就可以恢复正常的生活秩序。正是这个疯狂的愿望让这个家庭愈发陷入孤立和厄运。文章对于事件提供了一个相对丰富的理解方式。

某种意义上，《你不会懂得我伤悲》讲的不是一个新闻事件，而是背后整个非常复杂的社会链条、家庭谱系和精神世界。其核心也许可以从以下几个层面来理解：

1. 更复杂的事实：一些媒体对故事只是进行了非常简单的处理——杨丽娟父亲因为女儿追星无望而选择在香港跳海身亡，对此各方有不同的情绪和回应。显然，这是一个过于"简单的事实"。《南方周末》的记者袁蕾则提供了一种"复杂的事实",从而帮助读者理解这个事实背后的层层叠叠,而不是一个显而易见的结论或判断。

2. 拉长的故事链条:很多记者都强调"新闻现场",比如,记者跑到香港事发现场,指出这是杨丽娟父亲跳海的地点,并介绍这里到刘德华家的距离有多远。但如果停留在这个"悲剧现场",记者是无法提供丰富的真相的。所以,《南方周末》的记者袁蕾去了阿干镇,见了他们的邻居、亲人,以及与杨丽娟母亲同居过的人等。拓展的现场、拉长的故事链条,让我们得以更为接近故事的内核。

3. 节制的表达方式:文章并不是通常的文化报道惯用的煽情或道德评判式的语言,而是非常节制的表述方式。记者在文章里面提供了极其丰富的细节:如杨丽娟对她母亲不好、父母的不对等关系、家族的精神病史、区域的凋敝贫困与文化封闭。记者耐心地在描述这些事实,但始终没有跳出来,这是一种节制的语言。

4. 专业的报道态度:在报道中,记者袁蕾展现的是很专业的态度,她一定程度上避免了将事件奇观化,引入社会观察视角,借事件来理解这个家庭、地区和更恢宏的社会百态。其本质不是生硬与残忍,反而是悲悯、多情。

在完成采访之后,记者袁蕾仍然保持对事件和人物的关注,在她所写的采访手记中,这个故事的链条再次被拉长了,依然是专业的态度和克制的语言。

我还是没敢告诉杨丽娟(节选)

记者:袁蕾,载《南方周末》,2012-12-27

好心人捐助的钱渐渐用光了,母女两人不停吵架。

杨丽娟说妈妈主动住进了福利院,以便节省开支;爸爸的骨灰寄存了,因为买墓地需要3000元。冬至、圣诞、新年、春节对杨丽娟来说没有任何意义。"你说,我现在能找什么样的工作?"杨丽娟还是知道生活有压力,但她总是有无数找不到工作的理由:所有人都认识她,戴上帽子都会被认出,服务性工作肯定不能干;没学过电脑,爸爸去世了也没心情学,跟网络有关的工作肯定不能干;身体越来越差,重活累活也肯定不能干;体质弱、易生病,戴着口罩去医院做义工的活也肯定不能干。她也曾考虑过摆个水果摊,但又没本钱。

她没想出那个理想的工作,也没有工作来找她。杨丽娟现在最懊悔的是,不该听媒体的话,不该从香港回到兰州。

我至今没敢告诉她们,那个匿名还清了1.1万元高利贷的人,就是刘德华。

可以说,袁蕾的报道摒弃了简单的审判态度与粗暴的情感表达,而是提供了大量的有逻辑的事实。乍一读可能觉得残忍,但其实报道又饱含深情。记者想做的是借助舆论人物打量中国的社会和人生。

与此类似,我们还可以想起媒体对一系列娱乐人物和事件的报道,比如,干露露——一个被认为运用低俗化的方式进行自我炒作的女子。许多媒体热衷于描写其大胆出格的着装,以换取点击;有的则草率地为其贴上"伤风败俗"的标签,对其嗤之以鼻;《南方人物周刊》的记者李宗陶则写了《中国制造:欲望时代的干露露们》。在文中,记者尽力去除标签与成见,把干露露描写为来自农村、急于走向成功的"80后""90后"北漂一族的一个案例——她的背后是一个庞大的社会群体,她值得被认真对待、解读——故事由此引人深思。随后,这篇报道获得了首届非虚构写作特别奖,颁奖词如下:"《中国制造:欲望时代的干露露们》发表于2013年《南方人物周刊》第339期,为了这组特稿,李宗陶不但去了干露露的老家,采访了她的父母、祖父和村人,还跟她一起赴局,现场'观摩'了包括当地黑道在内的男人们设宴局、拉皮条、谈价钱的嘴脸,她采访她的幕后推手,采访播出母女对骂等爆红桥段的电视台嘉宾。"①

中国制造:欲望时代的干露露们(节选)

记者:李宗陶,载《南方人物周刊》,2013年总第339期

男人们三三两两进了包厢。各自将宝马、奔驰或别的什么豪车泊好,在江南水乡这座农家乐的小路上彼此寒暄的当儿,他们已经从前后左右不同方位从头至脚将眼前的干露露扫了一遍:不到1.6米的个子,身材匀称,手与前臂尚有婴儿肥;劣质的黑色毛衣与皮裤之上,搭配一件纯白色皮草——在与母亲雷炳侠的对话中,她管它叫"貂",而管羽绒服叫"袄子";长发从黑色棒球帽里披挂下来,及腰,但被旅途中的风尘粘成一缕一缕;巨大的墨镜挡住了眼睛和半张脸——娱乐版行话叫"黑超遮面";鼻尖高耸,黯淡的肤色和成片的小痤疮无声指向主人的睡眠、饮食、保养和职业。她走路的样子有些特别:黏滞,重心偏向一边,像是在跋涉。

一瞟一瞟之间,男人们迅速完成了打分。在娱乐类节目上,这是亮牌子或旋转座椅大力按钮的时刻。

大圆桌旁不断被加进椅子,14位某总或某哥参加了接风晚宴。他们,有的是合伙开了演艺吧,通过中间人请来干露露,是夜在酒吧演唱3首歌;有的刚刚认识,彼此敬酒交换电话,相约再会。这一夜,干露露是小城贵宾,是某一阶层头面人物之间的关联。

……

线永京接触过包括干露露在内的许多"80后""90后"北漂,多从农村来。在这些人心中,上学没一点用,所有正统传授的价值观都让人憋闷,都是束缚。像苏紫紫的脱,最初是一种反抗,后来发现是一种"生产力",能换钱,那就接着脱。何正权说,社会宽容度或者说尺度越来越大,许多人觉得找到一个突破点,杀出一条血路,也能"成功"。肖风华说:农村的孩子现在看起来问题最大——父母都忙于生计或进城打工,电视互联网城镇化建设把外面的世界带进来,而教育严重缺位,不是书本知识,而是做人最基本的一些伦理规范,比如,礼义廉耻。

这样的报道态度,适合人文色彩较重、具有专业精神的媒体,它们不太强调新闻的娱乐性,而希望透过细致、丰富的报道进行社会观察和反思。《南方周末》《三联生活周刊》《南方人物周刊》《GQ》等媒体经常抱持这样的态度,强调借娱乐人物打量中国的社会与人

---

① 首届非虚构写作特别奖颁奖词。详见:http://epaper.southcn.com/nfdaily/html/2013-08/16/content_7217480.htm.

生,不审丑也不谄媚。《南方都市报》以及《新京报》的文化版也是如此,凸显"大写的娱乐",希望张扬娱乐背后的"意义"。当然,专业的态度反倒可能获得尊重,比如,《南方都市报》的"华语传媒盛典",就得到了很多娱乐、文化领域精英人士的支持和赞赏。

小　　结

首先,我们强调开放的文化报道立场,从而对各种文化形态的相互竞争与演化保持洞察,并让你的报道更有文化关怀。

其次,我们欣赏文化观察者的视角,而不是粉丝式的窥私与情绪宣泄。因此,遇到一个文化事件或现象,报道者未必要立即一拥而上,很多时候,保持适当的抽离感,冷眼旁观,反而会有更好的效果。

再次,我们倾向于专业的报道态度。哪怕是对简单的娱乐人物,也尽量摈弃嘲弄、起哄、恶俗的报道态度,更不要陷入炒作、八卦的报道方式。以专业的方式、公允的态度去呈现故事的丰富性,会让你得到更多读者和同行的赞赏。当然,轻松表达是可以的。

最后,对于文化记者来说,行业知识和圈子尤其重要。如果你得到圈子的认可,往往会事半功倍。

总体而言,讲述人性的、有层次的、更富有张力的故事,才是文化报道的方向。在理想状态下,一个好的文化记者,常常也是一个好的文化研究者。他对文化现象极其敏感,并且有很好的穿透力,同时又不惜耗费精力进行细致的信息搜集与调查。

【课后习题】

1. 搜索媒体当时对杨丽娟、干露露等文化人物的报道,并体会报道中的立场、视角与态度。

2. 从最近你所关注的时政或者经济人物中挖掘出其中的文化元素,尝试作一篇有趣的文化报道。

CHAPTER 4
第四章

让文化报道更厚重：脉络感与学科视角

> **摘　要**
>
> 本章将从流行工业演进、社会文化语境变迁以及文化潮流更替三种情况进行分析，探求使文化报道更有脉络感与纵深感的方式。与此同时，也将强调可以运用于文化报道的一些学科视角，从而提升文化报道的解释力。

前言

文化报道要有立场、态度与视角,也需要有情怀。如果我们翻看一些文化报道就会发现,这是一个有"怀旧"味道的报道领域,往往是那些有纵深感的报道更受人们的欢迎。[①]

例如,《南方人物周刊》曾一整年作了八期关于"百年家族"这个主题的报道。这是个很怀旧的主题。报道主要是讲一些历史悠久、声名显赫的家族的相关故事,报道出来之后非常受欢迎。其主要的原因就在于,文化报道有其特殊之处,它不像时政、商业报道那么注重新闻性,相反其展现的社会文化变迁、大众集体记忆及历史沉浮更容易引起读者的共鸣。

不仅如此,很多文化事件与现象,往往需要有纵深感和脉络感才能更好地加以理解。比如说,为何那么多中老年歌迷如此喜欢邓丽君,又为何"小虎队"在 2010 年重回春节联欢晚会?事实上,他们已经融入了一代又一代人的集体记忆之中,并陪伴不同时代的人走过岁月。

通过若干个案例的分析,你会理解如何展现文化报道的"脉络"与"纵深",以及如何将一些学科视角运用于文化报道之中。

> **课前提问**
>
> - 回想 20 世纪 90 年代到现在,你能想到哪些比较重要的文化人物和文化事件呢?这 30 年来,民众的文化生活都发生了怎样的变化?

第一节 流行工业的演进

流行工业的发展与走向像一条大河,其中每个个体可能是一滴小水珠或者是一个小的支流。而文化报道,可以将具体的事件与人物放回到流行工业发展的脉络当中。

> **案例:刘德华任香港旅游局代言人**

在 1998 年金融危机之后,香港一度在经济上出现低迷,整个社会的氛围也受到影响。经过几年的徘徊,在 2005 年,香港旅游局准备换一个新的形象代言人,他们选择了刘德华。当时,《南方人物周刊》的记者易立竞在北京跟刘德华进行了长达几个小时的访谈,准备做成封面报道。但是,编辑部觉得仅把一个专访处理为封面报道有些单薄,决定让本书的作者曾繁旭去香港进行外围采访与报道,以便整合成一个系列性的专题文章。

那么,如何让这个外围报道呈现更为厚重的脉络感,从而与同行形成差异?面对这样一个选题,你会怎么思考呢?

可能很多人首先会想到刘德华成功背后的励志故事。的确,通过他的奋斗历程来讲述一个励志故事是很常见的选择——他从一个香港底层青年成长为整个华人世界的万人

---

① 本章的部分内容曾由曾繁旭发表于《新闻与写作》2019 年第 5 期,纳入本书时进行了大幅的增补和修改。

迷，无疑有鼓舞人心的力量。

你可能会聚焦于他的性格——虽然他成名多年，可依然保持非常克制、节俭、向上的生活状态。

但显然，这样的故事比较个人化，厚重感稍微欠缺。或者，你会想到将他放到香港流行工业的发展脉络当中来观察——为什么是他成为了香港旅游的代言人而不是其他人？他在香港的流行工业及社会文化体系里面象征着什么？

事实上，我们选择的就是第三个路径。

那么，如何通过他来理解香港 20 多年流行工业的演进和社会的变迁呢？通过访问很多人之后，我们逐渐寻找到了刘德华演艺生涯的关键节点，体会到他跟香港社会起起伏伏的暗合之处。虽然在很长的时间内，他都不是香港最红的那个影星或者歌星，但从 20 世纪 80 年代、90 年代到 21 世纪，每一个历史转弯口上他在做的事已经把他和其他明星区分开来。他是香港最多产、最有代表性的多栖明星，也是两地文化交流重要的符号——这就是他为何被选为香港的形象代言人，这就是他的不可替代性。

20 世纪 80 年代的时候，他在电影中的草根英雄形象深入人心，得到了正在上升的香港地区中产阶级的认可，符合了观众想从草根向上流动至中产阶级的社会心理。90 年代，香港地区的社会情绪出现起伏，其电影业也逐渐萎靡，刘德华开始演很多悲剧角色和反英雄角色，到中年之后有了新的角色突破，并以"四大天王"之一的身份在乐坛有所成就。之后，则真正进入到大陆，成为"第一个在内地获得成功的香港艺人"。他毫无疑问已经是一个大中华地区的明星，成为香港地区融入内地的一个象征。就是这样一个超级上进、努力的形象，成为了香港地区新的精神象征。

天下无敌刘德华（节选）

编辑部文章，载《南方人物周刊》，2005(18)

刘德华肯定是我们这个年代的一个超人气偶像。而偶像总是免不了有一个相对凝固的形象烙印在大众的脑海之中，刘德华的形象是这样的：Ray-Ban 太阳镜，鸡翼袖 T 恤，如果加外套，一定是牛仔外套（洗水），还有白色波鞋，以及最重要的——刘德华发型，他的分头，他拨头发的手势，都定义了一个年代香港帅哥的品格。

然而，刘德华又不仅仅是一个偶像。他 20 多年的演艺生涯，经历了香港地区电视业的黄金时代，乃至电影业和流行音乐的辉煌阶段，之后又迎来了香港地区电影业的低迷，在此期间，他不断尝试、转型，逐渐成为香港电影的支柱人物。近年，他更大步踏出香港地区，进军内地和国际市场。

到了今天，人们已经很难再简单划定刘德华是"明星演员"还是"演员明星"。他甚至不知不觉间已经成为某种香港精神的象征。

由于他的多产，他的持久魅力，以及他和主流电影类型的密切关系，我们希望通过回顾他 20 年的足迹，说明他与香港电影，乃至整个香港社会的对应关系。

除在北京专访刘德华，本刊还特派记者赴港，采访了香港影评人石琪，香港电影评论学会副会长登徒，香港演艺学院导演系高级讲师舒琪，香港电影"金像奖"主席张同祖，香港编剧、导演、刘德华中四班主任杜国威，以及目前刘德华"映艺"公司旗下艺员林家栋等。他们不同角度的叙述,构成了一幅多元的刘德华图景。

刘德华与香港电影二十年(节选)

记者:曾繁旭,载《南方人物周刊》,2005(18)

由草根走向中层的"流民太子仔"

1981年,刘德华毕业于无线电视第10期艺员训练班。他主演的第一部电视剧为《花艇小英雄》,而令他开始获得声名的则是1982年12月热播的警匪剧《猎鹰》。1982年他参演了第一部电影《彩云曲》,1984年因合约纠纷被无线雪藏大半年,1985年与无线改签后随即活跃于电影圈。

20世纪80年代,刘德华参演的电影明显带有他在电视剧中的气味和影子,如《英雄好汉》(1987)和《江湖情》(1987)等英雄类型片都是如此。"刘德华在表演上的特色很早就呈现出来了,我一直觉得他有一种'街坊味',他在处理草根角色的时候,特别有亲切感。比如说,他早期拍追女片和古惑仔片时候,就有一种'流民太子仔'的感觉,一方面他是流民的姿态,但同时有太子哥的傲气和胸有成竹。"香港电影评论学会副会长登徒在接受采访时说。

在20世纪80年代这个香港电影建立本土意识的影业兴旺阶段,这种流民太子仔的感觉是刘德华找到的发展特色,他的角色每每是草根本质,却最终得到中产阶级或者专业人士的姿态在银幕上发挥魅力。在香港影评家朗天看来,"这对应了社会由下而上的阶层频繁流动,符合了主流电影观众由草根晋身中产的期望"。

"事实上,随着本土影业的愈趋兴旺,刘德华本身也愈来愈掌握中产意识和中上层身份。由《赌神》(1989)到《赌侠》(1990),正式确立了他作为周润发接班人的地位;1991年,他成立天幕,晋身电影公司老板,开业制作《九一神雕侠侣》。两集《赌城大亨》(1992),扮演新哥,在银幕上直接呈现一个白手起家的传奇,表现出充分掌握上流社会玩意(从打高尔夫到卑鄙权力游戏)的天分。到了《天地雄心》(1997),刘德华扮演'企业精英'的角色,深受观众接纳"。

香港演艺学院高级讲师舒琪认为,这种草根特点,使得刘德华成为一个特别有亲切感的演员。在舒琪看来,香港电影的特点,很重要的一点就在亲切感。而香港电影衰落的原因之一,也正是因为演出者和电影本身都失去了原有的亲切感。

"我们都叫刘德华'华仔',管周润发叫'发仔',梁朝伟是'伟仔',他们好像是我们生活的一部分。现在新的演员,比如吴彦祖,我们谁也不会喊他'祖仔'。"舒琪说。

可以看到,在文化报道中,梳理清楚脉络与背景,会帮助你形成一个大视野,让你的文章更有纵深感。这篇报道,更多讲述的是香港地区电影工业的脉络,事实上,刘德华的报道还可以放在香港流行音乐发展的脉络之中——他的经历,足以承载香港乐坛兴衰的故事。

进一步说,这样的大视野,不仅可以用来写刘德华,写张学友,写相对另类的梁家辉和黄耀明,甚至可以写流行工业或者文化圈中的小角色。每一位明星或文化人都以某种方式嵌入文化演进的脉络之中。

如果说刘德华是香港地区流行文化工业一个成功的符号，黄耀明则可以算是香港流行文化的一个"边缘人"，但他也是一个很重要的明星。《GQ智族》杂志在2012年曾有一期封面报道《黄耀明：少数派报告》（记者李冰清），很值得看。文章一开篇就写道："黄耀明好像和这个世界的节奏总有些错位。有时他走得太快：太敢穿，太敢想，太敢言，太敢唱；有时又显得太慢：他始终恪守自己的底线，保护着一个不曾随时代更迭而改变的小世界。从达明一派到黄耀明再到人山人海，他始终属于'少数派'，然而他却让更多人明白，生活终究可以有一些不同的选择。"①

乍一看，刘德华、黄耀明，有着截然不同的故事，但他们却共享同一条香港地区流行业发展的脉络，只是处于光谱上不同的位置而已。

运用同样的报道思路，如果你感兴趣过去中国内地演艺事业在过去10年的变迁脉络，可以从什么样的题材切入？

《南方人物周刊》发表的文章《毕业十年：章子怡和她的同学们》，就是这样一个很好的故事。章子怡所在的明星班，毕业于中国影视业快速发展的初期，有太多一夜成名的机遇。当然，班上也不是每一位同学都走红。这个班级的故事，正好可以呼应中国内地演艺行业的脉络与生态。

毕业十年：章子怡和她的同学们（节选）

记者：刘子超、易立竞，载《南方人物周刊》，2010年总第207期

十年前，中国影视业正处于方兴未艾的状态，演员少，机会多，这成为造就明星班的契机。十年来，随着民营资本的大量涌入，影视业成为最炙手可热的行业之一。各种艺术院校的层出不穷，再加上网络和选秀节目成为造星的新途径，演员成名变得愈发不可预测。

"有太多外形、演技都出色的演员至今默默无闻，"中戏96明星班的班主任常莉也这么说，"这个行业最终靠的还是命运。"

即使在明星班中，也有人至今没红。他们生活在闪耀的星光下，仍然为了理想、为了明星梦而努力。

"党昊定律"

我是在华谊兄弟公司见到党昊的。他光头，黑风衣、黑边眼镜。据说，他去哪里都骑一辆自行车，这在圈内是一个传奇。

党昊的另一个传奇是，从2004年开始连续4年，所有参演的电视剧都没播，在圈内被称为"党昊定律"。

"我们数吧，"他摊开手掌，"从2004年开始，《香气迷人》没播，《别让眼泪流过》没播，《别让爱沉默》没播，《所以》没播，《色拉青春》没播，《宠物医院》——拍的唯一的一个男一号——没播，然后《锦衣卫》也没播。"

按照党昊的说法，一切都是从2004年8月30日的那场车祸开始的。车祸当晚，他喝了很多酒。回家的路上，他感觉前面的车晃了他一下，便下意识地搂死了方向

---

① 李冰清：《黄耀明：少数派报告》，载《GQ智族》，2012(5)。

盘。他像一只木偶,旋转着飞向隔离带的另一边。20个挡光板被撞飞了,车轮只剩下一个,可他奇迹般地从车里爬了出来。

……

至今,党昊无法确定这场车祸和"党昊定律"有什么关系,他只知道在这之后,他的演艺事业突然陷入了低谷。不管导演的腕儿有多大,他接的戏总是在没有到达观众之前就夭折了。

"也许,从车祸中幸存下来,把我所有的运气都用完了。"他说。

第二节 社会文化语境的变迁

除了流行工业的演进是一个重要的脉络,文化报道甚至可以放置于更为广阔的社会文化与时代精神的语境之中。事实上,如果你对社会文化的变迁脉络没有体察,也就无法对很多重要的文化人物或事件形成恰当的理解。

- **案例:邓丽君和一个特定时代**

如果现在你给父母打一个电话交流,或者问问身边成长于20世纪七八十年代的朋友,对他们影响最深的明星是谁?恐怕很多人都会想起一个共同的名字——邓丽君。

2005年,《三联生活周刊》在邓丽君逝世10周年的时候做了一个封面报道《何日君再来》(作者王晓峰),回望了一个特殊的时代以及当时民众的精神生活:在"文革"时期,即使亲人也可能反目,人和人之间温柔的感情被彻底压抑、扭曲。"文革"之后不久,突然有一个歌声从对岸飘过来——这是关于日常生活、人伦感情的轻柔之声。因为回应了人们呼唤日常情感回归的迫切需求,歌曲的演唱者邓丽君自然而然成为了真正进入一代中国人心灵的流行偶像。从这个意义上说,"一个特殊的时代造就了邓丽君"——她不仅代表了流行工业,更是一个文化符号。

《三联生活周刊》的开篇语里回溯了当时两岸隔绝的情景,而那些情景正是当年邓丽君特别流行的社会背景。文章结论是:"邓丽君的歌声遍及全球有华人的地方,不管是在中国台湾、香港地区,还是在东南亚、日本、北美,邓丽君给人留下的是一个妩媚、甜美的标准中国女人形象。在那些地方的公众眼里,她只是一个红歌星——一个唱歌好听的歌星而已。只有在中国大陆,一些特殊原因才让她变成了一个文化标志、一种潮流、一个属于那一代人心中终生难以磨灭的印记。"文章甚至提道:"可以断言,多少年之后,这一代人绝对不会像怀念邓丽君一样怀念周杰伦。"

邓丽君十周年祭:何日君再来(节选)
记者:王晓峰,载《三联生活周刊》,2005(17)

一个特殊的时代,造就了邓丽君。

今年是邓丽君去世10周年,当我们回头打量这个已被时光拉远了距离的歌手,会发现,从她身上的光环中折射出来的时代印迹变得越来越清晰。特别是在今天这个特殊的历史时期，邓丽君这个名字还可能被赋予一些更新的意义，这个曾经被误解、误读的名字也会随时间推移慢慢还原出她真实的一面。

1949年，当台湾海峡最终成为一道军事屏障将大陆与台岛分隔开的时候，实际上便开始了不同制度下同根文化的不同繁衍。20世纪70年代末，当内地的窗口开始打开时，第一个走过来的就是邻家女子邓丽君。当时，人们说不清楚，为什么在没有三通的情况下，在两岸文化还没有正式接触的时候，她便不请自来？而且，为什么在这边百废待兴，根本无暇顾及精神需求的时候，她的歌声却眨眼间便传遍大江南北？她到底有什么魔力？

当我们用时间的长镜头再次把焦点定在那个年代，也许就会发现，恰恰是两岸间的30年隔离造成经济、文化上的泾渭分明，才给了邓丽君一个机会。

为了展现一个社会文化符号的变迁脉络，《三联生活周刊》以那一代人的回忆为主要线索展开。这样一种操作，与民众文化史的关怀方式无疑有共通之处。报道的主文采访了很多人，包括最早在大陆听到邓丽君音乐的人、在大陆卖她的盗版磁带的商人；她的弟弟；经纪人、乐评人，等等。同学们可以阅读这期报道的主文《邓丽君和我们的一个时代》，体会文章如何将她在社会文化语境中进行呈现与还原。①

《三联生活周刊》后来又做过若干个类似的封面报道，比如，《为什么怀念张国荣：寻找他的香港地图和往日时光》《似是故人来：梅艳芳逝世十周年纪念》以及《为什么喜欢王菲：王菲的朋友、推手与"粉丝"》，等等。这些封面报道和邓丽君报道的操作方法类似，杂志通过采访很多相关消息源，希望展现社会文化语境的变迁轨迹和脉络，而不是停留于相对单薄的个人故事。

• 案例：琼瑶与我们的文化记忆

与此类似，本书的作者曾繁旭在《南方人物周刊》编辑过一个封面报道《几度琼瑶红》，也是将琼瑶放在两岸文化史的脉络中进行解读，从而提升了文章的纵深感。报道的主文《几度琼瑶红》由马青、林珊珊撰写，②同样采访了大量的消息源，大家可以找来阅读。我们撰写的编辑部文章如下。

听她"琼聊"三十年（节选）

编辑部文章，载《南方人物周刊》，2007(21)

回望过去30年，琼瑶肯定算是一个嵌入我们集体记忆中的文化符号。

1982年，我们才刚刚走出"文革"的梦魇不远，《海峡》杂志就刊出了《我是一片云》，据说这是琼瑶小说在大陆最早的现身，当然这也可以被看作我们长期荒芜、隔绝的心灵逐渐复苏的一个不经意的开始。之后几年里，几十家没有获得国家许可的出版社先后出版了琼瑶小说，加之盗版猖獗，琼瑶爱情小说红遍九州。据1986年11月13日《文学报》，广州地区70%的学生读过琼瑶。

---

① 王晓峰：《邓丽君和我们的一个时代》，载《三联生活周刊》，2005(17)。
② 马青、林珊珊：《几度琼瑶红》，载《南方人物周刊》，2007(21)。

而在对岸的中国台湾，琼瑶风则是在20世纪60年代中、晚期开始吹起，那时候台湾开始流行迷你短裙，大批参加越战的美军进驻台湾各个军事基地，常常在街上搂着台湾酒吧女，沿街买醉。其时台湾经济已经逐渐迈开步伐，社会情绪却依然苦闷禁锢，琼瑶小说成为台湾青年们寻求自我的一个出路。

由于交流困难，两岸的年轻人们各自阅读琼瑶，各自潸然泪下，也各自为社会氛围所苦，却彼此毫无感知。

1983年，最后一部台湾拍摄的琼瑶电影《昨夜之灯》上映。上映前，琼瑶在《中国时报》和《联合报》上刊登整版广告，宣布"金盆洗手，退出江湖"。琼瑶电影时代至此终结。

此后，琼瑶夫妇开始联袂打造电视剧，并慢慢转入大陆，他们与看到琼瑶剧商业价值的湖南电视台一拍即合，很快，他们一起等到了，或者推动了中国电视娱乐时代的到来。

无论如何，《还珠格格》都应该是那个时代的重要印记。44%的收视率让人无处躲藏，更何况还有VCD、《还珠格格》小说、歌碟、挂历、明信片甚至牙刷、书包、饮料……琼瑶以及她的伙伴们借着大众的旗号，终于成功地在我们身边搭建了一个利润惊人的产业链，只是人们还不习惯于发现温情脉脉背后的商业逻辑和市场攻略。

现在，琼瑶又来了。《又见一帘幽梦》收视荣登近期同时段节目第一位，尽管这一次收视率在最高峰也仅仅只是3%。从20世纪80年代，到90年代以及21世纪初期，琼瑶已经相当成功地在大陆红了好几趟，横跨30年。她陪伴了一代又一代人的成长。

有的人说，琼瑶从文学女青年的出身，一步一步变成了影视神话的缔造者，她始终紧跟市场；也有人说，改变的只是我们自己，而琼瑶，始终是用心写爱的那个纯情作家，一如她30年前走进我们的记忆那样。

可以看到，很多文化人物和事件，都带有时代的温度和印记，将他们放回到文化史的脉络中探究其留存的印迹，是一个比较好的操作思路，这样的报道会带出历史的纵深感和层次感。

当然，社会文化语境不一定是历史性的，也可以是空间性的。比如，来自西方的"摇滚音乐节"，被作为文化产业活动引入急于实现经济飞跃的国内贫困县，这个故事就产生了有趣的张力。当你得到这样一条新闻线索的时候，你会选择用怎样的视角切入？仅仅把这场摇滚音乐节当作一个荒唐、突兀的外来文化事件，还是借它来展现当地官员和民众急于发家致富的迫切心理？

《南方周末》就曾刊登报道《一个贫困县的摇滚音乐节》，把一个文化事件与独特的社会现实相勾连。所以，从社会现实语境切入，而不是就文化谈文化，常常会是独特的报道视角。

一个贫困县的摇滚音乐节（节选）

记者：平客，载《南方周末》，2009-08-13

"看，那就是朋克！"李雪荣坐在指挥车里，指着窗外两位年轻人的冲天鸡冠头，兴奋地对《南方周末》记者说。

李雪荣是中共张北县委书记,他所管辖的张北县位于河北省西北部,是国家级贫困县。2009年8月9日傍晚,在张北县城外的一块1500亩的草地上,为期3天的"张北草原音乐节"进行到了最后一天。

李雪荣和县委、县政府各级领导干部进行现场指挥,嘈杂的电子舞曲不时传进车内。一年前,李雪荣和他的同事们根本不知道什么是朋克,也没想到他们有一天会用摇滚来推动一个贫困县的脱贫,甚至致富。

……

第三节 文化潮流的更替

有趣的是,文化现象不仅与社会脉络紧密相关,有时还会出现文化潮流与文化观念推陈出新、反复更替的情况。曾在某一个历史节点上被追捧的文化潮流,可能在另外一个节点上被鄙视和唾弃。而且,文化潮流从来不是直线发展的,而常常像钟摆一样往返更替。

• **案例:木子美**

木子美,本名为李丽,是知名的编辑、网络作家,曾因为私人博客内容涉及较多的性爱描写而引起关注和争议。在博客刚兴起的时代,这抓住了网民的眼球。但是怎么超出个人道德的层面,从而更深度地解读这个文化现象呢?如果由你来操作这篇报道,你会如何切入?

《华盛顿邮报》就曾写过一篇关于木子美的报道,但文章并不过多讲述个人,而是着力描述中国城市民众的文化潮流和性爱观念变化,从而让木子美现象的出现有了纵深感。放到这样一个背景下来看,木子美就成了一个文化思潮的符号。报道中,作者一层层去展开这个文化潮流出现的语境、意义以及其中的冲突。①

关于这一社会思潮的背景,记者采访了零点调查公司的创办人袁岳以及著名的性学专家李银河,也访问了若干位身处其中的年轻人。通过这些采访,记者得到了很多数据,如婚前性行为、离婚率,并用这些数据支撑这个报道。

进而,作者又尝试比较,这一文化思潮与西方的性解放运动有何不同,并倾向于得出结论:木子美追求的其实是一种私人自由,而不是社会意义上的反叛。这样一来,关于这个文化思潮的讨论,层次就已经相当丰富了。当然,这位西方记者明显表现了来自异文化的解读方式,在信源的选取上,也未必很平衡、合理,但这是另一层面的问题,在此不作展开。

值得注意的是,所谓的文化潮流与社会观念的更替速度非常快。还是以民众性观念的变迁为例。美国在20世纪60年代性解放运动之后,整个社会逐渐进入反思期,并随后迎来相对保守的社会思潮。但近年来,又有大量的故事和数据表明,美国女孩子变得越来

---

① 潘文(John Pomfret):《A New Gloss On Freedom》,载《华盛顿邮报》,2003-12-06。

越"狂野"和开放,因此,美国《新闻周刊》出版了一期封面报道,专门讨论"狂野女孩效应"。了解这样的脉络,我们会发现,关于性的社会观念就像钟摆一样,在两个极端之间摆动,不停地轮流。

再举一个例子,本书的作者曾繁旭在《南方人物周刊》编辑过一个小专题"硬汉回潮",讨论的就是时尚男性形象的变迁——中华人民共和国成立初期的经典男性形象是带有革命色彩的刚毅;后来随着港、台剧的走红,清秀小生形象逐渐得到认可;日、韩风则带来了青春美少男形象;但最近,流行工业又开始宣传硬汉的形象。这种不停地转换跟我们整个社会文化潮流的变换有密切的联系。这种视野可能帮助我们更深入地理解今天的一些文化现象。

第四节　文化报道的学科视角

上文分别从文化工业、社会文化语境和文化思潮三个维度来讨论文化报道可以呈现的脉络感,接下来我们将讲述一些可用于分析文化现象和事件的理论框架。事实上,很多文化现象的产生需要媒体提供阐释,这也就是所谓的解释性文化报道。从这个角度而言,如果文化记者有更专业的报道角度,报道的内容也就会更有深度、更有启示性。

- 案例:鸟叔的江南 style

现在需要你对某一个大众文化现象——比如"鸟叔"事件——进行报道,你会如何选择报道角度呢?能否想到一些合适的分析性框架呢?

事实上,我们有很多的选择。

一、时尚传播与病毒式营销的分析框架

这一分析框架关心的是一种时尚是通过怎样的传播链条而获得流行的,其中往往聚焦于意见领袖的角色以及病毒式营销的作用。"鸟叔"的 MV 其实一开始并不怎么成功,后来有人把视频上传到 Twitter 上,贾斯汀·比伯的经纪人在 Twitter 上转发并讨论,后来包括布兰妮等几个文化大明星把"鸟叔"请到她的演唱会上,让鸟叔教跳"骑马舞",视频逐渐变得异常火爆。从这个例子可以看出,所谓的民众趣味,也可能是出于盲从的态度,大明星和流行工业的意见领袖们往往设定了时尚的议程。在一个社交媒体的时代,"鸟叔"以及其背后的机构非常清楚如何利用社会化媒体的规律创造出一个病毒式营销的成功案例。

事实上,《南都娱乐》周刊就运用了这一分析框架来报道"鸟叔"事件,采访了多位熟悉娱乐行业和时尚传播的专家,并提供了诸多重要的细节。[①]

二、文化批判的分析框架

文化批判的框架更着力于反思,当然文化批判的框架很多,所展开反思的维度也各不

[①] 杨波:《韩国鸟叔,征服了全世界》,载《南都娱乐周刊》,2012 年 10 月 15 日。

相同。

比如,立足于对个人精神维度的反思:反思这种娱乐文化和娱乐工业对个人主体性的伤害,反思粉丝群体的狂热与迷失。

再比如,立足于民族国家维度展开的反思:反思韩流可能形成的文化霸权及其对中国文化自主性的负面影响,探讨韩国政府对文化软实力的推动策略并反思中国在相关方面的缺失,阐述中国流行工业为何难以产生这种能在全球掀起狂潮的艺人,等等。

总体而言,虽然文化报道是竞争比较充分的领域,但对于学科性分析视角的运用,仍然不足。

- 案例:为何电视上总是宫廷剧

我们来看另一个例子。很多同学可能会发现,电视永远在播放各种宫廷剧——这边还放着新近热播的《甄嬛传》《芈月传》《琅琊榜》,那边又第 N 遍重播《还珠格格》,真是没完没了。

那么,如果要写一个文化报道讨论这个文化现象,可以如何切入,可以运用什么学科性的分析视角呢?

其实,政治经济学的分析框架就很有穿透力。著名的影视研究专家尹鸿老师写过一篇论文《意义、生产与消费——当代中国电视剧的政治经济学分析》,[①]就对中国电视剧的发展逻辑进行了细致的描绘,尤其着力于探讨电视剧如何在市场与政府的双重力量之下找到自己的空间。很显然,宫廷剧既因为展示复杂、强烈的宫廷情感而广受公众喜欢,又有相对开放的操作空间,因而往往成为一些影视剧公司的首选。

这一学科性的分析框架,也是文化研究当中一个非常主流的框架,可以用来分析各种不同的文化现象,比如,文化产业大跃进乃至各地文化地标建设,等等。对此感兴趣的同学,可以多看看文化研究方面的书籍。

> **思考**
> - 请看看《三联生活周刊》早年的报道《大腕孟欣的同一首歌》,琢磨其中如何运用政治经济学的分析性框架探讨一个著名电视节目从公益性文化活动逐渐演变成为垄断性商业活动的过程?

- 案例:鹿晗的粉丝团

作为一个新时代的偶像,鹿晗所受到的粉丝狂热追捧、其专辑的销售量、其微博的评论数等都极大地冲击了我们对文化现象的理解力。这个称自己为"鹿饭"的庞大团体为何具有如此惊人的行动力?

为了解释这一流行文化现象,《GQ 智族》杂志刊登了报道《每个帝国都有它的秘密:

[①] 尹鸿:《意义、生产与消费——当代中国电视剧的政治经济学分析》,载《现代传播》,2001(4):1~7。

鹿晗的粉丝帝国》,记者何瑫通过追踪报道,细致呈现了这个帝国的情感基础、组织架构和运行方式。文章一开篇就提到:"为了同一个目标——维护偶像的利益,依托社交网络而聚集的粉群以飞快的速度扩张成为一个粉丝帝国,他们遍布全球,甚至有着严明的纪律和分工。《GQ智族》通过长期跟访'鹿饭',试图以小见大,从中发现'粉丝'这一群体对于中国造星模式的影响。"①

某种意义上,文章的讲述方式,也暗合了"粉丝群体与粉丝文化"的相关研究视角。可以找来文章仔细体会。

小　结

从单一的文化事件与现象当中跳脱出来,在报道中提供饱满、层次丰富的脉络感,对文化报道往往很重要。它能够帮助读者对报道对象作出更准确的判断,并用更广阔的视野去观察文化领域的各种人和事。

从这个角度而言,如果你希望自己的文化报道更厚重,就需要尽量将报道对象放置到流行工业演进乃至特定时期的文化语境当中。此外,运用恰当的学科性分析视角,也会让你的报道更有洞察力,尤其适合于解释性的文化报道。

> **小贴士**
> - 如何将社会文化语境与文化故事很好地结合,非常考验写作者的能力。你可以仔细研读本章提及的案例,寻找其中的规律。

【课后习题】

1. 请看看《南方人物周刊》的报道《莫言的国》,仔细分析记者卫毅将莫言的故事放在哪些社会文化语境当中展开? 这些内容是如何融入故事之中的?
2. 列出你最喜欢的3篇文化报道,看看它们是否也运用了一定的分析框架。

---

① 何瑫:《每个帝国都有它的秘密:鹿晗的粉丝帝国》,载《GQ智族》,2015(12)。

第三部分

商业报道

PART THREE

CHAPTER 5
第五章

让商业报道更专业：分析框架与问题意识

> **摘　要**
>
> 　　长期以来，商业报道被认为处于一种两难的困境之中：如果足够专业，普通读者会觉得不好读；如果不够专业，则会被商业精英、决策者嘲笑。
>
> 　　在本章中，我们要打破这种迷信，探讨如何在商业报道中引入专业化的分析框架与问题意识，从而凸显商业报道的逻辑，使其更有深度，且更好读。

前言

通常而言,商业报道被定义为新近发生在商业方面的事实报道。① 宽泛地说,它既涵盖宏观的经济趋势和经济政策、各行各业的经济新闻(如金融、地产、IT、汽车),也涉及企业行为的方方面面(如管理、营销、品牌、盈利模式、财务),乃至企业家的生活方式与精神状态。

有学者也使用"财经新闻"的定义,其本质与我们所说的"商业报道"是一回事。比如,清华大学的杭敏老师就这样定义财经新闻:"它从经济、金融和管理视角解读社会发展,在报道层次上可以分为宏观经济新闻报道、市场报道、公司报道、金融投资报道等;在报道种类上可以包含政策新闻报道、产业经济报道、金融市场报道、公司报道等;在报道形式上可以表现为调查性报道、数据评述报道、趋势分析预测报道等。"②

人们越来越主动地关注商业现象:不论是衣食住行方面的传统消费信息,还是股票、黄金方面的投资理财信息,抑或是从产业发展、经济形势来判断自身未来的发展方向,这些都意味着对商业报道的广泛需求。

从理想的状态而言,一篇好的商业报道能帮助你更清晰地理解身边发生的经济现象和经济行为。然而,很多商业报道并不着力于揭示市场经济主体行为背后的商业逻辑,甚少涉及某个企业、某个行业的商业模式以及中国的商业环境变迁,而只是提供简单的消费者信息与行业新闻,或者堆砌数据和行业人士的观点,这样的商业报道既不专业,也不好读。

那么,如何站在一个更广阔、更深入的层面来展现商业故事的逻辑呢?我们都知道,商业行为就是以盈利为目的,按照"钱"(投入和产出)的逻辑思考和挖掘的确可以比较深入地了解其中的本质。然而,无论是在转型期市场或者是成熟市场当中,"钱"都不是唯一的商业报道逻辑,很多复杂的经济事件都必须超越"钱"才能看透。因此,一个商业记者往往要超越普通消费者的关注点进行报道和写作,最好应具备一定的分析框架和问题意识,乃至商业史的眼光,这样才能抓住商业故事真正的内核,帮助读者理解其内涵。③

> **课前提问**
>
> - 你最关注哪个企业或行业?你觉得哪篇报道清晰地展现了这个企业或行业的商业逻辑?请思考一下,在报道中记者使用了怎样的分析框架和问题意识。

第一节 商业报道的不足与改进

一、过多关注消费者信息

回想一下日常生活中,我们都看哪些商业报道呢?最新的科技信息和消费信息可能

---

① 李守仲:《何谓商业新闻?》,载《新闻战线》,1991(1):22~23。
② 杭敏:《传统媒体财经报道中的信息图像可视化——以华盛顿邮报为例》,载《新闻与写作》,2015(1):29~32。
③ 本章的部分内容曾由曾繁旭、陈之琰发表于《新闻与写作》2016年第6期,纳入本书时进行了大幅的增补和修改。

是最常见的。例如,苹果公司产品发布会的"亮点"、购买华为手机的 N 个理由,等等。除此之外,很多读者也会关注房地产信息和股市行情。可以说,很多时候,我们关注的大部分商业信息是和自身的消费理财行为密切相关的。

事实上,这些报道也更多的是从消费者角度切入的,很少涉及某个企业、某个行业的商业模式与逻辑,或者更宏观意义上的商业变迁。举个简单的例子,如果一个从事商业报道的记者要操作有关 iPhone 新品的选题,他的报道可能会包含以下几个部分:首先,交代在高端智能手机领域,分别是哪几款手机在和 iPhone 竞争;其次,报道会分析 iPhone 的主要目标客户是谁,他们最看重哪一个技术;最后,进行市场优劣势分析,预测产品的市场反响等。这样的报道,其本质就是简单的 SWOT 分析模型(优势、劣势、机会、威胁)。总体上,很多传统的消费者信息就是这样的。

由于我们接触的多是消费者信息,因此对于经常关注的企业,除了知道它们的一些具体产品,可能对其本身、所在行业乃至商业环境知之甚少。例如,我们能够通过报道知道耐克公司最近推出了什么产品,却不了解其发展的轨迹以及趋势。我们每天都花大量时间刷微信朋友圈,却未必了解其背后的商业逻辑、品牌、营销,以及整个管理层的决策。而这些,才是商界的核心内容。

二、对商业逻辑缺乏洞察

还有很多商业报道,仅仅停留于事件性新闻的层面。以小米、乐视这两家新科技公司为例检索相关的报道,你会发现,不少媒体对它们的报道都简单重复、浅尝辄止,缺乏分析的能力与框架,其关注点只是单一的商业事件或新推产品,而不是背后的商业战略、行业竞争格局、企业家决策乃至宏观趋势变迁。再比如,乐视在快速发展时,很多媒体反复赞颂,而在公司出现债务危机事件时,又一味唱衰。至于决定公司命运的商业模式——公司为何之前不断获得融资,其潜在危机在哪里,为何目前难以为继,公司进一步获得融资的机遇在哪里——媒体则缺乏解读和分析。这样的商业报道,流于人云亦云、亦步亦趋,没有提供深入的认知价值。

三、堆砌专家观点和行业数据

与此类似,不少记者对商业事件或现象没有基本的理解,往往进行专家观点和行业数据的简单堆砌。然而,很多活跃在媒体上的专家未必是真正在行业中受到尊重的专业人士;而且,专家观点通常较为生硬、复杂,或者不同专家观点之间存在矛盾与冲突,因此,简单地堆砌容易让读者感到望而生畏。一个典型的例子是,每当股市或楼市出现大的波动,媒体就倾向于这样罗列专家观点和数据。

总之,商业报道应该超越简单的消费者信息或事件性新闻,也不能停留于专家观点堆砌。一个好的商业记者,需要掌握一定的商业分析框架,并具有拨开迷雾直抵本质的问题意识。

第二节　商业报道的分析框架

那么,什么是商业报道中的分析框架?总体而言,就是一套可以分析商业现象的理论框架或概念体系。

在微观层面上,相关的分析框架有企业的产权结构、市场定位、商业模式的创新与颠覆、盈利模式、营销策略、公司治理、品牌管理、融资策略等。

在中观层面上,相关的分析框架则涉及产业格局、行业监管、竞争战略、企业护城河的搭建等。

在宏观层面上,相关的分析框架包含政企关系、国企改革、民族企业崛起、商业文化变迁、商业伦理形成等。

当然,还有很多重要的分析框架这里并未列出。而且,在以上提及的每一个领域,又有学者们提出诸多细分的理论概念和框架,这需要我们去逐渐了解。如果在报道中运用得当,这些分析框架会帮助我们更好地理解商业现象背后的逻辑与规律。

一、微观层面的分析框架

> • 案例:宅急送的产权结构

关于产权结构的分析框架,经常被记者们运用来分析中国企业现象,比如,观察家族式企业的内部纷争。这里我们一起来看一下快递企业"宅急送"的案例——它曾因为产权问题而受到商业记者们的关注。

本书作者曾繁旭曾经编辑过《南方人物周刊》记者刘欣然的报道《陈平:五十岁的新长征》。文章讲述的是宅急送公司的总裁陈平离开了一手创办的企业,转身重新创业的故事。故事的背后,则是这个家族企业内部的种种人情纠葛和产权分配。

陈平:五十岁的新长征(节选)
记者:刘欣然,载《南方人物周刊》,2009(20)

……

像其他家族企业一样,宅急送表面风光的背后有着人事和业务方面难以对外人言的纠葛。

陈平在时,自己担任总裁,副总裁是自己的大哥陈显宝,董事长是二哥陈东升。但陈东升基本没有精力管宅急送。

在过去一年的报道中,对宅急送出现困境的批评全部冲着陈平一个人,个人决策过重是其中之一。

……

公司内部的一位员工客观地说,其实三兄弟对外还是很和睦的,矛盾主要集中在一个问题上:这个公司究竟是谁带大的?公司是谁的?

陈平认为,自己为公司付出了全部的心血,"陈东升只在一开始出资了30万元,从头到尾就没管过",大哥"陈显宝的意见永远模棱两可",又没法换。

二哥陈东升则认为,宅急送今天的成就,大哥也有一份不可抹杀的功劳,陈平对陈显宝的否定是"个人英雄主义""大哥不用你想用谁?"

陈平认为,自己是用人唯贤,家族的人则是在拖企业后腿:"我坚决不让家族干涉公司的内政。你比如说要用人,他们就老来干涉,我今天分公司老总要换一个,全家人就天天来唧唧咕咕说不能换。这15年一直就是我的强顶强压,实际上我就是一个肉墙,就是把家族的落后势力和职业经理人先进的理念隔开,家族的狂风骤雨不能让它吹到管理层上来。"

其实,产权结构分析框架,不仅仅适用于分析家族企业,也可以用来观察各种不同类型的企业。总体而言,对于企业的产权结构进行分析,往往会帮助我们更好地理解企业的运作方式与决策逻辑。

• 案例:乐视找钱

接下来,让我们一起来看看一些更新近的例子,记者使用的仍然是一些微观层面的分析框架。上文我们提到了很多记者对乐视的报道往往停留于热点事件表面,相比之下,《财新周刊》在2015年的报道《乐视疯狂找钱》,就运用企业商业模式、融资策略等分析框架来探讨乐视在融资上遇到的问题,并细致分析其商业逻辑、政策限制以及竞争对手入侵等方面的潜在危机。这样的报道,能够帮助我们理解该企业的融资策略以及未来走势。

乐视疯狂找钱(节选)

记者:覃敏、于宁,载《财新周刊》,2015(13)

乐视CEO贾跃亭现在最着急的是如何找钱,他也正在这么做。不过他手里的牌和面对的牌局与大半年前已大相径庭,投资人的看法也发生了改变。

去年的这个时候,乐视正值巅峰,2013年5月推出的智能电视初露锋芒,这个至今广受称赞的战略转型帮助乐视从优酷、土豆的光环下走出来。借助高性价比的硬件,其首创的"平台+内容+应用+终端"商业逻辑迅速被市场认可,乐视成了颠覆传统家电行业和传统广电行业的一条鲶鱼。那时多得是投资人愿意与贾跃亭一起实现互联网电视梦想。

再换一个例子,关于凡客公司的下滑,网上有很多文章。2015年,凡客创始人陈年的反思性文章《凑热闹的公司都会烟消云散》,得到了特别广泛的传播,引起媒体对这家公司的再次关注。在其中,不少媒体其实是情怀党,高呼"涅槃重生""创业不死,剩者为王",但也有媒体引入了一定的分析框架,从公司治理、产品定位、品牌策划乃至市场竞争策略等层面进行了系统的探讨,强调凡客的转型以及对小米的模仿可能会陷入另外的陷阱。相较而言,后面的这类文章,有更高的商业认知价值。

二、中观层面的分析框架

如上所说,中观维度的商业分析框架也有很多。其中,中国商业记者较为熟知的是一些关于行业格局的分析框架。比如，根据行业进入的政策性门槛，将其分为垄断性行业、半开放行业，以及充分竞争的行业。类似的行业分析框架还有不少，我们接下来先看一个案例。

● 案例：地方卫视的竞争格局？

在视频网站的冲击下，各地电视台节节败退。但中央电视台，以及湖南卫视、浙江卫视、江苏卫视等一线卫视台依然有很高的广告收入，尤其是其中的热门节目更是如此。除去中央电视台有着独一无二的政策壁垒，其他的地方卫视是如何互相竞争的？如何才能脱颖而出？

如果我们来报道这样的一个题材，可能有什么样的分析框架可以引入？

学者波特曾经提出一个著名的行业竞争结构分析模型，[①]模型涉及供应者、购买方、竞争者、替代品、进入门槛等多个重要维度，对于我们理解媒体行业的竞争格局非常有帮助。

当然，这样的分析框架只是一个工具，它可以帮助我们对商业现象形成洞察与判断，但记者还是要回到讲故事的表达方式。比如《三联生活周刊》就曾刊登封面报道《娱乐之上时代的三台演义：卫视的战争》（记者王晓峰），[②]将湖南卫视、浙江卫视、江苏卫视等卫视台的竞争放在电视业的监管制度结构、行业进入门槛、新的供应者和替代品、购买方使用习惯变迁，以及竞争策略等维度之下展开故事的讲述。报道当然没有直接提及波特的分析框架，但在故事展开中，相关的内容皆有所涉及。大家可以找来文章，体会其中所蕴含的分析框架，以及其具有解释性的故事讲述方式。

● 案例：共享经济行业分析

共享经济模式无疑是过去几年最引人注目的商业现象。对其相关行业的报道，也是近年的媒体热点。

以网约汽车为例，它作为一种共享经济的现象，无疑对原来充满垄断色彩的出租车行业形成了巨大的冲击，也挑战了现有的行业监管政策。那么，面对这一现象，记者可以使用的分析性框架是什么呢？

我们觉得至少有两个分析框架可以考虑：一个是哈佛大学克里斯坦森教授提出的"颠覆性创新"理论框架，在其中他又细分为"低端市场颠覆性创新策略"和"新市场颠覆性创新策略"；[③]另一个则是行业监管方面的分析性框架。

2016年11月7日，《财新周刊》刊登了封面报道《"共享经济"迷途》，详细介绍了共享经济模式的发展以及其监管政策的出台。在其中，《网约车监管冲击波》这篇主要文章（记者：屈运栩、郑丽纯、刘晓景、包志明）就聚焦于该行业的监管政策，并从地区差异、行业趋

[①] Porter, M. E. Strategy and the Internet, *Harvard Business Review*, 2001 (3): 63-78.
[②] 王晓峰：《娱乐至上时代的三台演义——卫视的战争》，载《三联生活周刊》，2013(13)。
[③] [美]克莱顿·克里斯坦森、[加]迈克尔·雷纳：《创新者的解答》，李瑜偲、林伟、郑欢译，北京，中信出版社，2010。

势、监管模式、政策影响、产业转型等多个维度展开分析,体现了"行业监管"的分析框架。①

与此类似,在2017年,《财新周刊》刊登报道《共享单车漩涡》,分析了共享单车行业的商业模式、资本逻辑、现实挑战、政府监管等问题。该文章并没有局限于某个单一的分析性框架,而是涉及了多种视角,可以为行业分析提供启发。

三、宏观层面的分析框架

上文已经提到,宏观层面的分析框架有很多个。这里只举一个比较常见的例子。随着改革开放的推进,国内企业不断提升技术与机制,并在与国外企业的竞争中开始体现优势。在民族企业与外资企业的正面交锋过程中,既有基本的商业和法律事实,又难免牵涉民族的情感和身份。记者在报道这类题材时,可以基于扎实的事实运用"内外之争与商业伦理"的分析框架。

● 案例:娃哈哈与达能纠纷真相

2007年,法国达能公司与娃哈哈集团关于合资公司以及非合资公司的股权纠纷引起了公众和媒体的广泛关注。在其中,《中国经营报》的报道提供了非常翔实的故事,也呈现了丰富的商业内涵。这篇报道此后获得了《南方周末》2008年年度传媒致敬奖。"《中国经营报》以深入的调查揭示出'品牌之争'背后逻辑,展现了娃哈哈创始人宗庆后与外资控股方达能集团在合资协议和体外公司中的一系列矛盾与冲突,为事件的探讨提供了坚实的事实基础"②。

这篇报道并不是简单地选择立场或抒发民族情感,而是详细地讲述了娃哈哈公司的发展脉络以及其卷入内外纠纷的各种原因与细节,并且在商业演进史的语境下尽量平衡双方的立场、证据与情感,让文章富有故事张力而又不失理性。总体而言,这篇报道体现了一个商业报道记者所应该拥有的商业伦理素养和分析能力。它对于我们报道类似的故事也提供了很多启发。

正如《南方周末》的颁奖词所强调:"这篇报道不仅提供了深层的事实,也展示了背后的复杂时代背景和多元价值,从而超越了商业范畴,使该事件成为中国经济转型中一个值得反思的案例。"③

娃哈哈与达能纠纷真相(节选)

记者:叶文添、唐清建、张曙光、赵晓,载《中国经营报》,2007-08-31

达能控制合资公司真相

1996年3月28日,杭州。

娃哈哈集团公司宣布和娃哈哈美食城、达能控股的金加公司合资成立了5家娃

---

① 屈运栩、郑丽纯、刘晓景、包志明:《网约车监管冲击波》,载《财新周刊》,2016(43)。
② 参见:《南方周末》2007年传媒年度致敬奖颁奖说明。
③ 参见:《南方周末》2007年传媒年度致敬奖颁奖说明。

哈哈合资公司。根据当时的合同显示：娃哈哈方面占49%，金加公司占51%。由百富勤的梁伯韬出任首届董事，达能方秦鹏与杜海德出任董事。

在签约的仪式上，宗庆后与秦鹏举起酒杯，满脸堆笑地回应众多询问者。他们可能想不到：十年后，他们将面临中国商业史上最激烈的一次纠纷。

……

变化来自1998年4月，百富勤将自己在金加的所有股权卖给了达能，达能100%控股金加，从此变成了达能独家与娃哈哈合作，这时矛盾也开始出现。宗庆后认为百富勤在娃哈哈不知情的状况下将股权卖给了达能，形成娃哈哈合资公司被达能控制的局面，这也是宗庆后说起初达能合同设陷阱，娃哈哈上当的起源。

"那时，我们刚接触海外的资本运作这些东西，不懂其中的规矩，刚开始以为金加是达能与百富勤合资的，虽然控制了51%的股权，但因为娃哈哈集团、娃哈哈美食城都是我的，就以为自己是老大了，后来才发现上当了。"8月14日，宗庆后如此对记者解释。

而据记者调查出的一个鲜为人知的事实是，这家注册在新加坡的金加公司，其实在成立之初就被达能控股了70%，香港百富勤只控股了30%，这意味着达能从一开始就实际控制了娃哈哈，即使后来百富勤不把股份转让给达能，达能控制的局面也不会改变。

业内人士认为，这意味着此事一开始的脉络就很清晰，也是公开的游戏规则，而这一点完全被宗庆后忽视和误解了，宗庆后吃了一个哑巴亏。

可以看到，不管是运用怎样的分析框架，好的商业报道，总是尝试运用商业的思维，深入地解读商业事件或现象，从而为读者提供启示。

第三节　商业报道的问题意识

所谓问题意识，其实就是将单一的商业事件进行抽象化，从而对宏观经济环境与运行有所洞察的思考方式，包括政企关系、产权改革、商业文化变迁等。总体而言，近年来，商业记者们的关注点逐渐从宏观体制层面转移到企业的经营和管理层面，也就是说，更多运用微观与中观的分析性框架，但这种宏观层面的问题意识依然很有启发。

一、商业环境正在发生何种变化？

现在的读者，较为关心新经济领域的事件，比如，我们刚刚提到的苹果、微软，或者BAT（百度、阿里巴巴、腾讯），这些企业都是新经济时代的象征。在我们所处的这个时代，新经济领域可以看作是商业报道中最欣欣向荣的一个部分。

新经济领域的商业报道往往呈现这样一个问题意识：如果企业有更好的技术，能够对消费者的需求满足得更充分，这个企业就能够赚到更多的钱。简而言之，"消费与金钱"是最重要的逻辑——一切按照市场规则运作，是新经济与中国传统经济形态最大的不同。

在不少商业记者眼中，"新经济"这个话题曾一度代表了中国经济翻开了新的一页。

搜狐公司首席执行官张朝阳在天安门玩轮滑的照片无数次出现在各种商业报道中。在中国，崛起的新一代企业家们以一种更轻松、更疏离、更松弛的姿态处理着和政治的关系，这与上一辈企业家明显不同。这些符号性人物，如张朝阳、丁磊、马化腾、马云等，都被商业记者赋予了特别多的感情与美好的形象。

然而，即使是新经济领域的报道，也可以运用更多元的问题意识，甚至拥有商业史的眼光，从而关注现象背后的商业环境变迁与经济发展逻辑。

● 案例：新浪创始人王志东出局

让我们来看一个新经济领域的报道案例。王志东，曾领导新浪网成为全球最大中文门户并在 NASDAQ 成功上市。然而，作为新浪网的创始人，在企业上市后，董事会认为他的商业决策不利于整个新浪的发展，于是，2001 年 6 月 1 日，董事会投票宣布免除王志东在新浪的一切职务。6 月 4 日，新浪对外宣布王志东辞职。①

当记者面对这样一个商业故事的时候，可能会很自然地想到乔布斯在苹果公司也曾遭遇类似的经历。但是，当你深入去挖掘时就会发现，这个"新经济"领域的商业故事并非那么纯粹。例如，《财经》杂志当时刊发的报道《王志东沉没》，就把特殊市场监管条件下的"灰色风险"作为了故事的注脚。文章是这样讲述这个故事的。

王志东沉没（节选）

记者：胡舒立、王烁，载《财经》，2001(7)

灰色风险

志东下台可能引发的新浪动荡，早为颇熟中国情况的《亚洲华尔街日报》所料中。6 月 5 日的《亚洲华尔街日报》发表了驻上海记者 Leslie Chang 的一篇文章，开宗明义地写道："新浪创始人和 CEO 的下台，重燃了中国互联网业的一个核心问题：由于要满足政府监管条件，许多互联网公司的关键性资产有不明晰的产权安排，这将使任何管理层变动复杂化。"为了满足国内对互联网业的监管条件，取得主管部门对新浪海外上市放行，新浪在上市之前剥离了其国内的 ICP 业务。

……

新浪的这种重组安排迅速地被搜狐和网易所复制，成为中国内地互联网公司海外上市的通用模式。

……

在 6 月 26 日晚接受《财经》电话采访时，王志东表示，"新浪互联"的事情，一切都按"合法方法"去办，整个的事情会在法律的框架内解决，由律师作出决定。"我作为新浪最大个人股东和用户，希望其得到持续发展，但最重要的一点是要有合法性"。回答得无懈可击。但最后一句"合法性"，又显得意味深长。

可以看到，这个新经济领域的故事，其实也与中国当时的商业环境有着较为密切的

---

① 参见"王志东"百度百科词条。

关联。

同样是新经济领域的一个例子。2015年7月,Uber创始人卡兰尼克接受《财新周刊》的记者专访,确认将在中国正式组建本土公司——因为,中国有着非常不同的商业环境。

Uber创始人确认将在中国正式组建本土公司(节选)

记者:徐和谦,载财新网,2015-07-01

"我们要变得'更中国'",在对《财新》记者谈到在中国市场的发展规划时,全球手机召车软件的先驱——Uber的创始人兼CEO卡兰尼克(Travis Kalanick)说。

……

自去年以来,Uber在中国市场动作频频,表现引人关注,也激发了舆论对于召车服务究竟应如何发展的热烈讨论。目前,Uber在全球服务趟数最多的十个城市里,中国就占了四个——其中广州、杭州、成都更居于全球前三位。不过,在广州、成都等地监管当局"拜访"Uber办事处的风波当中,也出现了因Uber未在中国成立本地公司而存在监管问题的指责。

卡兰尼克告诉财新记者:"这是我们在全球各地唯一一次做这样的事情。因为中国和世界其他地方太不一样了。"他说。

无论如何,新经济领域的发展框限于整个宏观的商业环境。比如,网约车无疑会冲击原来的出租车行业的利益格局和监管方式。透过这些"新经济"的故事,我们可以解读更多。可以说,在商业报道中,超越消费与金钱的逻辑,站在一个更广、更纵深的历史层面审视商业环境的发展,是一种非常重要的问题意识和观察视角。优秀的商业报道记者需要拥有这一问题意识。

二、民营企业能否进入垄断领域?

中国的市场化改革,在某种意义上就是适度降低国有经济占经济总量的比重,并且鼓励民营企业发展从而激活经济。然而,在航空、石油、钢铁、金融保险等诸多领域,国有企业都形成了垄断性的竞争优势,民营企业的进入和拓展非常艰难。因此,在这些相对垄断的领域当中,民营企业与国企之间的激烈竞争关系一直是媒体的关注热点,甚至是一个重要的故事讲述线索。[①]

• 案例:东星航空创始人兰世立

兰世立,被称为"中国民营航空第一人"。2005年,兰世立利用民营资本进入航空业,开始筹建东星航空有限公司,并在最短的时间内获得了民航总局的批准。平台建立之后,他以不足30亿元的总资产,租购来总价120亿元的数十架空客飞机,一时间风生水起。然而,他后来的下场令人唏嘘。2009年3月,东星航空有限公司被强制停航,债务缠身的兰世立在珠海机场试图出境时被警方控制。同年9月,兰世立经武汉市人民检察院批准,

---

① 马骏:《"国进民退"五大案例背后》,载《中国经济周刊》,2010(12)。详见:http://news.163.com/10/0330/11/6314U8NB00011SM9.html。

由武汉市公安局执行逮捕。2010年4月因犯逃避追缴欠税罪,兰世立被武汉市中级人民法院一审判处有期徒刑4年。此后,东星集团对民航中南局提起行政诉讼。[①]

为何兰世立会被当成"民营企业在垄断领域铩羽而归"的典型案例?

《中国经济和信息化》杂志在2011年就兰世立事件写过一期封面,名为《首富的绝笔信》。也有不少媒体尝试核实这封信是否真实,然而,信本身或许不是关键,反倒是故事中隐约透露出民营经济的悲怆下场,引起了一些人的注意。这篇报道为读者呈现了故事的复杂性。

一方面,兰世立在经营管理方面存在明显不足。他横跨地产、旅游、航空等多个领域。2005年,他获得胡润百富榜湖北省首富的称号。但在实际的运转中,他除了拆借高利贷并向国际基金借钱之外,还拖欠了湖北机场的飞机起降费、旅客过港费、房屋租赁费等不少款项,甚至未能按时发放员工工资而导致内部矛盾。资金链紧张的问题,随着2008年金融危机的到来变得十分明显。

另一方面,兰世立亦有让人同情之处。这个民营航空公司从一出生就是在"垄断领域"中谋求生路,被寄予了推进市场化改革的期望,因此一些媒体人和研究者也投以同情的眼光。

著名的财经评论员叶檀在当时通过《南方都市报》表达了同情。

世上再无兰世立式的"灰商"(节选)

作者:叶檀,载《南方都市报》,2011-03-24

斥责兰世立的舆论认为,兰世立这样的灰色商人(简称"灰商")本不该存在于市场,或者认为兰世立的张扬个性害了自己。这些人忘记了,市场需要的是规则与破坏性创新,让所有具有企业家能力的人都能在规则下和谐共生,不管他们是内敛还是张扬。

兰世立不是个例,与兰世立同一个时期的民营资本在航空业都遭遇了危机,例如,奥凯航空、鹰联航空等,都在2008年金融危机之后出现了资金问题和管理问题,其中鹰联航空从民营转为国有企业,改名为"成都航空"。类似的故事并不仅仅出现在民营航空行业,还有民营石油、煤矿、钢铁等诸多领域。比如,曾被称为"钢铁首富"的日照钢铁创办者杜双华也经历了类似的故事。2009年国有企业山东钢铁重组日照钢铁并非是完全按照市场化的自由重组方式,而主要倚重于地方的行政命令。[②] 这让许多人嗟叹。

当然,这个领域,也有充满亮色的故事。2008年《中国企业家》杂志的一期封面《三一"重基因"》,就描写了三一重工作为一个民营企业,如何在国企林立的重工制造领域实现突围。在这一过程之中,民企要关注的并不仅仅是市场机遇,更要妥善处理好与国企乃至政府的关系,其间有许多微妙的尺度需要把握。这也是报道中很重要的线索。此外,文章

[①] 梅启健:《首富的绝笔信》,载《中国经济和信息化》,2011-03-22;冯青:《兰世立:东星五年由盛而衰》,载《第一财经日报》,2010-04-12。

[②] 李玫:《日照钢铁被国有化,老板杜双华冒险出击洽购石钢》,载《21世纪经济报道》,2009-12-22。

也着力讲述这家民企作为一个民族品牌,如何与外资品牌竞争的故事。[①]

呈现这样的商业故事,无疑需要记者的问题意识和视野。当下我们的很多商业报道只介绍新产品,抑或是企业家的八卦,却缺少对商业领域的深入洞察,而读者需要有张力的商业报道和新闻写作。

三、国企产权改革的曲折之路

中国的商业史中存在很多充满张力的商业故事,既有国有企业的产权改革深化,也有民营企业为了占取体制优势而为自己戴上"国有企业"帽子,两种企业之间的关系可谓是"双生花",彼此身份交错、模糊不清,这可能是另一种非常重要的商业逻辑。

• **案例:王石、柳传志与何享健**

我们都知道,王石是深圳万科企业股份有限公司前董事长。那么,万科是国有企业还是民营企业呢?如果不是因为宝能系之争,很多人会认为万科是一个民营企业,而王石就是万科的第一大股东。但事实上,王石只是一个职业经理人,万科则是个如假包换的国企。王石占有万科的股份大概有多少呢?有人猜5%或2%,还有人说0.1%,然而实际上他只有0.069%,[②]比我们想象中要少得多。曾经有一个商业作家写过文章,说我们一次次把王石塑造成商业世界里像神一样有才华的成功商人,甚至都忘了他实际上只是一个职业经理人而已。

王石身上有大量的故事和八卦。例如,在"5·12汶川地震"的时候,万科集团总部捐款200万元。较低的捐款额度,让万科及王石都成为被批评的对象。关于他的传闻中,登山也是为大家所熟知的,他称"登山是我的生活方式",一年之中有1/3的时间在外登山、跳伞、玩极限运动。在商业上,万科可以说很成功,但在企业的产权改革方面,王石所做的却相当有限。有人还曾解读说,他经常从事爬山、冒险运动其实是在逃避产权纠结的现状。这当然只是一家之言,不过也值得一看。

王石:一座正在坍塌的偶像(节选)
作者:苏小和,载《南方人物周刊》,2008(17)

……

今天的王石,既有万科董事长这样的企业家身份,也有登山家、航海家等明星身份,还有阿拉善生态协会主席等非政府组织领导人身份。有人说,王石在万科享受到的,是企业家在他的公司里至高无上的尊贵体会;当然,他也是中国房地产市场的偶像,他每说一句话,就能搅动整个市场;王石在阿拉善等民间组织里笼络一批有社会理想情结的企业家,在那里试验民主,实践沙漠治理梦想,因此他成了民间组织的偶像。他似乎走到了这个时代的最高处。

[①] 刘涛:《三一的"重基因"》,载《中国企业家》,2008(6)。
[②] 万科企业股份有限公司 2016 年度报告,第 89 页,报告全文详见 http://www.vanke.com/upload/file/2017-03-27/a1fd83e9-07dc-4a42-97c3-fb64b7327815.pdf。

但偶像也有偶像的烦恼。有人质疑,万科非常成功地将王石塑造成为偶像,但在企业产权制度改革的层面,王石的确存在力度不够、抱残守缺的问题。作为一家房地产公司,万科这些年一直处在完全竞争的市场体系之中,与垄断资源无关,与垄断市场无关,按照一般的经济学解释,这样的企业完成产权的自然人改革,应该不是难事,但万科在多年前的一次员工持股改革失败之后,王石再也不敢提及产权改革之事,就只能解释为王石过于保守了。

一个无法在自然人产权制度上有所突破的企业家显然不是真正意义上的企业家,而只是一名职业经理人。这种企业制度意义上的定位导致了今天的王石:他放弃产权追求,转而寻求其他价值体系。

我们再看一个例子。联想集团有限公司董事局主席柳传志是很多商业记者非常喜欢的采访对象,也是读者们经常能够阅读到的商业报道主角。但联想集团到底是一个国有企业还是民营企业?它当然也是个国有企业。柳传志占有的股份比王石要多,但也没有公众想象得那么多。《新京报》记者吴敏在 2012 年 4 月 18 日的报道中指出,柳传志持有联想控股 3.4% 的股份。[①] 事实上,在这家企业发展的过程中,国家始终占有全部的股份,管理层长期没有得到股权激励,直到很晚,他们才通过各种方式慢慢开始了改革企业产权的过程。

这位企业教父广为传播的是他如何为管理层实现股权激励的故事。1984 年联想创始,归属于中科院计算所。随后几年,公司数次更名。"1994 年,联想集团在香港上市,柳传志在股份制改造方案被否的情况下提出红利分配方案,职工获得 35% 分红权",但他们不占有这家企业的股份。2000 年,红利分配方案变成了 35% 的国有股权受让,这是一个质的飞跃。"这一年,联想集团控股公司由全民所有制企业改制为有限责任公司。同年,柳传志主导联想分拆,杨元庆和郭为各占据联想集团和神州数码两个山头"。[②]

"泛海科技入主联想控股,是联想控股股权改革关键的一步,"根据《新京报》记者吴敏的报道,"在 2009 年 10 月,泛海科技公司接手中国科学院国有资产经营有限责任公司转让的联想控股(旗下包括联想集团、神州数码、融科置地、弘毅投资和联想投资等多家公司)29% 股权,控股职工持股会持公司 35% 的股份,而中国科学院国有资产经营有限责任公司持有的股权被稀释为 36%,和职工持股的差异并不大了。"《新京报》的这篇报道总结出了联想如何一步步使得管理层拥有股份的过程。这个改制过程的曲折,超乎想象。

柳传志后来在接受访谈时曾说到创业期的种种艰辛和企业改制过程中的压力重重:在这个全民所有制背后,国家只投入 20 万元人民币,没有再追加过任何投资。企业的发展所需很快就超出这个数目的钱了,缺口部分就得自己想办法,包括贷款——只能拿职工的声誉和企业的产品去贷款。即便如此,企业员工始终不占有股份。[③]

---

① 吴敏、林其玲:《柳传志持有联想控股 3.4% 股份》,载《新京报》,2012-04-18。
② 吴敏、林其玲:《柳传志持有联想控股 3.4% 股份》,载《新京报》,2012-04-18。
③ 苏小和:《柳传志的坚持与进退》,载《南方人物周刊》,2008(33)。

柳传志的坚持与进退（节选）

作者：苏小和，载《南方人物周刊》，2008(33)

为什么那么多人倒下了，柳传志却能倔强地站在历史里？

现在，我们坐在柳先生的对面，听他讲述这一路的风景。一直到2001年，长达20年的时间内，联想都只是一家传统的国有企业，柳传志本人当然也仅仅是一名由组织任命的职业经理人。他在初期可以选择依赖批文和进口赚快钱，然后像那些腰缠万贯、移居海外的有钱人一样，过一种世外桃源般的惬意日子；他也可以像更多的国有企业负责人一样，做大成本，做空利润，让管理团队多一些收入，但是也会让企业失去做大做强的能力；他还可以当一个真正的机会主义者，拿出资金来参与到房地产等更多的快钱行业中，而这样做的结果，可能就导致联想不再致力于培养有世界影响力的PC品牌。

但是柳传志没有这样做，如今的联想，是一家真正的品牌企业，同时也是一家制度建设有所进步的企业。联想成了全球500强之一，在位列500强的中国企业中，其他都是标准的国有垄断企业，只有联想含有私人资本，也只有联想真正属于完全竞争。由此，柳传志30年的努力构成了中国本土企业发展的一种范式。

何享健，原美的集团董事长。

很容易猜，美的集团曾经也是个集体所有制企业，但现在不是了。

1968年，何享健带领23位村民以"生产自救"的名义创建"北街办塑料生产组"，在行政上隶属于顺德县北街道办。当时顺德是个县，现在是一个县级市。顺德在中国所有县级市里一直是纳税最多的。1992年，以企业产权制度改革为核心内容的综合配套改革在广东顺德拉开序幕，何享健力主美的参与改革试点，并于1993年在深交所上市。2001年，它成功实现了国内第一家上市公司的MBO(管理者收购)。而后，经过多次的股权转让与增资操作，何享健逐渐成为第一大股东控制公司。清晰的产权结构激活了美的，此后，美的先后将华凌、荣事达、小天鹅等企业收归囊中，步入公司发展的快车道。①

这是个成功实现企业产权制度改革的典型案例——最后管理层成为第一大股东，地方政府完全退出。韩国的三星公司在作中国地区竞争对手资产结构分析时，认为美的公司是非常重要的对手，因为它产权结构最为清楚。后来，为了减少美的集团身上的家庭企业性质，何享健用10%左右的股份来引进职业经理人阶层，让他们成为企业股东，促使美的成为一个多元股份企业。②

通过以上案例，你不难发现，王石、柳传志和何享健有许多共同点：(1)他们都处在完全竞争的行业：房地产、个人电子产品和家电；(2)他们的企业在相当长时间内都属于国家资产；(3)产权改革是他们的人生主题——当然，最终的命运并不相同。

相比于这3个人的光芒四射，同时代的很多著名商业人物则遭遇了滑铁卢。例如：

---

① 鲁伟、刁晓琼：《何享健：美的绝对不会搞成家族企业》，载《财经》杂志，2012年1月4日。
② 鲁伟、刁晓琼：《何享健：美的绝对不会搞成家族企业》，载《财经》杂志，2012年1月4日。

红塔集团原董事长、曾经的"中国烟草大王"褚时健;[1]原健力宝集团董事局主席李经纬[2]等。他们的陨落以及悲惨结局,从某种程度上而言都与企业的产权结构以及政商关系有非常密切的关联。

在中国市场化改革以及国有企业产权改革的历史浪潮中,企业家们发挥智慧,进行各种博弈乃至争斗,也导致了迥异的命运,成为我们需要着眼的商业逻辑的重要部分。有兴趣的同学可以看看吴晓波的《激荡三十年》,这本书用比较好的笔调讲述了很多商业史的故事,其中的一条主线就是国有企业制度的改革。

小　　结

商业报道的门类很多,记者应该尽量培养自己的商业思维,在报道中引入恰当的分析性框架与问题意识,从而提升报道的深度和内涵。为此,本章介绍了一系列的分析性框架,也梳理了诸多重要的商业问题意识。当然,我们只能列举一部分,遗漏的还有很多。而且本章对于相关分析框架的介绍甚为浅表,如果你对此感兴趣,还应该进一步阅读更多材料。

总体而言,记者了解和掌握的分析框架越丰富,写报道时越能得心应手。另外,如果你能毫不费力地看懂行业数据与公司财务报表,你将更容易进入相关领域。当然,这一切都应该尽量从你熟悉的行业和企业入手。

【课后习题】

1. 从事商业报道的知识门槛较高,你可以试着以某个你关切的企业为案例,仔细整理各种相关报道和资料,对产品信息、企业发展历程及商业模式、行业背景、相关政策、企业家乃至财务报表都进行详细了解,从中提升自己的专业能力,并寻找报道的突破口。

2. 推荐同学们读吴晓波的《激荡三十年》以及苏小和的《局限》,注意他们是如何将自己的分析框架和问题意识带入商业故事当中的。

---

[1] 张欢:《"橙王"褚时健》,载《南方人物周刊》,2012(6)。
[2] 李静:《健力宝之父李经纬因贪污公款买保险获刑15年》,载《新京报》,2011-11-05。

CHAPTER 6
第六章

让商业报道更好读：从人物切入商业故事

> **摘　要**
>
> 　　从好看的角度而言，把人性故事以及企业家的个人色彩带入商业报道中是一种很好的尝试。本章将具体介绍其中可能用到的方法论。

前言

很多媒体惯于从人物的视角来切入商业报道,例如,《中国企业家》《东方企业家》《创业家》《环球企业家》等杂志都擅长讲企业家的故事,《经济观察报》等财经类报刊也开设了企业家报道的专版。①

为何这么多媒体都选择从人物的视角来切入商业故事呢?

一方面,中国改革开放的进程正是一个商业人物浮出水面,并参与历史塑造的过程。可以想见,一个从计划经济向市场经济转换的社会中所呈现的种种张力,无比集中地在这群商业人物身上呈现。在早期,这个群体被简单扣上"走私派"的帽子;时至今日,仍有一些制度上的灰色地带或者社会的污名化标签让他们如履薄冰,但这群人又极具魅力并乐于挑战。

另一方面,这也与商业媒体本身的探索有关。市场化的中国商业媒体集中地在20世纪90年代后期出现,如《财经》《南方周末》经济版、《21世纪经济报道》《经济观察报》等。这些新兴的商业媒体一开始以宏观经济、行业和公司为主要报道对象,这些内容当然十分重要,但也相对缺乏故事性,不够生动好读。因此,这些商业媒体逐渐探索,尝试把人性故事以及企业家的个人色彩带到商业报道中,形成新的报道风格。

从人物的视角切入商业报道,这对很多习惯于传统报道方式的商业记者来说是巨大的挑战。比如,怎样才能从原来注重公司财务以及各种行业数据的方式转向关于企业家形象的报道?如何在"钱"的故事和企业家个人故事之间找一个衔接点?如何既保持中立的报道立场,同时又对商业人物的行为逻辑有"同情之理解"?

随着中国媒体行业近年来在这个领域的探索,各种报道商业人物的方法论开始成形:面对一个重要的商业人物时,媒体往往从各种不同的方法论立场出发,对其加以处理,相关的报道也逐渐形成风格。透过梳理各种刊物的报道内容,再辅以典型的案例,我们归纳出商业人物报道的几种方法论,同时,也对不同方法论的优劣有所分析。

> **课前提问**
>
> - 你最欣赏哪一位企业家?是乔布斯、柳传志还是马云?你都看过哪些相关的报道,这些报道如何呈现企业家的形象?

第一节 借人物谈公司与行业

一、纯粹的公司人物、行业人物报道

不少媒体,对于商业人物的报道都立足于公司或者行业。人物,只是它们观察公司与行业的一面镜子。这是媒体报道商业人物最为常见的一种方法论。

南方报业集团下属的《21世纪经济报道》是一份专业的财经日报,2008年年底,它报

---

① 本章的部分内容曾由曾繁旭、陈小瑾发表于《中国记者》2009年第9期,纳入本书时进行了大幅的增补和修改。

道原南方航空董事长刘绍勇空降东航一事,发表了《刘绍勇主政东航12天》《三大航空公司高层调整》等一系列文章,完全将这位企业家放在航空业优化管理体制以及行业重组的大背景下展开,叙述的重点则是刘绍勇将在东航面临的种种挑战,追问他是否可能拯救积重难返的东航等。而他个人的故事、性格特征,则完全被抛诸一边。企业家成为一个简化的符号。这是很典型的商业人物报道方式。

有时候,媒体也会稍微在文章中增加一点水分。比如,《南方人物周刊》写的《李彦宏的"影子敌人"》①,借由百度公司面临的公关危机,讨论百度公司与同行之间的竞争关系,以及公司面临的公众信任问题,在其中加入部分材料去描述李彦宏的理性、忍耐以及他在公司上市后所承受的压力。但文章还是以公司为报道重点,个人的素材只是推动报道发展的润滑剂。人物与公司之间,始终是两条线。

这一公司人物、行业人物式的方法论操作难度较低,往往是借人物谈事件、谈公司管理等问题,有利于在重大商业新闻面前迅速通过商业人物找到报道切入点;而且,即使在无法采访到当事人的情况下,也可以根据公司、行业的一些消息源来完成报道。因此,尤其适合于追求新闻性、专业性的财经媒体。

但这一方法论疏于将企业家作为一个"人物"来观察,既没提供企业家故事,也没有呈现他们复杂的人性,文本也比较生硬,如果综合性报刊依循这种报道路数,将难以和专业财经媒体形成区隔,也很难凸显自己的风格。

二、企业家的"狠话"与"洞见"

一些商业人物眼光犀利、言辞尖锐,善于对当下经济形态或某个经济现象"说狠话""下断语",他们是商业圈中的明星人物,天然有更高的关注度。当我们希望从企业家口中听到一些不同的表达,以增加我们的思考维度时,就会找到他们。比如,楼市新政出台的时候我们自然就想听听任志强和潘石屹怎么评价走势,当网民们对房地产商破口大骂时,我们也想听听他们的反应。他们正好是可能说出"狠话"的"猛人"。

任志强接受过很多媒体的采访,也说了很多"狠话",他接受《南方人物周刊》(总第138期)采访时说:"很多人认为我现在还是个体户,以为我是个奸商,而且说我在赚钱、赚暴利。暴利跟我有什么关系?赚的钱是归国家的,和我没有关系,我就是拿工资。所以网上的很多人实际上完全不了解我。"

潘石屹也是善于利用媒体发表见解的商人。2008年年底,房价走势很不明朗,他在《中国企业家》杂志上说:"有人认为,现在的市场到了最低谷,到抄底的时候了。可我认为,对目前市场和经济的判断万不可过分乐观。不要误以为红叶是春天来临的象征,那是秋天,进入冬天的标志。"②

这些企业家,都是媒体的常客,读者关心他们对于所在的行业以及社会环境的判断,因此,各类媒体都比较经常使用这一方法论。在文本上,这样的文章除了依赖于被访者的个人特征和表达能力,也要求记者有足够好的对话能力,能把握现场,能调动企业家的对

---

① 张小平:《李彦宏的"影子敌人"》,载《南方人物周刊》,2008(29)。
② 相关内容见http://www.cnemag.com.cn/fenxplun/newsfx/2008-12-04/175248.shtml。

话热情。对于很多记者来说,这是不易达致的工作状态。

第二节 企业家的生活与性格

一、描写企业家的生活

"描写企业家生活"这一方法论进入中国传媒的日常运作,可能与原《新周刊》记者周桦的一系列报道有一定关联。从20世纪90年代后期开始,她用女性的细腻笔触,通过生活化的描写来近距离观察商业人物。她写时任TOM在线董事兼首席执行官的王雷雷,对公司几无着墨,但充分展现了他的身世故事、他不羁的青春岁月以及他的工作热情与狂野生活。

周桦也写过王石,后来还出了《王石这个人》一书,展现了企业家王石在财经领域之外的生活和成长经历,全书围绕18个词语展开叙述:严母、压抑、郁亮、房子、对手、闲暇、时尚、朋友、登山、天涯、脾气、金钱、58岁等。书稿使用了随笔式的文字风格,娓娓道来。

周桦这种报道企业家的方法论和写作风格,轻松、愉悦又不乏洞见,完全符合媒体希望写出"好看"报道的要求。她除了在《新周刊》写文章,也于2001年开始在《21世纪经济报道》开设人物专栏"数风流人物",通过这些平台,她的表达风格发挥了影响。许多并不一味追求时效性的财经类期刊越来越多地运用"描写企业家生活"的方法论,比如,《中国企业家》《环球企业家》《东方企业家》以及新近创刊的《创业家》,都是如此。这些刊物甚至开设了《企业家生活》这样的常规栏目,专门介绍企业家的生活。而《中国企业家》的口号,就是"一个阶层的生意与生活"。总之,这种报道企业家生活的方式正变得流行,它也有利于拉近企业家与普通读者的距离。

在国外媒体的运作中,这更是报道企业家的一种常用的方法论。比如,《商业周刊》报道香奈儿的全球首席执行官穆琳·琪凯特,就详细地描写了她的衣着,她对文学、电影与戏剧的迷恋,以及她如何努力赢得律师父亲的赞赏等。而"在杰弗里·扬(苹果公司乔布斯传记作者)的笔下,乔布斯是一个不断纠正自身专断、傲慢等性格缺陷的普通人"。[1]

我们曾长期无法用平等心看待商人群体,无法心平气和地理解他们的财富与生活。目前,这样的思维定式正慢慢发生改变。

> • **案例:商人朱骏**

本书作者曾繁旭在《南方人物周刊》时,曾经编辑过记者一篇关于"第九城市"网络公司(九城网游)董事长朱骏的稿件。朱骏喜欢名车、喜欢足球,上海申花是他的球队。有一次为了过瘾,他把一个欧洲豪门球队请到上海,并亲自"披挂上阵"。记者的文章展现了大量这方面的细节,把一个企业家的生活情趣与张扬个性描写得淋漓尽致。

---

[1] 参见《南方周末》记者张华所写的一个内部业务交流文章:《财富人物报道的几点心得》。https://www.douban.com/note/63755977/.

商人朱骏：一个人的掘金游戏（节选）

记者：徐琳玲，载《南方人物周刊》，2008(8)

他可能是中国最cool的有钱人，有着最最奢侈的爱好，买下了中国足球的一个标杆——上海申花足球队。

能买下足球队的有钱人或许还有几个，譬如，大连实德的徐明、重庆力帆的尹明善。但是，他们自己能上场指挥吗？他们自己能踢吗？偶尔踢踢球或许也不稀奇。但是，他们踢过正经的职业赛吗？2007年，披着16号球衣的朱骏，在申花与英超劲旅利物浦队在荷兰的邀请赛中以首发阵容上场。

全中国的足球老板，或许全世界的足球老板，能做到这么拉风，也没有几个。

作为第九城市的董事长兼CEO，朱骏同样在一个吸引眼球、挑起口水战的行业中。

2007年，创下100多亿直接收入的中国网游业继续高速地发展，不少公司在香港、纽约和纳斯达克上市，新一拨年轻的富豪们正在崛起。

直率、热情，总是生气勃勃，带点粗俗的幽默感。如果上电视节目时还需要配合地作几分秀，私底下的朱骏更加直来直去、口无遮拦。这种表现出来的坦诚，很容易博得人们的好感。

中国式的成功男人中，多数腰围和他银行账户数字的增长成某种正比例关系。年过不惑的朱骏身型保持得很好；前额的头发被发蜡打得根根树起，那是我们经常在时尚杂志和走秀台的男模头上看到的发型。

无数时尚资讯教导我们，衣着就是人的品格。那朱骏就是他的劲敌兼邻居陈天桥的对立面，后者每天一丝不苟地穿着黑西装，打着领带，梳着分头；上海滩上另一位网游大佬史玉柱则总是一身轻飘飘的白衣裤。

被人说年轻，是朱骏最爱听的恭维话。一兴奋起来，嗓门大得隔了几间房的办公室都听得见他的声音。

借用他一位下属对他的评价——"如果把九城看作一部电影，他就是这部电影里那个最卖座、带着标志性的角色"。

- **案例：李嘉诚**

关于李嘉诚的报道可以说是连篇累牍，读者津津乐道关于他的一切，比如，他的生活习惯、他的商业决策与智慧、他的家产分配，等等。

《环球企业家》至少有过两篇关于李嘉诚的封面报道。一篇是2006年的《你所不知道的李嘉诚》，着重讲述他的生活细节；另外一篇《商者无域》，侧重于精神世界。这两篇报道来自同一个作者——张亮。张亮认为，第一篇报道对李嘉诚的人格和思想层面挖掘得不够，所以进行了第二次报道。

在第一篇报道《你所不知道的李嘉诚》中，记者关切的其实不是李嘉诚的业务和资产，而是通过一些生活细节和重大决策来观察一个非常成功的企业家的思维方式。他从李嘉诚的生活方式和工作习惯入手，试图回答这样一个问题："为什么在非常多的企业家特别容易断送一个企业的背景下,李嘉诚却很少碰到天花板?"

你所不知道的李嘉诚(节选)

记者:张亮,载《环球企业家》,2006(10)

如果有什么是我最想从李嘉诚这里得到解答的,那就是为何在太多企业家轻易断送一家企业的同时,李嘉诚几乎碰不到"天花板"?

他轻描淡写地回答:"其实是很简单的,我每天90%以上的时间不是用来想今天的事情,而是想明年、五年、十年后的事情。"

在这样朴实得近乎单纯的答案之后,却是一个华人世界所罕见的、业务庞杂且高度国际化的商业帝国。只要想到全球有超过1350万人在使用他所经营的3G移动电话网络,海上13%的集装箱在其港口内运载,散布在中、法、英、俄的消费者出入于其7500家零售店,其控股的赫斯基能源每日产出34.4万桶石油,以及其集团业务遍及54个国家,拥有约25万名员工就可感受到其工作并非那么简单。

但也并不难得出这样的结论:与李的实业深入人们生活比起来,他的思想尚未产生足够影响。很大程度上,这是因为李拥有一种在全球罕见的生意之道。

在张亮的报道中,李嘉诚作决策想的是5年以后的事,他甚少为当下的事情感到焦虑。他的工作非常有效率,他听员工报告永远不会超过15分钟,而留大量的时间用来自己看报表,因为他认为那比个人陈述更有效;他每天看大量的外文报纸,他认为获取信息对5年以后的商业决策非常重要;他有一次去参观一所学校,问学生:"你这么喜欢电子游戏,你有没有想过电子游戏这个产业是怎么样的?"他在很多大的决策中作出了非常有前瞻性的决定,而这都跟他的工作习惯有关。

张亮从李嘉诚的工作习惯切入后,讲了另外一些小故事。这些故事,其实都可以理解为李嘉诚在他的生活当中重要的决定。从这些决定中可以看到李嘉诚的一些特点:掌控自主权,财务稳健;注重技术创新;不惮改变,且自我节制。

> "理解李嘉诚,不要看他的业务、资产,更重要的是要理解,他为什么会作那个决定?当时外部的环境是什么样的?他在什么压力下作出那个决定的?"
> ——张亮《你所不知道的李嘉诚》

总体而言,"描写企业家生活"的方法论,已经有很多成功的作品。这一方法论尤其适合于报道没有很强新闻性的企业家,也的确有助于解决文章"好看"的问题。然而,这种方法论也有一定的缺陷。

首先,难以找到生活丰富又愿意讲述自己生活的企业家;如果有的话,有时候也存在自我包装的成分。其次,如果操作不当,记者可能抓住某一点把个人生活的环节进行放大,造成缺乏整体感。再次,这种报道方法往往是仰视的视角,缺乏客观与平衡。最后,也许是最重要的,这类报道容易只讲生活,离商业逻辑太远。正是出于这些原因,一些比较强调"商业逻辑"的媒体逐渐意识到这一方法论的局限所在。

二、寻找企业家性格和商业之间的关联

"寻找企业家性格和商业之间的关联"这个方法论,其实与上面提到的方法论——"描写企业家的生活"——密不可分。但前者更侧重选择企业家性格当中的某一部分作为主线,后者更偏向于还原、展现企业家的诸多生活细节与习惯。这个方法论的原则是既不过于拘泥于行业和公司信息,也不沉溺于企业家的日常生活细节当中,而是希望寻找企业家性格与商业之间的某种隐秘关联。

曾任职于《南方周末》《经济观察报》《华夏时报》的资深媒体人迟宇宙对这一方法论有所阐述,他说:"一个企业家,并不是他所有的活动都与(狭义的)经济相关联。我们应该首先研究的是人物的性格。性格决定命运,一个人,尤其是在中国——企业和企业中都缺乏有效的监督,他的成功与失败与性格中的某些优点和缺陷息息相关。"[①]

> 柳传志的谋略与强硬便是一个很好的例证;
> 王志东的失败在很大程度上也是他的性格原因;
> 王峻涛完全是一个随意和缺乏耐性的人,有点书生气,这就决定了他在8848的失败;
> 搜狐的张朝阳有点孩子气,对玩儿的要求超过了创业的欲望,所以搜狐一直没有大的动作与调整。
>
> ——迟宇宙《人物写作的实战经验》

• 案例:TCL李冬生

《经济观察报》的前主笔许知远操作的一些有影响力的商业人物报道,正与这一方法论相契合。发表在2003年7月14日《经济观察报》的文章《李东生——静悄悄的革命者》,鲜明地体现出他"追问人性"的报道风格。全文直接出现"性格"一词共有12次。作者努力要找出这家"销售额超过300亿元公司的领导者"所具有的"不同寻常的气质"。但是,"他个人的性格与他领导的公司的性格都不够鲜明",随着作者一步步分析,"李东生不轻易表现的性格,变成了他最重要的性格特征""TCL在过去10年的成功,很大程度上归功于李东生稳健的性格带来的'少犯错'。"这一按照企业家的人性线索来布局文章的写作思路给读者留下了宽广的思考余地。

可以说,发现企业家在商业运作中的性格因素,是这一方法论的终极诉求。这个方法论,适合人文色彩较重的报刊,它们不太强调新闻的硬度,而重视报道的张力。

• 案例:潘石屹

《南方人物周刊》2007年第27期的封面报道写的是关于SOHO中国潘石屹的故事。

---

① 迟宇宙:《人物写作的实战经验》,参见 http://www.xici.net/d33767687.htm

那是2007年年底,房价飞涨,正值SOHO中国在香港上市,《南方人物周刊》就想借潘石屹的个人故事来切入热点。该报道讲述潘石屹的精明、保守和谨慎,以及这些性格特征在商业运作上的体现。

封面的标题《小心潘石屹》表达了多层意思。其中一层意思就是潘石屹是一个非常小心谨慎的人,这种性格影响了他的企业。为这组报道写作的,既有刊物的记者,也有熟悉房地产行业变迁的观察者,还有认识潘石屹10多年的朋友。总体而言,这组文章比较理想地在商业、人性以及故事之间找到了平衡。

在这组封面报道中,资深记者袁一泓写了一篇文章《潘石屹:被放大的透明度》。这篇文章是这样描写他的"小心"性格的:"他血液里的谨慎、保守基因,一直伴随着他,这种性格无可避免地渗透进了SOHO中国的企业性格里。"[①]这样的观察视角,暗合了我们这里强调的方法论——寻找企业家性格与商业之间的关联。

那么,为什么潘石屹在他的商业历程中会形成这样一种小心谨慎的性格?这种性格又如何影响他的整个商业?记者袁一泓讲了几个原因:(1)潘石屹是个苦孩子,出生于甘肃天水,走到今天很不容易;(2)1993年,他在海南做了很多的开发,因此经历过中国最惨痛的一次房地产泡沫;(3)他是一个没有复杂社会关系的民营企业家,靠自己双手打拼出来,所以总是惴惴不安、敏感脆弱。这些都是他谨慎的原因。

文章接着追问,这些性格对他的企业又意味着什么?

首先,性格因素很大程度上影响了老潘对政策的判断。2002年,中央出台了一个被喻为"土地革命"的新政策,规定以后开发商买土地不能私下跟政府进行协议,而是要通过明晰的"招拍挂"环节,所有相关信息要经过公示,这样才算成交。对此,潘石屹特别兴奋,表示这是中国房地产业的一个伟大进步,"未敢寻求协议土地"。但结果,他错过了一个黄金机会。很多大的房地产商在这个阶段拿到很多土地,积攒了实力,可他没有。

其次,这种性格因素也影响了他对市场的判断。外界对SOHO中国的市场模式有好的评价,认为讲求质量,有创新性。但反过来讲,这其实是一个没有规模效应的企业。同样在香港上市的碧桂园或保利地产的量级都要大很多。这种市场模式也是潘石屹的性格特征所致。按照作者袁一泓的分析,潘石屹"长期一个一个项目开发""他的内心对北京房地产市场总有一种隐忧。"

再次,潘石屹的性格特征还影响了企业的现金流控制。由于谨慎、保守的性格,使得"潘石屹非常看重现金流,不欠款,以自有资金开发"。这直接影响了他拿到土地的数量和企业的规模。

最后,作者袁一泓指出,随着SOHO中国在香港上市,决策者不再是潘石屹一个人。他要向更多的股东负责,必然要开始想如何赚更多的钱,如何更快地赚钱。那么,上市是否将彻底改变潘石屹以及企业的性格特征呢?

可以说,在《小心潘石屹》的系列文章中,这篇《潘石屹:被放大的透明度》尤为明显地体现了"寻找企业家性格和商业之间的关联"这个方法论。

---

① 袁一泓:《潘石屹:被放大的透明度》,载《南方人物周刊》,2007(27),是当期封面报道"小心潘石屹"的系列文章之一。

• 案例：郭台铭

在 2010 年，富士康工厂的工人连环跳楼自杀事件引起了社会的广泛关注。多家媒体尝试潜入工厂内部对其进行调查报道。而《中国企业家》杂志的报道《郭台铭走出紫禁城》，则把这个庞大的代工制造业帝国的发展模式，与其创始人郭台铭强烈的性格特征紧密联系在一起，写出了不一样的内涵。[①]

总体而言，该方法论适合人文色彩较重的报刊，因为它们不太强调新闻的硬度，而重视报道的张力。但其中最大的难度在于寻找一条理解企业家性格的线索，并且将这条线索当作是解读企业命运的一个关键密码。所以，运用这一方法论的重要前提是，你对某个企业家以及他的企业非常熟悉，由此洞悉其中关键性的联系。

第三节 商业人物背后的经济模式与商业环境

一、经济模式的塑造者

中国市场经济实践与经济制度变迁走过了 40 年，各种经济模式的创新不断涌现。这种创新，与一批企业家的探索联系在一起。而某些有代表性的企业家，则可能成为一种经济模式直接或间接的塑造者。透过他们，能看到背后整个经济模式的空间和局限。

《经济观察报》前执行总编辑仲伟志，致力于政经报道与区域经济报道，并完成了一系列探讨商业人物背后经济模式的报道。其中，《沈文荣：苏南模式守望者》一文，是一个有代表性的样本。

• 案例：沈文荣与苏南模式

在中国，温州模式和苏南模式的产权结构很不一样。温州模式下的企业规模较小，藏富于民，经济运行非常灵活。而苏南模式，更倾向于集体企业的产权结构，企业资产更多是在政府手中，和"藏富于民"的温州形成鲜明对比。

沈文荣：苏南模式守望者（节选）

记者：仲伟志，载《经济观察报》，2002-12-30

沈文荣首先表达了他对《福布斯》和胡润的愤怒——他们把沈文荣列入 2002 中国首富排行榜，位列第 37——他手里拿着两张纸在我面前哗哗抖动。为了让他不再抖了，我接过来认真地看了一眼，原来是我的采访提纲。提纲中的第一个问题是：你是否已经完成了从一个"一大二公"的集体企业负责人向民营企业家的转型？

上了"资本家的黑名单"

2001 年 2 月，沙钢在剥离非生产性资产和淘汰陈旧设施之后，改制为一个公司股份制企业，总股本核定为 13.21 亿元，经营者持大股，沈文荣的股份得以"明晰化"，

[①] 何伊凡、张刚：《郭台铭走出紫禁城》，载《中国企业家》，2010(12)。

以17.2%的股份成为沙钢第三大股东和股份最多的自然人，董事长、总裁、党委书记一肩挑。

沈文荣因此成为苏南地区难得的浮出水面的富翁，成为一个转折点。在此之前，苏南长期为"冯根生难题"所困，企业领导占有企业股份很少，企业市值的升降与企业家财富的变化关系不大，虽然他们事实上控制着许多财富，但并没有被合法地私有化，导致苏南富翁相对稀少。在2000年《福布斯》中国50名首富排名表中，江苏空无一人；2001年入围者100位，苏南也只有4位。沈文荣的出现具有明显的象征意味，反响之强烈一如预期。

外界普遍认为，苏南"旗舰"沙钢改制，沈文荣成为"改制新贵"，这标志着以政府强干预为特点的传统苏南模式的彻底崩溃。曾经在做大企业后兼任过张家港市委副书记、市政协主席的沈文荣，现在终于可以在政坛上鞠躬谢幕而专注于沙钢的发展，似乎不必继续在藕断丝连的政企关系中周旋经营。苏南似乎正在成为另一个温州，沈文荣似乎已经完成转型，一切似乎顺理成章……

沙钢，也就是沈文荣所在的企业，是苏南地区最大的一个钢铁企业。通过这个个案，记者仲伟志想要观察一场自上而下的苏南企业体制改革的真相和张力。文章三个部分，始终都在探讨苏南地区的经济模式——将一个人物与一个经济模式密切联系起来正是作者的力道所在。

记者讲到，早期的苏南乡镇企业大都属于政府，后来一些乡镇企业债务越背越重，政府只好开启了一场让企业自负盈亏的产权改革。但是当时的江苏只对小企业进行改革，沙钢则是一个特例。

在苏南模式的语境下，"沈文荣只能既是经济精英又是政治精英"。他非常克己奉公，"全家4口人，住着70多平米的房子，用着老旧的家具。每天早晨一敲铃，他永远站在他们公司的广场，向每一个经过他身边的领导布置当天的工作任务"。

在记者仲伟志写完这篇报道之后，苏南模式又发生了很多改变。2009年，沈文荣持有的股份已达29.8%，以200亿元财富成为《新财富》杂志首富。其实，在2004年他就成为沙钢最大股东。[①] 但沈文荣依然极其低调："我能致富也是党让我致富的"——这与苏南模式的语境非常契合。

虽然企业的产权结构已经逐渐发生改变，但沈文荣仍然跟当地政府维持着非常和谐的关系。地方政府推动他在过去的那些年做了一系列的钢铁企业并购，使得沙钢成为今天这样一个资产庞大的集团。可以说，沈文荣对苏南模式语境的把握以及他对政商关系的处理都游刃有余。

记者仲伟志2012年写了一本书《江南转型》[②]，他表示："传统的苏南模式已经终结，苏南经济进入一个没有统一模式的年代，或者某种程度它跟浙江模式已逐渐趋同"。在两个经济模式趋同之前，它们彼此拒斥又相互影响，并且同样经历剧烈的变动。在这本书

[①] 张力生、胡志刚：《钢铁大王是怎样炼成的》，南京，凤凰出版社，2010。
[②] 仲伟志：《江南转型——一个记者的十年江浙观察》，青岛，青岛出版社，2012。

中,作者把它们放到一起,讲述了中国经济模式的大变迁以及其中的人物命运。

当然,适合用这一方法论来处理的企业家并不多,因为企业家与经济模式之间难以有高度的契合,所以这一方法论的运用可能会显得生硬。

二、透过人物观察商业环境变迁

事实上,不仅经济模式可以从企业家的角度切入,甚至整部商业史也是由若干个拐点式的人物连缀而成。他们就像水珠,可以映射中国商业环境的变迁以及商业文化的局限。

《南方人物周刊》特约记者苏小和发表了一系列作品,比如,《声声叹息荣智健》《张维迎的行为艺术》《牛根生的道德课》等,都运用了这种方法论。其最大的特点是,文章不涉及任何商业运作的技术、管理和财务层面的问题,而直奔商业制度和环境等宏观层面而去。

• 案例:荣智健

荣智健,中信泰富集团前董事长。由于澳元在 2008 年下半年大幅贬值,一度跌至 0.6∶1 美元左右,导致中信泰富损失严重。香港政府多部门对中信泰富的调查也由此展开。2009 年 4 月 8 日,香港最知名的商人之一、荣氏家族的第三代传人荣智健辞去中信泰富董事长一职。[①]

企业这种不规范操作的情况很多,为什么这件事情引发这么多媒体报道呢?当我们在荣智健退隐这个新闻节点上回看荣家商海浮沉的历史,就能看到其中值得玩味的一点。荣氏家族的辉煌与政商关系密不可分。荣智健的父亲是荣毅仁,在 20 世纪 50 年代初公私合营的时候,荣毅仁是当时少数热烈拥护中央政策的企业家,因此获得了"红色资本家"的称号。1979 年之后,荣毅仁得到邓小平的邀请出面创建国际信托投资公司,仍是延续了官商合作模式。有媒体指出,从父亲到儿子,处理政商关系的方法似乎没有本质性的改变。这种方法可能带来较快的收益,也可能给企业带来一些不确定性或者更不幸的结果。[②] 所以,荣智健这个故事其实能够反映出整个中国商业文化的延续与变迁。

声声叹息荣智健(节选)
作者:苏小和,载《南方人物周刊》,2009(17)

一直以来,荣智健不过是中信集团旗下中信泰富的董事长,换句话说,中信泰富真正的老板,是国家,是政府。事实上,虽然荣智健贵为董事局主席,但中信泰富的第一大股东是"中信香港",这是一家绝对意义上的内地国有企业,而荣智健个人完全控股的"earnplex"仅拥有中信泰富 2.9 亿股权,他只是中信泰富的一个小股东而已。

……

在中国生意场上,一直占据主流位置的是官商结合的企业方法,这种方法可能会促使企业在短时期内高速发展,富可敌国,却不能在更长的历史时期内确保企业的可

[①] 孙春艳:《荣智健谢幕:一个家族的百年》,载《中国新闻周刊》,2009(14)。
[②] 苏小和:《声声叹息荣智健》,载《南方人物周刊》,2009(17)。

持续发展。很不幸,荣智健竟然成为这种短视的企业方法的牺牲品。

这篇文章的作者是苏小和,他的写法常常是超越一人一事的。

苏小和、吴晓波、仲伟志等作者都擅长运用这一方法论,他们有意想要通过商业人物的故事去写商业环境的变化。吴晓波写过一本书叫《大败局》,主要是讲在复杂的政商关系中,很多企业家由于某些不慎行为导致了他们的失败。他所写的另一本书《激荡30年》,则通过国企改革、民营经济崛起、政商关系等若干重要线索,描绘出当代中国的商业历史变迁,这两本书都是从商业人物的角度来切入的。

国外的一些记者也常常使用这一方法论。《纽约客》的记者欧逸文(Evan Osnos)对中国著名女企业家张茵的报道《废纸女皇》,[①]就是将其放在中国经济放缓以及产业结构调整的大背景下展开的。张茵是玖龙造纸有限公司董事长,2007年以770亿身价在《福布斯》富豪排行榜上成为中国第一位女首富。但此后不久,她的企业因遭遇舆论风波与海外市场的业绩下滑,股票价格大幅下跌。记者欧逸文的报道,并不停留于她个人身价的升降,而是将企业家性格、企业经济模式、中国制造业的升级换代、区域发展乃至全球化时代的商业互动等复杂故事编织在一起。西方记者对中国的报道,往往趋于简化,而这篇文章充分体现了人物故事与商业变迁的丰富内涵,值得我们仔细体会。

总体上说,这样的写作方式,在目前的商业人物报道中呈现得不多,其困难在为商业人物寻找历史坐标。毕竟,在商业演进的历史中,为企业家找到恰当定位,这对于作者的思考能力和知识视野都是一个很高的挑战。

第四节 商业人物的调查报道与群像

一、调查性商业人物报道

在快速转型的商业氛围中,中国企业家们正逐渐从传统的乡土人情、政商关系和暗箱操作等商业方式,朝规范、透明的企业发展之路过渡。但在这个背景下,仍有一些企业家的形象是含混不清的,他们不适合用充满温情、人文的视角来报道,因为他们首先面临是与非的判断以及法与理的冲撞。这种时候,不少媒体会倾向于使用"调查性报道"的方法论。

比如,健力宝原总裁张海于2004年年底因涉嫌做假账、虚假投资等被立案调查,《南方人物周刊》就派出记者奔赴他的家乡、他生活过的处所以及企业所在地展开调查,采访曾与他有所互动的人,很多细节在这个过程中逐渐显露出来。原来,张海是个初中毕业生,曾练过武术,还是一个"特异功能者"和"密宗大师",这些都是他作为"资本大鳄"以前的经历。

《南方人物周刊》"张海的系列报道"由陈磊、刘天时等多位记者共同完成,有多篇文章,包括《调查张海:从藏密大师到资本巨鳄》《张海:我不满意自己的媒体形象》等。

---

① Evan Osnos(欧逸文):《废纸女皇》,载《纽约客》,2009-03-30。原文:http://www.newyorker.com/reporting/2009/03/30/090330fa_fact_osnos。

类似的企业家调查报道有很多。中国经济圈有太多一夜成名、又转眼凋零甚至落入法网的企业家故事。《21世纪经济报道》《财经》以及后来的《财新周刊》等媒体，更是这类报道的发源地。

可以说，调查性报道展现了一些企业家的面貌多变、诡异莫名，市场似乎也喜欢这样的企业家报道。毕竟，成功的企业家，总是同样的光鲜，而失败的企业家故事，则更令人扼腕长叹。

"调查性商业人物报道"，对于企业运作的规范化可能起到很好的监督作用。不过，一些媒体也理解，在一个充满灰色地带的商业环境中，企业家常常游走在危险边缘，所以愿意体会他们的艰辛。因此，这一方法论通常只用于落马企业家身上。

二、描摹企业家的群像

有时，媒体也对一些特殊的企业家群体保持关注，比如，善于炒房投资的温州人、正在接班的"富二代"等。这种文章把若干个有某些相同特征的企业家放在了一起，进行比较或互相印证，由对单个企业家的报道扩大到对一类企业家的群体报道，这样有利于呈现更有解读空间的商业故事。

《中国企业家》杂志就是使用这一方法论的好手。作为一本半月刊，它经常推出新的概念来集纳一个企业家群体。比如，2009年第8期的封面《铁腕与柔情：30位商界木兰》，试图通过对多位女企业家的专访，描绘出中国女企业家的工作状态；又比如，2008年第21期封面报道《富二代魔咒》，关心"富二代"接掌财富与权力的时刻是否真正到来；再比如，2008年第15期《消失的浙商》，在大批江浙中小企业陷入危机之际，表达了自己的忧思。

这一方法论也可以用来对比一些差异性更强的企业家，比如，《南方人物周刊》曾在2008年年底拿黄光裕与刘永行进行对比，完成了一个封面报道《两大首富，两种路径》。"两位企业家都曾多次登上富豪榜榜首的位置，但两人的商业模式与为人风格迥然不同：一个活跃于金融、地产领域，性格张扬；一个专注于工业，低调沉默。两位首富，走出两种不同的命运，让人慨叹"。

在这种方法论视野下，记者的写作题材有开阔的空间，写作风格也比较自由。但它要求作者有比较好的思考能力，能发现不同企业家之间的内在关联，同时还要有驾驭材料和讲述故事的能力，因为这种文章常常打破了单一故事线索的布局，形成两条、甚至更多的故事线索。

小　　结

人性的故事在商业报道里面的重要性不言而喻，因此，这里详细地介绍了多种商业人物报道的方法论。当然，各种方法论的应用，需根据报道对象的特征进行合理选择。

此外，在媒体格局分化的背景下，媒体的读者群定位和刊物风格也愈加明晰，不同定位的媒体，适合运用不同的方法论。相对来说，都市类报纸、综合性新闻杂志以及一些不紧跟新闻的财经刊物可能适合"描写企业家的生活"这一方法论；追求新闻热点或凸显专业性的财经刊物，适合"行业人物报道"和"调查性商业人物报道"等方法论；而偏重人文情怀的刊物，则可以多尝试"寻找企业家性格和商业之间的关联""探讨企业家背后的经济模式"，或者"透过人物观察经济环境和商业文化变迁"等方法论。总之，方法论与媒体之间有一个互相适切的问题。

一篇理想的商业人物报道，不仅会呈现企业家的生活习惯，勾勒其关键性格特征与决策风格，还往往能够对相关的企业命运、行业逻辑乃至商业环境的变迁有深入的洞察。

> **小贴士**
>
> - 从事企业家的报道，需要熟悉其所在企业与行业，甚至能够将其放在一个更为宏观的商业环境与历史演进的坐标系当中加以观察。这一点与我们在人物报道中提及的"坐标系"有异曲同工之处。

【课后习题】

1. 尝试通过校友会等资源，联系感兴趣的校友企业家进行采访写作实践，思考如何将他们自身的故事、性格与企业发展关联起来。

2. 如果你有机会采访锤子科技的创始人罗永浩，你会采用以上哪一种方法论？请寻找媒体对他的报道，体会其中不同的方法论与故事讲述方式。

3. 请仔细阅读《GQ智族》记者雷晓宇在 2012 年所写的商业人物报道《诗人与银行家的对决》，然后思考：这篇报道为何写得好看？文中有哪些细节让你觉得可能超出了新闻报道的范畴？你喜欢这些细节与写法吗？

第四部分

突发事件报道与时政报道

PART FOUR

CHAPTER 7
第七章

让突发事件报道更从容：落点与角度

> **摘　要**
>
> 　　以最快速度抵达现场并对突发事件进行独家报道一直是传媒机构追求的境界。但在本章，我们将阐述两个问题：第一，在报道落点上，第一时间点未必是最好的；第二，报道的角度很重要，它既体现了记者的专业水平，也体现了媒体机构的风格与智慧。

前言

在日益激烈的新闻竞争中,如果你是个性格内敛的慢性子,你会成为一名出色的记者吗?在这一章,我们将告诉你:这是可能的。如果动作足够快,那么你有可能抢占第一传播点,如果你的动作不够快,但做得很精细,你也能写出非常棒的报道。

> **课前提问**
>
> - 回想你读过的突发事件报道,印象最深的报道是哪一篇?为什么它更吸引人、更深入?

第一节　突发事件报道的现状与改进

按照学者的定义,突发事件新闻,就是"报道难以预测或未能预测而突然发生的事件的新闻,包括政治性突发事件、涉外突发事件、自然灾害类突发事件、灾难性事故、经济突发事件以及国际性突发事件等。"[1]

突发事件报道,是新闻生产中最为常见的题材。然而,突发性新闻事件往往引起公众高度的关注,媒体一拥而上,在仓促的新闻生产流程当中,不少媒体出现了实践上的不足,比如,无法提供重要新闻要素、内容重复,甚至报道失实等。

那么,如何在突发性事件的报道中保持理性,并凸显自己的专业水准呢?本章将介绍落点、角度等概念,希望你能从中体会到如何让突发事件报道更加从容、视野更为开阔,并呈现更多的深度。如果以此为着力点,我们便能扩大对新闻的认识和操作空间。

具体而言,我们将阐述两个问题:第一,在报道落点上,第一时间点未必是最好的;第二,新闻面临多种叙述可能,这取决于报道的角度,因此角度的选取非常重要。

事实上,在一个自媒体时代,记者越来越难以在速度上抢先,操作的细致与巧妙则变得更为重要。

记者的个人特质与风格,在一定程度上决定了他对报道落点与角度的选择,以及对新闻内涵的呈现。除了记者的个人风格外,还有新闻生产过程中更为复杂的因素,比如,你所供职的媒体机构——微信公众号、新闻客户端、门户网站、日报、周报、双周刊或是月刊,不同的媒体形态会有不同的选择。

总体而言,在具体的突发事件报道过程中,你应综合考虑媒体的形态、自身的特质、同行的报道以及受众的需求等情况,明确报道的落点,选择合适的角度,并在报道中呈现丰富的内涵。

---

[1] 徐学江:《提高突发事件报道总体水平的关键》,载《中国记者》,2000(2):4~6。

第二节　突发事件的报道落点

以最快速度报道独家新闻,一直是传媒机构最为重要的战役。但在今天,独家新闻已很难出现,以信息提供见长的硬新闻模式也将逐渐失去价值。当我们打开手机,就会收到各种新闻推送,你的新闻客户端甚至会根据你的阅读偏好推荐相关的信息,但我们可能并不会认真阅读,因为它们通常只经过非常简单、原始、浅层次的信息处理,这样的信息处理方式逐渐变得没有价值。所以,我们可以在报道的落点上灵活调整,从而拓展原有强调时效与基本新闻要素的报道模式,生产出故事链条更为舒展的突发事件报道。

一、什么是报道落点?

如果我们将同一个选题的新闻生产视为记者群体对事实的真相与肌理的不懈探寻——不断地挖掘和整合细节以呈现丰富的新闻事实,那么,每一篇报道都可以理解为探寻之路的一块指示牌,你借助前人的努力走到这里,并给予后人以启示。在进行新闻报道的时候,你需要明确你所处的位置以及你的报道落点。

那么,什么是"报道落点"呢?我们可以将其理解为"新闻报道呈现核心新闻事实的时空距离和景别选择"。

新闻报道的落点与新闻事件的发展紧密相连。一般而言,可分为三个落点。

第一个落点(近景):对于新闻事件本身的报道。在某种程度上,第一落点的报道提供的是基本的新闻元素。在新闻体裁上,它往往对应着硬新闻和5W模式的报道。

第二个落点(中景):对于新闻事件的深度挖掘,提供更丰富、更有层次感的信息和故事。在体裁上,第二落点常常对应新闻特写或调查性报道。具体而言,你可以聚焦于重要的新闻场景或新闻人物进行细致的特写报道,或者梳理事件背景及其内涵,从而呈现事实的来龙去脉和利益格局。

第三个落点(远景):对于新闻事件的解释、预测,或者通过联想其他相似案例进行集纳式地报道,再或者,寻找一个更为宏观、抽象的主题,将新闻事件拓展为某种社会现象或问题。通常而言,第三落点的报道较多表现为解释性报道或专题报道的形式。

一个好的记者或一个好的媒体机构,往往能够根据故事链条的延展方向、时间限制、人力资源以及其他各种条件,对报道落点作出有利的选择。

事实上,很多具有专业精神的媒体机构,都倾向于在新闻的第二、甚至第三落点上发力,比如,《财新》《南方周末》《南方人物周刊》等。在创刊初期,《南方人物周刊》是半月刊,基本上可以很从容选择自己的报道议题与操作方式,但后来调整为周刊,记者们的工作压力陡增,因为不得不更多在新闻时效上与其他媒体机构形成竞争。

接下来我们将结合案例来探讨这三个落点。[①]

[①] 梅尔文·门彻对于新闻事实真相分为三个层次:第一层次,新闻发布稿、新闻发布会;第二层次,证实性材料、背景;第三层次,重要性、影响、分析与解释。这一划分与本书对于"新闻落点"的阐释有相通之处。参见梅尔文·门彻:《新闻报道与写作》(第9版),(展江 主译),274页,北京,华夏出版社,2003。

二、如何选择报道的落点

> 案例:"厦门PX事件"报道

"厦门PX事件"发生于2007年,被认为是"公众参与的时代标本"。为方便讨论,我们可以将"PX项目"简单理解为一个化工项目。让我们先回到事件发生的具体语境:厦门是一座美丽的城市,以干净、文明、适宜旅游而著称,多次被评为中国乃至国际宜居城市。然而在2007年,厦门海沧区准备建设一个PX项目的消息不胫而走。据悉,该项目投资上百亿。若项目建成,将为地方经济带来诸多好处,但也有很多居民担忧它会给厦门的居住环境和旅游资源带来明显的破坏。

当地的精英阶层敏锐地察觉到此事。一群大学教师和政协委员在"两会"期间提出议案,认为该项目对厦门影响深远,须从长计议。随着消息的不断扩散,行动的主体也逐渐由精英阶层扩大至普通民众。的确,对于那些迁居厦门,通过辛勤工作买上房子的业主而言,他们无法想象不久之后在自家门前将建立起一个化工项目。业主们十分不满,但他们采取了一种温和而理性的表达——一起走上街头"散步"。

如果回到当时,你是一名记者,被编辑部派去报道这一突发性事件,你会怎么做呢?

作为一名新人,你精力充沛,干劲十足,没准你拎起旅行包就往现场赶,先采访一通再说。显然这是一个积极而迅捷的反应,值得肯定,因为即时拿到第一手信息很有必要,能使你所供职的媒体在同题竞争中占据优势。在此基础上,你可以着力于第一落点,报道事件的基本新闻要素。

可是,你需要考虑的是,现场肯定有不少记者,大家对新闻要素的报道并不会有多少差别。而且,随着民众权利意识的觉醒,维权事件越来越多,当反复进行这样的新闻报道时,你会发现由此产生的新闻作品的独特性和区分度将越来越弱。尽管我们并不认为一名记者在做任何报道前都要把几个落点拿出来区分比较,但在到现场前,多一点的思考和规划将很有助益。

让我们先考虑第一落点:什么是基本的新闻要素?什么是核心现场与核心新闻事实?有什么重要的新闻发布会需要参加吗?哪些信源能为你提供有用的事实和细节?你如何找到他们?如你所知,新闻报道常常是与时间赛跑。当你接到选题之后,你很可能只有两天的采写时间。如果你盲目地把所有人采访一遍,既浪费时间,也容易迷失。

现在,把目光放到第二个落点上,这是与新闻核心事实拉开一定距离的落点,相当于一个"中景"镜头。例如,你也许会想到关于厦门区域发展与定位的问题。最初定位为化工区的厦门海沧区,为何会发展出很多的中产阶级小区?或者,在建立了中产阶级社区之后,为何又要引进大型化工厂?这背后的根源和利益格局是什么?厦门人在处理"PX项目"时有何特点?或者,你也可以聚焦于其中的多位重要人物进行新闻特写报道,并挖掘事件背后的人物故事。

接下来,让我们把镜头推向"远景",考虑第三个落点。从地点上入手,近来是否有其他城市出现了类似的事件?各个城市对待"PX项目"的态度是否一致?从主题入手,中国城市公共治理面临着怎样的危机?我们是不是可以就此现象做成专题呢?又如,从时间入手,回到厦门的历史坐标上,它过去如何对待环境?近来有何转变?如果从新厦门人的个人奋斗史入手,结合城市的环境变化史,没准是个感人的故事。在这种互动中,你还将发现一种"城市认同"的产生——"新厦门人"辛苦奋斗买了房子,却遭遇"PX项目",生活环境受到挑战,需要共同解决,这个过程中认同感就会重新激发起来。当然,第三落点的报道往往与核心事实离得较远。

综上,我们发现三个落点的可操作性。

- 第一落点:事件的核心新闻要素
- 第二落点:问题根源的调查,或者互动各方的细节与特写
- 第三落点:从纵向和横向两个方面观察事件,对其进行解释和预测,或者进行主题挖掘

以上,我们以"厦门PX事件"为例分析了三个落点的内涵与操作。你会发现,只从第一落点出发,容易重复和缺乏深度,从更远的落点出发,则可能偏离核心事件而有失聚焦。事实上,在现实操作中,很多媒体往往是将几个落点结合起来,这便形成了报道的层次感。新闻落点好似相机镜头,时而拉远,时而拉近,可以让读者看到全部的景象。

还以"厦门PX事件"为例,第二落点是一个比较恰当的中景镜头——这些人为什么去厦门买房子?买房子多久后出现了"PX项目"?面临"PX项目"所带来的问题他们怎么解决?这个落点的选择使得故事链条与核心新闻事实扣得更为紧密。这个时候,通过镜头的伸缩,就可以把处于第一落点的新闻事件和处于第三落点的"城市公共治理挑战"或"新厦门人奋斗"结合进来。这时,整个文章就既贴近新闻事实,又具有纵深感和感染力。

● **案例:"马航事件"报道**

2014年3月8日,马来西亚航空公司MH370号航班在执行由吉隆坡飞往北京的航线途中失去联系,客机上载有的乘客中包含154名中国人(中国大陆153人,中国台湾1人)。

如果你在第一落点切入"马航事件"的报道,会着重搜寻什么信息?你看重的基本新闻元素会是什么?

你可能会想到,通过马航、相关机构、专业网站和专家等了解事件的各种重要信息,比如,乘客数据、失联大致时间和地点、气候情况、航空公司和相关政府部门的第一回应、家属的诉求和行动、调查工作和搜救工作由谁负责以及如何着手,等等。

但如果你来自一个强调深度报道的媒体,比如,你是《南方人物周刊》的一名记者,在人手不足、报道时间紧迫的情况下,会选择什么落点来呈现这起灾难?

本书作者林珊珊参与了这个选题。"在讨论选题时,杂志社的记者、编辑们发现了当天中午视野所及中最有张力、可操作性较强的选题:MH370航班上的84号乘客买买提江——他是一名新疆画家,可公布名单的时候被国家电视台打上了马赛克。这被视为一

段时间以来民族关系出现紧张的表征之一"。① 于是,《南方人物周刊》编辑部请一名同事第一时间赶往现场找寻第一落点,她则负责"特写"失联的新疆乘客买买提江——将他放回到更宏观的背景当中,既呈现他的故事,也呈现新疆的故事。由于选择了不同的落点以及不同的新闻体裁,林珊珊写出了一篇有差异性的报道,获得了非常好的传播效果。

《第 84 号乘客》(节选)

记者:林珊珊,实习记者:申文静、石慧,载《南方人物周刊》,2014(8)

  3 月 7 日 23 点,登上 MH370 航班前,买买提江·阿布拉给米尔艾合买提·尼亚孜去电:"还好吗?""我们都在学校里,等你回来。"MH370 并没有如时抵达。随后消息传来:飞机失去联系。电视报道乘客名单时,84 号乘客名字被打上了马赛克。人们纷纷猜测,第 84 号乘客是谁?

一

  在首都机场等待肉孜阿洪时,衣马木艾山江话很少,手里一直握着两个裹在透明袋中的玉米棒,这两天他觉得像是做梦一样。

  肉孜阿洪是他的好朋友买买提江·阿布拉的哥哥。飞机接近 22 点才抵达,可他两个小时前就站在这儿了。前一天,他也像这样守候在机场,却没有等到买买提江。朋友米尔艾合买提告诉他,飞机失联了。"失去联系?别开玩笑。""是真的!"米尔艾合买提去搜名单,并没有看到买买提江的名字。他又查看生日栏,是一位 84 号乘客。

  衣马木艾山江一直低头刷手机,他很困惑:一会儿说降落,一会儿说坠毁,一会儿发现油污残骸,一会儿又否定,一会儿冒出几个假护照,一会儿又有家属发现手机打通了。至于遭遇恐怖袭击的揣测,更是纷纷扬扬。他有时茫然抬起头:"现代科技这么发达,却找不到一架飞机?"

  肉孜阿洪几乎不会说汉语,他戴顶民族帽,望着车窗外,但并不具体看什么。在丽都酒店二楼,家属们正在安静地等待办理护照,经过一天情绪动荡,暂时投入眼下细碎的事情和目标中:井然有序地被安排着填表、签字、排队上车前往出入境管理部门。肉孜阿洪默默随大家办完这一切,尽管他并不知道去马来西亚做些什么。

  ……

三

  如果不是失去联系,买买提江将成为库尔班江第 18 个拍摄对象。

  库尔班江是中央电视台一名摄像师,几年前在喀什的一家画廊里遇见了买买提江,此后便成了朋友。3 月 2 日,买买提江飞往马来西亚时,库尔班江本想去送他,可 3 月 1 日晚上的"昆明事件",让他低落到极点,第二天整个人都瘫在家里,"新疆人"又得背这大黑锅了,他想。

  我约库尔班江在咖啡馆见面,他是个时尚帅气的年轻人,显得有些激动。他说看到买买提江的名字在央视的名单中被遮住时,他保持了冷静,随后发了几条微博,说 84 号买买提江是新疆著名的年轻画家,并贴出他的画作《我的故乡》。

---

① 林珊珊:《马航事件中,作为一名人物记者……》,载《南方传媒研究 47》,广州,南方日报出版社,2014。

库尔班江对故乡很热爱。他从前在和田做生意,后来又到中国传媒大学旁听了4年课,拍起纪录片。在经历种种不便之后,他觉得自己应该放下"沉重的民族包袱",去做沟通的桥梁。

……

去年从美国回来后,他开始了拍摄计划——《我从新疆来》,拍了各行各业的人。他向我展示已经完成的17个拍摄对象:厨师、学者、音乐人、信奉伊斯兰教的汉人……第18个是买买提江,一位沉浸在绘画世界的维吾尔族青年。

3月8号下午谣言乱飞,84号的波折最终也消逝在混乱与震荡中。库尔班江焦灼地等待消息,没想收到网友的道歉:对不起,我刚看到这个名字,就联想到恐怖事件、恐怖分子,我感到自己特别愚蠢,非常对不起。

……

如果说,这篇报道属于第二落点中的"特写",那么,第三落点的报道可以是什么?

你可能会想到,可以梳理历史上的失联案例,或者拉开一定的时间距离再来呈现搜救工作进展等,这都是不错的方式。事实上,在当年年底,《南方人物周刊》以"年度回访"的方式再次报道事件当事人,详细地讲述了一些失联乘客亲友的故事,报道名为:《MH370失联,这不是讲故事,这就是我们的生活》。这也是第三落点的一种处理方式。当然,你一定还可以想到另外的方式。

某种程度上,不同媒体形态对同一新闻的落点选择是极为不同的,出版周期越长,新闻落点选择的可能性就越多。当然,一些出版周期短的媒体,可能采用连续多篇报道的方式,逐步推进。

值得一提的是,每一个新闻事件的事实结构常常是盘根错节的,你有时很难将某个报道角度清晰地归为第几落点。但不管怎样,树立落点意识有助于开拓思维。

第三节　突发事件的报道角度

一、什么是报道角度

报道角度是指记者处理一个新闻事件的焦点或视角。这类似于新闻传播学研究中"框架"(Frame)的意思。常见的报道角度包括如下:强调民众诉求和利益表达的公众角度;凸显政府反应、运作与治理的时政角度;着眼于商业利益逻辑的经济角度;聚焦于具体流程和指标的技术角度;诉诸宏观社会心理与精神的文化角度等。

一个新闻往往朝多个角度开放,即使在同样的新闻落点,也可以有截然不同的报道角度。因此,记者对报道角度应该有相应的判断和思考。

- 案例:"厦门PX事件"报道

报道角度与前面讨论的新闻落点存在着紧密的关联。比方说,同样是在第一落点报道"厦门PX事件",《南方都市报》和《人民日报》的角度是不一样的,前者会更多强调民众反应,而后者则侧重政府态度。同为第二落点,《南方周末》探究的是良性公共决策如何形成,属于时政角度;《经济观察报》则可能会侧重其中的商业逻辑与危机公关,属于经济角度。此外,不少媒体可能都选择第三落点,但角度也各不相同。例如,从公众角度关注多个城市的反对"PX项目"事件、正在崛起的都市中产阶级的权益意识和利益表达方式等;或者,从时政角度出发报道城市公共治理方式的创新等。

> 面对"PX"事件,各大媒体可能的报道角度有哪些?
> - 公众角度
>   《南方都市报》:民众反应
>   《中国新闻周刊》:都市中产阶级的权益意识觉醒
> - 时政角度
>   《人民日报》:政府态度
>   《南方周末》:公众参与和良性公共政策
>   《财经》:城市公共治理创新
> - 经济角度
>   《经济观察报》:商业逻辑与危机公关

报道角度决定了新闻操作的方式。如果选择经济角度切入"PX"事件,那你不一定要跑到现场去找业主,而可以着力突破企业方、其生产链条的上下游、危机公关公司或专家,或研究当地城市经济、区域经济的专家等。

那么,《南方人物周刊》在当时又是怎么操作的呢?事实上,关于"厦门PX"事件,《南方人物周刊》介入报道已是2007年年底了,准备将其做成"年度人物"。当时已经过了事件的高峰期,因而需要一个更有整体性的报道角度。

本书作者曾繁旭跟同事蒋志高前往现场报道,他们选择的是公众角度——"厦门PX"事件当中的众生相及其互动逻辑。这是主要属于第二落点的一个故事——虽然讨论宏大的主题,但聚焦于各方人物的特写(参见《厦门市民与PX的PK战》,作者:曾繁旭、蒋志高,载《南方人物周刊》,2008年第1期)。

大部分新闻人很容易为"厦门人"的利益表达方式感到振奋,于是很快给它扣上大帽子,欢呼这是"中国公民社会的雏形",并给予了诸多褒奖。然而,根据对项目和实际情境的理解,他们觉得事实或许更为复杂——当地的公民社会未必发达,当地政府未必十分开明,甚至也不能一味歌颂当地民众的勇敢,值得关注的可能是不同社会角色、不同政府层级、不同商业机构、不同区域民众之间的张力。为此,他们从人物的角度切入,分别采访了学者、公益组织、民间行动者和政府官员等,试图还原整个事件中的公众互动过程。

为了解厦门公民社会发展的程度,他们访问了厦门的NGO组织,后来发现当地NGO组织非常弱小。如果说这个城市的公民意识已很发达,为什么民间组织尚如此弱小呢?他们又去采访学者,请学者们介绍了厦门的地域文化特征。所幸厦门大学有相对开放的精神,允许老师们去参与、发出声音。不仅如此,他们还讲述了地方精英背后的复杂故事。通过探究不同人物背后的利益博弈,他们力图还原事件的丰富内涵。

《厦门市民与 PX 的 PK 战》（节选）

记者：曾繁旭、蒋志高，载《南方人物周刊》，2008(1)

……

马天南的尴尬

马天南曾经开过公司，当过企业顾问，后来决心用两年时间尝试在厦门做一个环保 NGO，那是 1999 年。"经过百折千回"，2007 年 8 月绿十字组织终于在民政部注册。但她所努力要去"推动"的厦门市民，这几个月来一直在骂她，因为她发表了"三不政策"：对散步"不支持，不反对，不组织"。

马天南解释，选择这个立场，是因为 PX 项目涉及太多领域的知识和利益关系，感到自己难以把握，所以，当媒体让她表态时，她始终拒绝。

"如果我仅仅是个人，我很愿意表态，但我代表了我的组织绿十字，这个时候我不能说，我希望这个组织生存下去。"马天南说。

……

2007 年 3 月的"两会"上，赵玉芬院士联合其他 104 位全国政协委员提出了"关于厦门海沧 PX 项目迁址建议的议案"。马天南把《中国青年报》对此事的报道转贴到自己的网站，两天后，她接到有关部门打来的电话，让她把报道撤下来。

"我转载的并不是地摊小报，而是《中国青年报》这样全国性的大报纸。"马天南辩解。

"你的网站还没有注册，我们可以随时把它关了。"对方回应。

"全国有那么多没有注册的网站，为什么偏偏关我的？"

"你必须撤下来，否则就把你网站关了。"

马天南只能照办，之后在论坛上出现任何关于 PX 项目的帖子，她都删除，超过 24 小时不删除就会给自己带来麻烦。

6 月 1 日之前，马天南的手机里收到了好多请她上街的短信，业主们也在 QQ 群里面讨论散步的事情。马天南劝告大家，千万不能去，"那是违法的"。她还告诉绿十字的成员："你们要上街也可以，但不要穿绿十字的衣服，你只能代表你自己。"

……

马天南的谨慎不是没有道理。她告诉记者，绿十字能够在今年 8 月份在民政局注册，跟他们在"PX 事件"中的谨慎有关。

在她的描述中，厦门的 NGO（非政府组织）环境很差，发展起来的草根组织极少。她并不认为，这次非常理性的公众参与，是因为厦门已经发展起了成熟的公民社会组织。

"我们非常困难，用了八九年的时间才解决了合法性的问题。在经费方面，几个筹款的渠道都被堵住了，地方政府没有支持，一些大基金会在福建也没有工作领域，目前就是跟一些全国性的非政府组织合作，成为它们在福建的合作方，但这样的资金来源极少。企业是我们最重要的支持方。"

"福建的公民社会是一个被遗忘的角落。"马天南感慨。

……

《南方周末》后来也将"厦门人"列为年度人物,相对来说是更为宏观的报道角度,热情地讴歌了"厦门PX"事件表现出来的公共协商精神,并强调其对于转型中国的启示意义。同样是"年度人物"策划,《南方人物周刊》与《南方周末》选择的报道角度有着明显的区别,采取的故事编织方式也非常不同。

二、报道角度为何重要?

当进入媒体之后,你会发现新闻题材经常重复,并且媒体之间时常面临同题竞争,而你既不能回避,也不能丢分。报道角度的选择,在此时显得尤为重要,因为它体现了一个记者的水平。不仅如此,报道角度也决定了一家媒体能否提供与众不同的解读方式、表达风格以及价值观。

从某种程度上来说,媒体销售的不仅仅是信息。例如,《财新》杂志销售自己的权威、理性和信息开掘能力;《新周刊》销售自己的态度;《南方人物周刊》销售自己的深情和关怀。以房地产界的潘石屹为例,如果你想理解他的商业模式及他对项目风险、资金链条的把控,可以看《财新》;如果你想了解他的建筑与一座城市的关联,可以看《新周刊》;如果想阅读他和那一代房地产商的命运,则可以选择《南方人物周刊》。当然,当今的新媒体机构会更加凸显自己的态度与个性,这在相当程度上正是通过报道角度的选择来完成的。

更进一步讲,报道角度的变革一定程度上反映了新闻生产的变革。在某个特定阶段,媒体对某些议题的报道会采取相近的模式并不断重复,之后便会有所突破,并形成新的报道角度。

三、如何选择报道角度?

> **案例:陕西"表"哥**

这是一则简单的新闻:陕西安监局局长杨达才在处理车祸现场时面露笑容。此时,一名记者在现场拍照,不经意间把微笑着的杨达才也拍了进去。经网友发现后,微笑照片便很快在网上流传开来。网友们自发人肉搜索,找到了他戴各种名表的照片,一时群情激奋。期间杨达才接受微访谈,公布自己的手表数量,但很快被网友识破谎言,引起新的舆论批判。不久,纪委介入,杨达才被调查和"双规"。

对于这则持续了几天的网络热点新闻,大多数日报每天都在跟进报道。作为一名深度报道记者,你会选择什么样的报道角度呢?

当时本书作者林珊珊遇到同样的问题——编辑部希望跟进报道,并要求在三四天内操作出来。但是既有的报道已经不少,如何找到新的角度呢?以下是几种有可能切入的报道角度。

(一)人物调查的角度

这是一个常规的角度:他是个什么样的官员?他平时工作状态怎样?他是个麻木的官员吗?他是一个贪官吗?我们随即通过微博和电话联系杨达才,但都没有回应。离截稿时间仅有三四天,此时到当地进行外围调查难度也极大,实现的可能性很低。

(二)官员危机公关的角度

例如,杨达才是少见的在受网友质疑时主动接受媒体访谈的官员,这在当时为他赢得了一些肯定,为此,或许可以考虑做一个关于"官员公关危机应对"的专题。但总体来说,这个角度并不新颖,如果当事人不接受采访,新闻价值也不太大。

(三)官员的奢侈品角度

"表"是这起新闻事件中的一个要素。是不是可以借此来谈谈官员的奢侈品呢?官员喜欢什么奢侈品?是否有针对官员的奢侈品市场?这样的新闻对他们造成了什么影响?如何看待官员拥有奢侈品这种现象?这是一个比较软性的处理方式,离核心新闻事件也比较远。

(四)网络舆论的角度

这是一起极具代表性和戏剧性的网络事件:车祸、官员、民愤、偶然性、短时间里的跌宕起伏。最终,本书作者林珊珊根据杂志定位和现实条件选择了以讲故事的方式还原"搜索"事件中每一个人的网络角色和现实角色的角度,探究其中的社会情绪和世道人心,报道的标题是《"搜索"杨达才》。[①]

作者采访了在事故现场的记者(尽可能还原当时的气氛变化及官员"微笑"的背景)、拍下微笑照片的记者(你会发现,照片的呈现效果与真实背景存有出入,其中包含误读的成分和偶然的戏剧性)、第一个在微博上发布"微笑"照片的网友(他如何发现这张照片?他为什么传上网?他的情绪是什么?他为什么有这样的情绪?和他的现实生活的关联是什么?他平时在网上表现怎样?为什么会这样表现?他如何看待这件事的发展?)、作为关键节点的搜索者、传播者、鉴表者(关键节点将涉及一些意见领袖和专业人士,他们的逻辑、角色、情绪、诉求又是怎么样的?)、要求官员财产公开的大学生。此外,作者还需要尽可能多地寻找杨达才的个人信息,以接近他的真实面貌,并将他的个人命运与网络搜索进行衔接,以便观察人物命运变幻的偶然和必然。

这一报道的处理角度,主要属于第二落点。它对这起网络事件进行细致的梳理和描述,展现了事件中所有角色的情绪、心态、命运和价值观,他们构成了一个真实网络世界的切面,进而回应网络舆论这一主题。事实上,如果时间充裕,应该围绕"网络舆论"这个主题进行第三落点的充分展开。因为这一角度更有价值,它指向了令人深思的网络舆论问题——有人给予网络很高的评价,认为"围观改变中国";有人则担心它的暴力和盲目。但它是如何运作的?它背后的社会现实是怎样的?我们的现有报道试图将事件—网络—现实三个维度勾连起来呈现给读者。如果按照第三落点的操作,这则网络事件只是一个叙事线索,它所串起来的是背后各式网民及意见领袖的生活逻辑、社会情绪与价值指向。通

[①] 林珊珊、李玲利:《"搜索"杨达才》,载《南方人物周刊》,2012(31)。

过这起事件,普通百姓、官员、知识分子、广告商等各种无形的力量交织在一起,构成一个现实系统的投影。

以上是《南方人物周刊》记者对此次报道如何选择角度的思考。如果是你,会从什么角度切入呢?

《"搜索"杨达才》(节选)

记者:林珊珊,实习记者:李玲利,载《南方人物周刊》,2012(31)

8月26日凌晨2点多,陕西延安境内的包茂高速公路上,一辆双层卧铺客车和一辆装有甲醇的罐车追尾,大火燃起。

《华商报》记者王晓亮赶到现场时,还不到4点钟。车上的大火已经扑灭了,路边还有小火在燃烧,空气间弥漫着烧焦的味道,现场忙碌而肃静。只有十分必要的时候,他们才凑到跟前压低声音开口。

王晓亮记得,从5时10分清理出第一具尸体开始,现场气氛压抑到极点。很多尸体都烧成一米多长,有的粘连成一片。原先预备的28个裹尸袋不够,又返回城里取。直到7时59分,才将尸体清理完毕,运走。

接近中午的时候,王晓亮看到,现场涌入了100多人,有各级领导和记者,各干各的活,现场突然喧闹嘈杂起来。

陕西省安监局局长杨达才站在罐车车头一侧,几名官员围绕在身边。后来,他对现场一名记者描述,当时,他正在听交警汇报,突然听到对方用陕北话说了句"一满球烧光了",一下被惹笑了。

不久后,他又对网友们解释,因为现场气氛很压抑,他想让汇报的基层同志放松放松,一不留神,神情上有些放松。

不管如何,在特大车祸的现场,安监局局长杨达才笑了。

这时,新华社记者在宣传部门许可的范围内,站在罐车后方,举起相机,拍下忙碌的交警。有些逆光,记者并没注意到一边的杨达才。而后者也不知道,自己绽放的笑容,被永恒地定格在了相片的一角。

微笑的灾难

下午4点左右,网友"@JadeCong"坐在电脑前浏览网易发布的事故报道——这位被CCTV培养了看新闻习惯的"60后",早在10多年前就改用网络的方式关注社会了。浏览到现场图片专辑第16张时,他捕捉到一个奇异的表情。于是下载放大,竟看到了清晰的笑脸。"丝毫不尊重死难者!"他愤怒地想着,随后截图,上微博,"得让大家看看这丑陋的嘴脸"。文字说明:事故现场官员满面笑容,情绪稳定——延安市境内的包茂高速公路发生卧铺客车与罐车追尾事故,致36人死亡。

微博发送于16:35,一个小时后,一些大V关注上了,转发量暴增。伴随着"36人遇难"与"家属情绪稳定"说辞的传播,网友的愤怒也在对"微笑照片"的转发中蔓延。

——在笑什么?"没过37没事!"

——发财的机会来了

——看他那草包的肚子,装了些什么?这个家伙是哪个提拔的,从源头上抓起!
……

这条微博被转发6000多次,并以各种形式被转载到网络世界的各个角落,人肉结果很快也出来了。"@JadeCong"从陕西网友那得知官员的身份,但他并没有将之公布。他那时还不知道局长的手表,也隐隐想着,笑容也许只是百分之一的瞬间。

"@作家天佑——"是较早宣扬人肉结果的ID之一。当他看到微笑截图,第一反应是,"这官员丧失了人性"。发出"闻着烧焦的尸体的味道还能笑得这么灿烂,心脏真强大"的微评不久,作为一个"粉丝质量很高"的ID,"@作家天佑——"收到了网友私信:"此人是陕西省安监局局长杨达才。"

花了五六分钟搜索确认身份,"@作家天佑——"终于理解微笑的内涵,"车辆不是陕西的,他没啥责任。加上安监局局长权力很大,处理好就能发财"。他还注意到,"杨达才在安康市当市长时毛病不少"。经过几秒斟酌,他决定发博只强调其局长的身份,因为"冲突更大",而且,根据他的经验,"不能给网友太多信息,不然会分散注意力"。

26日晚上9点多,他宣传了人肉结果,半个小时即转发数千次。这样的引爆似乎是在天佑的预料中。接受本刊记者采访时,他侃侃谈起从前的成功案例。比方说,在去年的动车事件中,他就抓住了处理事故的官员去香格里拉吃饭的细节。

"很有可能喝了茅台,他们不应在事故现场吃盒饭吗?"他愤怒地说。正是抓住了这一情绪,事件很快轰动。几次推进新闻引爆后,他的粉丝一度飙升到12万,"但最终被封了。"他心痛地说。现在,天佑有3个微博同时运转,时不时推波助澜。他总结:"角度很重要。这就是为什么一些新闻热点能在我这传播起来,这就是一个作家的直觉。"

以上是网络一角。这个晚上,论坛、贴吧或是微博,大V小V和不加V活跃在局长的微笑中。
……

小　结

想要成为一名好记者,你应该对新闻落点和报道角度逐渐形成更加敏感的判断,这将会帮助你写出与众不同的报道,也决定你如何搜集材料,如何确定你的信源,以及如何展开采访。

总体而言,在一场关于突发事件的报道竞争中,你需要更了解自己的媒体,了解新闻发展的链条,从而选择最有利的落点。当你寻找新的角度时,你应试着还原事件,将其拆分成不同要素;如果所有的要素都已穷尽报道,不妨将要素进行组合,新的角度或许由此产生。

随着低层次的新闻竞争逐渐走向尽头,媒体业将会更加重视高品质、专业化的新闻内容,你应该提前为此做好准备。

【课后习题】

1. 2018年中国多家网络融资平台先后出现资金链断裂以及无法偿还欠款的情况。设想你分别是《财新》和《南方人物周刊》的记者，你会如何根据媒体的特点选择报道的落点和角度？请列出你的选择和考虑。

2. 山东青年冀中星家境贫困，2005年在东莞打工期间被治安员殴打致残。日后家人多次上访，未得到合理赔付。2013年7月20日，冀中星坐着轮椅来到首都机场，并在航站楼出口外引爆自制爆炸装置。爆炸未造成周围人员伤亡，但其本人受伤。如果你为此写一篇报道，如何突破简单的新闻要素，为事件及其背后的社会问题提供深入的理解？

CHAPTER 8
第八章

让时政报道更深入：路径的选择

> **摘　要**
>
> 　　传统的中国时政报道倚重于宣传模式，内容较为单一乏味，与公众缺少连接点。本章将从国家仪式报道、官员报道以及热点时政事件报道三种路径切入，探求时政报道的改进方式。

前言

学者刘海贵教授将时政新闻定义为"时事政治类新闻",其中包括了"政治新闻""外事新闻""会议新闻""军事新闻"等重要类别。窄义来看,时政新闻又常常被理解为"政治新闻",主要指的是"以国家方针政策贯彻执行过程和领导层的重要公务活动为报道范围的新闻体裁"。[①] 而广义来看,时政报道则涵盖了政党、社会集团、社会势力在处理国家生活和国际关系方面的方针、政策与活动。[②] 时政报道的主要目的,在于促进政治信息在官方与民间的双向流动,推动卓有成效的政治沟通,以及完善公共政策的制定。

长期以来,中国的时政报道以传统的宣传为主,题材相对单一,报道方式与话语也较为枯燥。这一现象随着《中国新闻周刊》《南方周末》《财新》《看天下》以及后期的《壹读》等传媒机构对时政报道领域的探索而逐渐发生改变。这些具有鲜明市场化特征的媒体机构,努力拓展时政报道的题材,并以相对生动深入的方式进行故事讲述,从而获得了市场的欢迎。近年来,传统党报也开设相关的微信公众号,专门从事时政新闻报道,比如,《侠客岛》《长安街知事》等,进一步改变了时政新闻报道的语态,使其具有了轻松化、娱乐化的特征。

总体而言,现有的时政报道已经得到了明显的改善,但仍然存在过度意识形态化、与公众缺乏连接点、缺乏故事性等问题。在时政报道越来越受到重视的语境下,这个领域的报道仍有提升空间。本章将探讨媒体机构应该如何报道国家仪式、官员以及热点时政事件,从而为公众生产出有深度、有价值、有故事的时政新闻。

第一节 如何报道国家仪式

在国家政治生活中常有一些仪式性事件,比如,每年召开的"两会"、国庆庆典活动、大型国际赛事(如奥运会)以及国家重要政策制定等。这些时政新闻往往十分重要,但却常常由于媒体机构简单枯燥的操作方式,收不到预期的传播效果。在这部分,我们主要以"两会"报道与重大国际体育赛事为例,探讨国家仪式性事件的报道路径。

一、立足公众视角,寻找连接点

事实上,当前不少有关"两会"的时政报道都非常抽象、宏大,甚至空泛,叙述视角也接近于自上而下的政策介绍与工作思路总结,民众难以产生兴趣,也找不到报道与自己生活的关联。

那么,应该如何寻找仪式性政治事件与公众的连接点呢?这里要强调的是,媒体应该从公众视角或者说民生视角出发来报道时政新闻,要紧扣公众的焦虑、困难与期望,追问时政事件对公众生活的影响,从而让公众产生好奇心和关切。换言之,寻找连接点就是要凸显政策话语中的关键内容,并将其转换为公众话语,帮助公众形成关注点的聚焦。

[①] 刘海贵:《新闻采访写作新编》,259~274 页,上海,复旦大学出版社,2004。
[②] 百度百科词条"时政新闻",http://baike.baidu.com/view/1244365.htm。

以《南方周末》的一则"两会"报道为例。《南方周末》《民生23度》栏目的报道《总理报告提到六件直接影响你的民生事》从就业、户口、收入、住房、医疗等与民生密切相关的内容切入，展开报道。报道以疑问句作为小标题，表达了公众的关切。比如，"我会不会失业？""我仍然北漂广漂？""我离城里人有多远？""公租房，我有份吗？""我的工资能不能跑赢房价？""我能否放心看病？"等。在每个部分，都由"报告""解读"和"点评"三部分组成。其中，"报告"部分摘录总理报告中的原始内容；"解读"部分结合对相关信源的采访，对报告内容进行更为详尽的说明；而"点评"部分则是对该部分内容的简单短评。

请看以下这段关于住房政策的部分——"公租房，我有份吗？"：

《总理报告提到六件直接影响你的民生事》（节选）

载于《南方周末》微信公众号"民生23度"，2015-03-14

"公租房，我有份吗？"

报告：保障逐步实行实物保障与货币补贴并举，把一些存量房转为公租房和安置房。

解读：国务院发展研究中心市场经济研究所副所长王薇认为，当前房地产市场总体而言住宅过剩，供大于求，随着城市化推进，外来人口大量来到城市，而绝大部分人买不起房子，因此多数城市的租赁市场潜力很大。

在部分大城市，已有存量房转为公租房的试点。2013年，上海市便在长宁、嘉定两区试行政府代租存量房源来扩大公租房供应量。

王薇认为，存量房转为公租房和安置房，弥补了政府自身保障性住房建设供给不足的问题，避免了政府不必要的投入，既消化房地产市场库存，还能"花小钱办大事"。更为重要的是，从政策面出台这一措施，为无房的外来务工者、大学毕业生、创业人员解决住房问题提供了更为广阔的供给入口，住房问题解决后能增强他们在城市的归属感，让人才在城市真正留下来。

点评：说白了，就是政府帮你把别人卖不出或者不想卖的房子租下来，再用低价租给你。也许这样的政策不能满足所有人，但最起码有个盼头不是？所以，奔跑吧，无房的兄弟。

二、改变话语方式，呈现有趣细节

对于"两会"这样的严肃政治事件，一些媒体报道采用不同于传统宣传报道的话语方式，提供了不少有趣的细节和观察，这也是从宏大叙事转向细节叙事的一种重要尝试。

《南方周末》记者马昌博在2009年"两会"期间撰写的《你所不知道的"两会"——年度政治盛宴细节观察》就是这样的经典案例。

• **案例："两会"细节观察**

不同于传统的"两会"报道中对国家政策、代表提案等政治信息的宣传，记者马昌博的这篇报道挖掘了"两会"召开过程中的诸多细节。正如该报道开头的"编者按"所说：这篇报道试图带领读者看看代表委员们辛苦地参政议政、审议报告之余,吃得怎么样,睡得好不好,和中央领导们聊什么,怎么应付记者的围追堵截……请看以下这段"代表委员的会下生活"。

《你所不知道的"两会"——年度政治盛宴细节观察》(节选)
记者:马昌博,载《南方周末》,2009-03-12

事实上,几乎所有接待代表委员的宾馆都有官方背景。比如,同属军队系统的西直门宾馆、全国总工会下属的职工之家,还有国务院第二招待所、北京会议中心和诸如河南大厦、广西大厦等官方宾馆,在安全和保密方面,它们被认为更合适。西直门宾馆总经理姚海根就对我说,保密规定反复强调,包括服务员不能看什么东西。

如果有高级别的官员前往"两会"驻地看望代表时,一般会提前通知,以便做好准备。不过有时候也会有突然"袭击"。本次"两会"期间,我曾在辽宁团碰到一位原人大常委会副委员长前往看望。因为事先没有打招呼,驻地饭店经理一直颇为焦急地问该代表团的官员,该领导人是否会留下吃饭。

所有事关饮食的东西都会格外小心,比如按照规定,宾馆房间里放的水果必须带皮以保证卫生,诸如草莓这样的水果除非代表要求,并严格清洗,否则不予提供。该宾馆餐厅经理说,给人大代表们的每道菜,检疫部门都会留样 48 小时,以备出问题后核查。

这样的细节描述,为读者呈现了一个有趣、有人情味的"两会"幕后故事。当然,这类报道虽然有趣,但难以对重要的问题进行追问和聚焦,有时甚至可能流于琐碎化。

三、诉诸人性力量,挖掘动人故事

希望避免陷入空泛、凌空虚蹈的报道方式,媒体还应该回归新闻故事,通过具体、活生生的故事来展现时政内容。这既可以是某位代表委员的人生故事,也可以是国家仪式中的普通人的故事。事实上,在有关"两会"、国庆庆典、奥运会、世界杯等仪式性事件的报道中,不少媒体开始聚焦于大事件背景下普通人的生活,从侧面展现政治仪式性事件,挖掘打动人心的力量。

• **案例:奥运会**

2008 年奥运会前夕,中央电视台决定在奥运期间取消体育赛事直播的 30 秒技术延时,实现"北京时间与国际时间的接轨"。以这一事件为新闻由头,《冰点周刊》刊发了特稿《北京时间拨快 30 秒》,讲述即将举办奥运会的北京出现了哪些新变化。

报道从日常生活的视角,讲述了 6 个与北京有关的小故事,包括公园增加示威游行区域、外刊"解禁"、英文规范化、市场允许外国品牌自由竞争、外媒也可进入天安门广场以及市民插国旗庆祝奥运。

以下这段内容摘自该报道中"红旗下的城市"这个小节,讲述奥运到来之际,北京街头的很多小汽车上都被人们自发插上了国旗。一些年轻人开始在网上义卖国旗,这既是为了庆祝奥运,也是为了援助当时发生地震的四川灾区。

《北京时间拨快30秒》(节选"红旗下的城市"小节)
记者:包丽敏、张伟、蒋韡薇、徐百柯、郭建光、王波,
载《中国青年报》冰点特稿,2008-07-30

"5·12"地震后,"小猪"发现马路上出现了个别插着国旗的车辆,于是,她就去免费给客户发放国旗的洗车场询问。姐妹俩"想为灾区做点事",决定义卖国旗。

据"小猪"说,购买她们国旗的,大多是"80后的孩子"。

"在爱国这件事儿上,我们'70后'要更含蓄,可能没有'80后'那么张扬。"也曾在网上义卖过国旗的网友"港湾"总结道。这名1978年出生的男子,身穿耐克T恤,坐在自己的餐吧里,边上插着一面国旗。

最近,他常能见到来店里的"80后小年轻",脸上或手上贴着国旗图案。"像我这个年纪,肯定不会表达得这么直接。"他摇了摇头说。汽车他只认德国的,而相机他宁愿买韩国的,也不买日本的。"我们'70后'对日本的情绪,跟'80后'不同。"他说。

无论是"冰蓝",还是"港湾",他们义卖国旗,不仅是为了"重建家园",更是为了"喜迎奥运"。

……

"伴随着奥运的爱国热情,就像一堆晒了7年的干柴,只需要一点火星儿,就会成为烈火。""港湾"形容道。

已是而立之年的他,本来已把更多的精力投放到了养家上,柴米油盐让他日益回归平淡的生活。他甚至很少上网。但地震之后,他和"他这个年纪的人",又被"燃烧"起来。

• 案例:世界杯

同样的,讲述人性故事的报道方式也体现在《中国青年报》一篇有关世界杯的报道中。报道聚焦于农民工这个一向被忽视的群体,将他们的生活故事置于世界杯这一仪式性事件中加以呈现,并通过多重的明暗对比,增添了故事推进过程中的冲突与张力。报道虽然也提及世界杯的喧闹与狂欢,但更多是用来反衬这群农民工的艰难境遇。报道是这样讲述他们看球的情景的。

《无声的世界杯》(节选)
记者:包丽敏、李润文,载《中国青年报》,2006-07-12

那时,这个工地上60层的大楼正要封顶。水电工陶辉那几天连续加班,等到收工已是晚上9点半了。他顾不上冲洗,只是换上一双拖鞋,浑身汗水和着泥浆就跑到大屏幕下,看下半场比赛。

事实上,陶辉在大楼54层加班时,就不时远远地瞅一眼这边的大屏幕。当镜头拉近时,他虽然看不清球员球衣上的号码,但能看到足球,"看到带球速度"。当镜头推远时,只能看到满屏的绿色。有一天,陶辉实在忍不住了,背着当班的监工偷偷跑

到了大屏幕下。

6月13日那天,陶辉终于不用加班,但广州却下起了大雨。"下那么大雨,今天别去看球了。"妻子说。但陶辉抓过一把伞就跑了出去。

世界杯小组赛的比赛每晚9点开始,但那天8点半时,陶辉已经撑着伞站到夜总会对面的马路上了。

他到那儿时,早有一个骑着自行车的人正打着伞抬头仰看大屏幕。接着,陶辉隔壁工地上一个叫老王的农民工也打着伞来了。他拎着一张小板凳,手里还拿着个小收音机。

老王的收音机里也在直播世界杯。他一边看无声的大屏幕,一边听收音机。据说,收音机是他为这届世界杯花了65元特意买的。

那天刮着风,雨把陶辉衬衫的后背打湿了。他打着伞站着,直到雨停,然后把伞垫在湿湿的地上,坐在伞上,继续观看无声的比赛。

这种将故事元素融入重大时政事件的报道路径,使得时政报道增添了人性力量与故事色彩,读起来十分动人。在看完这两篇报道之后,你可以思考:如果让你来操作"两会"这个宏大的题材,你会为读者讲述怎样的故事?

第二节 如何报道官员

政府官员一直是时政报道的重点。通常而言,媒体提供的是官员的工作报道,比如,重要会面、工作指示、出访视察,各级党报的时政报道基本都是如此。然而,近年来也有一些时政报道较为深入地描写了官员的个性与生活、升迁的过程,乃至决策的逻辑,让他们的形象更为生动、饱满。以下将分"采访不到的高官""个性化官员"和"贪腐官员"三种情况展开分析,希望能带给你新的启示。

一、采访不到的高官

在现行体制下,记者一般很难采访到高级别的官员。对国家领导人的报道,更是往往要采用新华社的通稿。这种报道无法满足公众的阅读兴趣。那么,关于这些重要领导人的报道,应该如何另辟蹊径?在无法进行面对面采访的情况下,记者如何利用外围信源和已有的报道资料还原报道对象?如何在大量的公开材料当中,寻找到其中闪光的细节,让我们更多地了解他们的个性与生活?下面借助两个案例,探讨高官报道的现有路径和突破可能。

• 案例:温家宝

2013年3月,温家宝正式告别他的10年总理生涯。在这个非常重要的时间节点,很多媒体都希望对他进行报道,但却都不可能采访到他,因此只能转换报道的方式。

此时,媒体主要运用两种报道路径:一是还原人物细节,着力呈现温家宝的从政经历和性格特征;二是从宏观的角度讲述温家宝任职10年间的时代变化及其政治影响。

《南方周末》就运用了第一种报道角度。它在《温家宝从政往事》一文中记录了温家宝"从地方到中央"的从政经历,借此呈现其个人故事与生活细节。下面我们来体会其中的片段。

在阅读时,你需要思考,记者如何拉近他与读者的距离?如何将他还原得生动且富有生活趣味?记者所倚重的是什么信源与材料?

《温家宝从政往事》(节选)

记者:刘斌,实习生:宋凌燕、夏以华,载《南方周末》,2013-03-07

从地方到中央

赴地矿部工作后,温家宝曾经给潘桂堂写去一封信:

"经中组部批准,上个月我已调任地质矿产部政策法规研究室主任,这对于我来说有着一副不轻松的担子。前面的道路不会是平坦的,困难很多,我还是坚持这样的人生要义:聪明老实,且多闻多思,实事求是,持之以恒,行之有素。就可以克服一切困难,公道自在人心。"落款时间是1982年12月19日。

1983年,温家宝升任地矿部副部长,分管计划、财务等工作。

对于孙大光的知遇之恩,温家宝心存感念,即便后来到中央工作时,也不忘逢年过节看望老领导。"我父亲不过是发现了一个人才而已,他只是做了一个伯乐。"孙大光之女孙茵苓对《南方周末》记者说。

温家宝调入地矿部后,大学同窗潘桂堂常赴北京出差,几乎每年都会见他一面。20世纪80年代,地质工作正面临经费短缺的困境,即便如此,潘桂堂也从来没有请老同学"走后门"。他说,"我们的青藏高原项目都是按程序一步一步报上去的"。

但作为地质专业出身,温家宝的确非常重视地质事业的长远发展。"国务院作出关于加强地质工作的决定,就是他当副总理后期的事情。"潘桂堂认为,1998年地矿部被并入国土资源部的影响很大,"这个决定以后的十几年,是地质工作最辉煌的时候。"

在地矿部副部长任上不足两年,1985年春天,温家宝被任命为中共中央办公厅副主任。据人民网2012年报道,温家宝在20世纪80年代得到重用,主要是因为时任中共中央总书记的胡耀邦"选干部不任人唯亲,很重才干"。……

从中办副主任到主任,温家宝给下属留下工作非常细致的印象。"我们写的文件,包括研究室的领导都觉得没问题了,他还是能发现一些问题,比如措辞不当等"。曾经在20世纪80年代在中办工作过的吴稼祥觉得:温家宝做任何事情都非常认真。

之后,温家宝从中央政治局候补委员,到中央政治局委员,分管的事项愈发繁重。1992年后,温家宝以政治局委员身份兼任书记处书记,主管财经、科技、农业和农村工作,兼任中央财经领导小组副组长、防汛总指挥部总指挥等职务。

"温家宝是个开明的人,对不同领域的知识都能包容。"香港专栏作家马玲分析说。20世纪90年代,温家宝在家中也告诉李溥,"每天无论多忙,睡觉前他一定看书一个小时。"

看完文章,你觉得报道如何通过巧妙的铺陈让故事更为贴近、饱满?报道是否帮助你理解了温家宝"从地方到中央"的过程和原因?如果由你来写,可能还会注重哪些方面的材料与故事?

案例:王岐山

事实上,由于宣传纪律和采访条件所限,对于高层领导人的报道往往聚焦在其年轻时代。因此,你看到的领导人故事多是地方从政经历,或是某一段"青年岁月"。在这样的条件下,我们如何通过巧妙地勾连,让报道产生有趣的内涵?

本书的作者林珊珊进行了一次尝试。她偶然得知了九号院,即中共中央农村政策研究室从产生到撤销,以及其在中国农村改革中发挥作用的故事,里面涉及王岐山、林毅夫、陈锡文、周其仁等影响当今中国政治经济的重要人物。于是,她写了一篇题为《九号院的年轻人》的报道,通过一个空间概念将这些人物连接起来。

这个历史故事,恰好勾连了时任中纪委书记王岐山所领导的"反腐"工作。在 20 世纪 80 年代一个改革的路口,他作为一个青年参与到当时的改革之中,30 年后,他成为反腐工作的主要领导者再次站在了改革的十字路口,这两者中间有着非常微妙的联系。通过描写时代的变化,可以为故事提供一种历史维度。

稿件在刊发时是作为王岐山人物报道的一部分,形式上可以看作是对他青年时代的回忆式报道。但记者的叙述并不局限于此,而是还试图探讨 80 年代改革何以可能?进入 90 年代之后,改革路径出现了什么样的变化?今天中国的改革和 30 多年之前的改革有什么相似之处,有什么可以借鉴?在这样的背景下,王岐山所领导的"反腐"又意味着什么?记者尝试将王岐山的这段"青春故事"放置在历史语境中去表现,通过一群人的故事展现他身处的工作氛围和时代气质。

九号院的年轻人(节选)

记者:林珊珊、杜强,载《南方人物周刊》,2013(28)

1990 年的一天,西黄城根南街九号的院子里,一个工作组走了进来。他们宣布,决定撤销国务院农村发展研究中心。一年来,清查组进进出出,另一块牌子"中共中央农村政策研究室"不久前刚被摘下,九号院的人已接受事实,也就没什么可惊讶的。没人说一句话,各自默默走出会议室。

23 年后,我们来这里寻找往事,看见围墙高耸,门口警卫荷枪挺立。我们被告知,这是某国家领导人的住处。门侧依然挂着"清代礼王府"的石牌。

熟悉院子历史的人说,李自成入京时在这里住过 3 天。300 多年后,当华国锋在院落边上独自徘徊时,杜润生带着一群老中青正埋头苦干,决心给农民新的命运。这是 1982 年,九号院立起了中共中央农村政策研究室的牌子,取代了两年前刚成立的国家农委。往后 7 年,九号院就成了农研室的代称。

农研室是中央直属咨议机构,5 个中央《一号文件》是它最为人知的成果。尽管"文件"早已无法"治国",但在 20 世纪 80 年代,它们却引领了如火如荼的农村改革。改革漩涡的中心里,年轻人出现了。

"那时的青年有伤感的、哀叹的、悲愤的、抗争的,也有批判的,杜老引导着一帮批判的年轻人走向建设……他破格培养,委以重任,"多年沉浮后,曾轰动一时的"最年轻副部长"翁永曦一语概括:"九号院的灵魂是杜润生,九号院的色彩是生龙活虎的年轻人。"

年轻人如今已过天命之年,谈及九号院,都流露出纯真神态。财讯传媒总裁戴小京曾是其中一员,他强调自己只是边缘角色。我问他,"农研室毕竟是官办组织,在20世纪80年代理想主义氛围里,你的身份认同是什么?"

"改革者。"他很肯定。

"改革者"后来散落各方。2002年,杜润生90岁生日,在曾经起草《一号文件》的京西宾馆,他们再次相聚。杜润生说:"农村改革靠的是一个团队,我只是这个团队的一个符号。可喜的是,这个团队出了不少人才,但没有出一个腐败分子。"他不会想到,若干年后,团队成员王岐山,还将成为中共打击贪腐的最高领导者。

"像30多年前那样,中国又到了新的十字路口"。一名受访者乐观地认为,反腐反特权预示变化的开始。

他们怀念九号院,以及20世纪80年代的改革氛围。

二、个性化官员

事实上,接受媒体的深度报道,讲述自己的官员并不多见。在中国官员中,有一个特征鲜明的群体,他们被称为个性官员。这些官员因为独特的性格或作为吸引了媒体的关注。有时,媒体也将他们称为"明星官员"。个性官员与外部环境之间的冲突与磨合无疑具有很强的故事性。困难的是,如何才能全面客观地呈现事实的复杂性以及平衡不同立场的观点。

• 案例:仇和

在中国的个性化官员中,仇和是较受媒体关注的一位。1996年12月起,仇和担任宿迁市市委常委、副市长,并兼任沭阳县县委书记。他在任职期间开展了一系列饱受争议的改革举措,例如,给机关干部和教师下达"招商引资"任务,扣除财政人员工资用于公路建设,强行下达城镇化建设指标,推进医疗市场化和教育市场化改革,强令官员离岗创业经商,还包括推行干部任用公推、公选制度以及干部勤廉公示制度,等等。2004年2月,《南方周末》一篇题为《最富争议的市委书记》(记者张力)的报道让仇和真正进入公众视野。

报道开篇就交代了文章的主线:"中共宿迁市委书记仇和,8年来一直以激进的手段推进改革。他的施政历程,交织着他的个性特点、现实的政治体制和中西方文化的影响。两种极端评价集于此人一身:有人说他是酷吏,有人说他如青天;有人说他大搞政绩工程,有人认为他颠覆了传统经济发展的思路;有人怒斥他'简直是胡闹',有人鼓励他'大胆地试'……"[①]在行文中,记者始终着力讲述这位个性官员与外部环境的张力。请同学们

---

① 张力:《最富争议的市委书记》,载《南方周末》,2004-02-05。

找来这篇文章,仔细体会记者如何在不同观点与立场之间保持平衡。

2015年,时任云南省委副书记的仇和因涉嫌违纪违法接受组织调查。《南方人物周刊》对此作了题为《孤独仇和》的报道。这则报道虽然提到了仇和的改革者姿态,但更多强调他个人性格和施政风格的复杂性。请体会记者如何凸显他与云南官场以及昆明公众格格不入的关系。

《孤独仇和》(节选)

记者:徐丽宪,实习记者:杨静茹,载《南方人物周刊》,2015(8)

铁腕治官

2007年12月28日,昆明市委召开全市干部大会,宣布中共中央和云南省委关于昆明市委主要领导同志调整变动的决定:仇和同志任中共云南省委委员、常委,昆明市委委员、常委、书记。

会上,仇和用带有浓重苏北口音的普通话发表了"八无感言"。他说:"我到昆明工作,人地两疏,和大家无亲无故,从未共过事,与大家无恨无怨,只身一人,无牵无挂,所以,工作一定能无恃无畏。"

"这样的官员没见过,从他透露的信息看,跟本地的官员太不一样了。"一位参加会议的干部这样评价他对仇和的第一印象。这位干部说,昆明节奏太慢了,培养了太多的懒官,的确也需要一个有视野的官员。"在仇和来之前,如果通知9点开会,官员10点能来齐就非常不错了"。

"如果用水温来比喻仇和来之前的昆明官场的话,那就是30摄氏度。"对昆明官场有长期观察的民间人士霍泰安说。

此后,昆明市委市政府出台了一系列治理官场的措施,《新世纪周刊》称之为"仇和旋风"。

上任昆明整一个月,仇和要求昆明市委九届四次全体(扩大)会议进行现场直播,让官员们开会再不敢走过场。

2月4日,仇和在《昆明日报》上公布各县(市区)、各部门、各单位"一把手"联系电话,包括他自己和市长张祖林的电话,一时"昆明纸贵",全城抢购。但有一些民间人士称,仇和的电话根本打不通。

15天后,仇和又公布他和张祖林下班后的联系电话,要求全市公务员24小时做到"办公电话、家庭电话和手机,三通必须有一通","周六保证不休息,周日休息不保证",昆明官场的神经绷到了极点。

有一段时间,仇和要求所有的干部都必须学会3门小语种。"那时候,连村干部都没日没夜地在学外语,"霍泰安说,"仇和很明确要把昆明建成面对东南亚的大都市。"

上任昆明之初,仇和直接住在市委办公楼。"他办公室晚上经常灯火通明,他不下班,别的人也不敢下班,有事做事,没事也找点事做,干部都要装得很忙的样子。"昆明本地一干部说。

• 案例：卫留成

相似的题材，还有媒体对前海南省省委书记卫留成的报道。2004年，卫留成开始了他在海南省为期8年的地方执政生涯。在就任海南省委书记之前，他多年来是国企高管，这使得他的从政风格带有较为明显的企业家特征。

《南方周末》2006年1月刊登了对卫留成的专访《"做官我宁可糊涂，但干事我不糊涂"——本报记者对话卫留成》。6年之后，卫留成卸任海南省省委书记职位，《南方周末》再次对他进行了采访，并发表报道《前海南省委书记卫留成回望八年海南为官心路：官员自身坦荡，自然无惧批评》和《细节中的"老卫"》。这3篇报道都来自记者朱红军。

比起之前的报道，《南方周末》2012年的两篇报道将人物呈现得更为立体。《细节中的"老卫"》对比了他卸任前后的生活状态，较为细致地展现了他的日常生活一面。《前海南省委书记卫留成回望八年海南为官心路》则是一篇对话，记者朱红军并不是一味褒奖，也提出了一些有挑战性的问题，使得报道具有一定的力度。

三、贪腐官员

其实，贪官报道是深度报道中的一类常见题材。贪官报道也经历了漫长的演变过程。

早前的贪官报道强调的是官员的个人作风问题。被报道的贪官往往是脸谱化的，个人作风都十分恶劣：生活奢靡、工作专横、贪得无厌。

后来的贪官报道，则更多将贪腐官员放置到他生活的权力场域、制度安排和人际关系网络之中加以呈现。这个转变主要由《南方周末》《三联生活周刊》《财经》《财新》《中国新闻周刊》等市场化媒体推进，并逐渐成为一种模式。具体而言，这一操作角度在《三联生活周刊》的报道《李真：秘书的权力》（记者：李鸿谷、金焱）中得到较好的体现。[①] 李真曾是河北省主要负责人之一的秘书，他通过秘书的身份，一步一步实现了在官场的野心。《三联生活周刊》的报道细致呈现了这个所谓的"秘书权力场"。这一操作方式，相对更为细密和饱满，在之后的诸多报道中得到运用。比如《财新》杂志广受关注的报道《周永康红与黑》，就着力于勾勒出了关键人物之间的复杂关联。

从早期强调个人作风问题，再到聚焦于政治权力场和人际网络，这是"贪官"题材在中国媒体的一个演进过程。当然，这只是非常粗线条的勾勒，许多重要的报道也没有提及。感兴趣的同学，可以找出运用不同方法论的报道进行比较、阅读。

第三节 如何报道热点政治事件

一、热点事件背后的政治常识

一个国家的热点政治事件，往往体现了其政治文化传统以及政治生活的规则，这些都

---

① 李鸿谷、金焱：《秘书的权力》，载《三联生活周刊》，2002(20)。

可以理解为政治常识的范畴。很多公众对政治新闻很感兴趣,但是对政治常识中的一些内容和细节往往缺乏足够的了解。而一些时政报道则充当了为读者提供政治常识的角色。

• 案例:铁道部特立独行60年

2011年7月23日,"温州动车事故"发生,众多媒体迅速对此事进行了大量的报道,抢占了事件报道的第一落点,杂志在时效性上已经不具优势。为此,《看天下》杂志转换报道思路,试图通过梳理该事件的直接相关部门——铁道部的发展过程及其独特的地位,解读其变革的阻力与困难,从而为读者提供相关的时政常识。这是深度挖掘热点政治事件的一种方式。①

下文节选是《铁道部特立独行60年》中的一个小片段。

《铁道部特立独行60年》(节选)
载《看天下》杂志,2011(21)

"'逃脱'大部制改革"

2008年的大部制改革中,铁道部并入大交通部的猜想曾经言之凿凿,人们一度认为,铁道部这一王国会被打破。

但这年3月11日下午,时任国务院委员、国务院秘书长的华建敏向全国人大代表报告《国务院机构改革方案(草案)》里的新版交通部,铁道部不在其列。嗣后,中央党校副校长李君如表示,在获悉国务院要进行机构改革后,从2007年下半年开始"铁道部就到处做工作",列举种种理由,以具有特殊性要求保留铁道部。

但包括李君如和广东省省长黄华华在内的人都说,当年春运时的南方雪灾保住了铁道部。作为在雪灾中滞留旅客最多的广东省主官,黄华华显然认为得益于铁道部高度集中的管理体制:"如果不是铁道部从全国各地调内燃机车来广州,滞留在广东的旅客出不去""雪灾期间的情况更说明铁道部没办法放权,绝对需要全国统一"。

另外,铁道部最终没有并入"大交通部"的原因,应该还包括要负责京沪铁路等多条铁路的建设和协调工作……

除此以外,近年来,媒体常用动画视频、交互式图表等形象化的信息呈现方式,将原本复杂枯燥的政治常识以易于普通读者接受的方式表达出来。比如,《壹读视频》以严肃话题的轻松有趣解读和常识科普为主打,于2013年"两会"期间推出《新鲜的中央政府——一个庞大国家机器的运转逻辑》视频,解读了什么是"两会"、中央政府如何产生、中央政府的组成部门和机构等几个核心问题。《壹读视频》对该视频的简介或许可以体现出整个视频的语言风格:

---

① 2013年3月22日,我们邀请时任《VISTA看天下》杂志副主编的陆晖到清华大学课堂,与同学分享他对于中国时政报道的看法。他就提到了补充政治常识的重要性。

《新鲜的中央政府——一个庞大国家机器的运转逻辑》（节选）
来源:《壹读视频》,2013 年 3 月 7 日

什么？国家主席不是一个"人"是个机构？那么，谁能有资格当选国家主席？中共中央和中央政府是什么关系？国务院不只在中南海？而且总理不是人大"选"出来的。给壹读君 4 分钟时间，用视频为你讲清楚如何"产生"中央政府。

与此类似的视频，还有《解密中纪委》《官员时刻表》等，也都用新鲜有趣的方式普及了政治常识，值得一看。

二、热点事件背后的政治逻辑

热点政治事件的发生，往往对于政治系统的运作产生压力，甚至可能引发连锁反应。而对于公众来说，政治系统的运作逻辑充满了神秘性与偶然性。因此，媒体报道热点政治事件的另一种路径，可以从更为宏观的层面出发，向公众讲述事件背后的政府反应、决策机制与政府作为。

- **案例：山西黑砖窑事件**

2007 年 5 月，数位河南家长向媒体称，自己的孩子被诱骗到山西黑砖窑厂当童工。随后，媒体以"黑砖窑事件"为名报道这一现象，并很快形成一个热点舆论事件。由于政治高层和广大网民的关注，山西官员被卷入突如其来的巨大压力之中，并进行了仓促的应对。这样的一个连锁反应，其实也显示了政治运作的某种独特逻辑。

在媒体的相关报道中，《南方周末》记者马昌博写的《"黑砖窑"风暴眼中的山西官员》尤其令人印象深刻。在该文发表之时，已有多家媒体铺天盖地对该事件展开了报道。马昌博则另辟蹊径，通过采访山西各级政府官员，讲述了政治压力的传导机制以及各级政府应对压力的方式。接下来，我们一起来看看这篇报道。

《"黑砖窑"风暴眼中的山西官员》（节选）
记者：马昌博，载《南方周末》,2007-07-04

地方政府此时开始意识到要赶紧作出反应，但事件已进入舆论旋涡。

6 月 13 号上午 9 点，县委书记高洪元主持会议，研究对策。

此时，在太原，省劳动和社会保障厅副巡视员（副厅级）康继峰在网上看到了相关消息，"很震惊，里面也提到有劳动监察人员倒卖童工的事"。

康随后安排纪检组组长下去调查，劳动厅厅长张健晚上也知道了情况。事后他对《南方周末》记者说："知道的比较晚，是个教训，"不过他说，"下面并没有一个报告制度，劳动部门不是个强势部门。"

这一天上午，洪洞县县委书记高洪元接到了全国总工会的电话，"知道事情闹大了"。高赶紧改变之前安排好的部署，把 6 个常委调进了县委工作组。下午，全总调查组到达洪洞。

此时县公安局才感觉情况有变，"本来觉得破案了很光荣，现在怎么给各级政府

造成了压力了,特别内疚。"洪洞县公安局副局长郭天锁这样形容自己的心情。

但舆论浪潮已经无法控制,并被最高层关注。

……

舆论和来自各方的压力都开始高速增长,包括总书记和总理都对此事件给予批示,当天下午国务院联合调查组到达太原。

所有相关官员都感觉到了压力,劳动厅办公室人员说,厅长张健忙得有10多天没洗澡,"头发都是一缕缕的,衣服能闻到馊味"。而公安厅厅长嘴上也上了火。

县委书记高洪元已经感觉到了"大爆炸式的舆论和压力",他接到了省长和省委书记办公室的电话,高之前已经对下属发脾气说为什么不早报告,并打电话让县长从北京赶回洪洞。

以上这种报道思路,也可以应用到更多的时政题材当中。比如,重大灾情、群体性事件等热点的政治事件,也往往牵动政治系统高度紧张的神经。对于这些事件背后的政治逻辑的呈现,为理解当下的政治生态和政治过程提供了重要的机会。

小　　结

时政报道需要与民众生活产生联结并促进良性的官民沟通。这意味着报道必须放弃自上而下的单向传播模式,而采用民众的视角进行观察,发掘时政事件和官员报道背后的人性化故事,聚焦关键细节,普及政治常识,或者解读政治逻辑。

在信息呈现上,时政报道可以多运用动画视频、交互式图表等可视化的手段,并使用生动、富有故事性的语言,从而改变传统政治信息单调、乏味的样貌。

【课后习题】

1. 仔细检索历年的全国"两会"报道,从中寻找三篇你印象最深刻的,并试着总结其报道特色。

2. 假如你所供职的媒体希望做一期关于国家主席习近平的封面报道,但你无法获得面对面访谈的机会,需要你寻找一个合适的角度,并且从外围展开采访与写作。你会如何构思?

第五部分

调查性报道

PART FIVE

CHAPTER 9
第九章

让调查性报道更有突破：信源获取

摘　要

　　这一章将讨论如何在调查性报道当中获取信源，这是完成调查性报道的关键一步。具体而言，我们将阐述：谁是报道的核心信源？如何逼近核心信源？如果采访不到核心信源，应该怎么办？

前言

按照密苏里新闻学院的定义,"调查性报道是一种更为详尽、更带有分析性、更要花费时间的报道,其报道的目的在于揭露被隐藏起来的情况。"① 在《调查新闻调查》这本书中,央视《新闻调查》栏目的制片人张洁对这一定义进行了细化:特指当公共利益遭到了有意的蒙蔽和掩盖时,记者独立去揭露内幕的报道过程。② 这里有两个基本点:一是关乎公共利益;二是记者独立完成调查报道。③

很多人说,在一个转型期社会当调查记者很幸运,因为有很多关乎公共利益的新闻事件值得去调查与挖掘。事实上,我国也的确出现过许多著名的调查性报道和调查记者。但当下,新媒体技术的快速发展给传统新闻业带来了巨大冲击,其中一个现象是,调查性报道逐渐衰落,多个国内的新闻机构先后解散了自己的深度报道团队。这一现象背后,主要是因为技术、经济以及政治等宏观环境因素的变迁。但也有一些学者和记者提出反思,认为国内调查性报道自身的不足正被凸显出来。

首先,调查性报道在核心信源的获取上往往存在缺憾,通常只是对一方当事人或涉事者的采访,信源没有权威性或者平衡性,或者信源之间各说各话。

其次,调查性报道的操作越来越仓促,在证据链条的搜集上往往缺乏完整性,而且调查的手段十分传统、单一,导致调查结论的得出有失公允。

再次,调查性报道偏离了主要的方向,与社会的焦点事件或公共舆论没有呼应,停留于对简单题材的重复报道,等等。

接下来的几章,我们将分别对调查性报道的信源获取、证据链完整性以及焦点确定进行探讨。这一章主要讲的是调查性报道的信源获取。

调查性报道要面临的第一个考验就是接近信源。由于调查性报道涉及各方利益,想找到信源并获取信息非常不易,而信源又恰恰是报道取得突破的关键步骤。通过分析调查性报道的信源获取,相信我们能触类旁通,在处理其他新闻题材的信源时也会得到启发。

第一节 谁是报道的核心信源

核心信源,指的是掌握关键新闻事实的当事人、目击证人或者关键物证等。在重要的新闻事件中,媒体之间的竞争,关键就是谁能找到核心信源。

> • 案例:汉芯一号调查

2006年,一位神秘报料人在BBS论坛的发帖受到广泛关注。帖子的大意是:上海交

---

① 密苏里新闻学院编:《新闻写作教程》,384页,北京,新华出版社,1986。引自黄澄:《王克勤调查报道的模式分析》,黑龙江大学硕士研究生学位论文,2015。
② 张洁、吴征编著:《调查新闻调查》,北京,文化艺术出版社,2006。
③ 本章部分内容曾由曾繁旭、林珊珊发表于《新闻记者》2014年第2期,纳入本书时进行了增补和修改。

大教授陈进,声称自己发明了中国自主品牌的高端芯片,但这些芯片其实是从摩托罗拉公司买回来的,并请一些工作人员把上面的MOTO标志给磨去,重新打上"汉芯一号"的标识,而陈进用这些造假芯片通过了专家论证环节,从国家获得了数亿元的课题经费。这个爆料很快引起舆论的轩然大波,媒体记者纷纷前去报道。然而,帖子只是一则爆料,作为一名记者,你要怎么去获取信源呢?如何才能打赢这场新闻战役呢?

一、核心悬念决定谁是核心信源

那么,这个新闻事件的核心信源是谁呢?你可能会想到找举报人采访,可能想到陈进教授本人,也可能想到上海交通大学的科研部门……这些都是可以选择的信源。那么,哪个信源更重要呢?

这引出了一个很关键的概念:"核心悬念"——即在你的调查性报道当中,最迫切需要去解开的谜团。

在这个案例中,我们最容易想到的核心悬念至少有四个。

第一个核心悬念:举报人说的话可信吗,是否别有用心?

第二个核心悬念:陈进教授是否造假?要确定是否造假,有几种可能的路径——比方说,找到爆料人所说的抹掉标志的务工者;比方说,找到所谓的自主品牌芯片,通过专业技术的检测和MOTO公司的芯片作技术比对;比方说,找到陈进本人,他是名教授,现在的名声受到了挑战,他会出来澄清吗?

第三个核心悬念:如果爆料属实,陈进教授如何从中获利?国家的课题经费拨款怎么进入他个人腰包的?

第四个核心悬念:造假如何可能?从大学科研机构到各级科技部门,是否有层层监管?如果存在一套监管制度,怎么能被钻空子?

以上的每一种核心悬念,都可能指向不一样的信源。

确定报道的核心悬念以搜索核心信源,是调查性报道的关键步骤。每一个报道可能有无数种的悬念,你的报道通常围绕一个核心悬念展开,当然,也可以回答两个甚至更多不同的悬念。

在这个意义上,调查性报道遵行的路径和科学研究相类似——先找出事件中最让人好奇的谜团,然后提出假设,接着通过信源验证,寻找一些证据证实或证伪,最后形成质疑或结论。

那么如何选择悬念呢?它取决于非常多的因素。比如,你对新闻的价值判断、你所处的新闻环境、同行的报道角度,等等。可能某一个悬念已经被报道过了,或者某个悬念未必能够有效解答,于是,这些方向你就不会选择。有时,我们会先考虑比较容易找到的信源,从信源出发来设置对应的悬念。

多个悬念之间不完全是互相排斥的,它们可能会形成逐步递进的关系。在"汉芯一号"的相关报道中,表现最好的媒体可能是《21世纪经济报道》,它通过系列报道的形式,向读者展现了整个链条的各种不同悬念。

二、画出核心信源脉络图

现在,让我们往前推进一步。选择了一个核心悬念后,你需要进行调查从而回应悬念,这时,你将面临的问题就是画出核心信源脉络图。假定在这个案例中,你想要做的悬念是上文提到的第三个:上亿的国家课题经费怎么进入陈教授的个人腰包里的?这个悬念与其他三个悬念都相关,并涉及关键的利益问题。这时候,谁是核心信源?

我们可以用核心信源脉络图的方式来展现。大批的国家课题经费会有怎样的走向呢?其中一种可能性,是它与芯片的量产有关。那么,一个芯片发明出来之后要进行量产,就有至少三个机构牵扯进来:一个是负责设计环节的机构;一个是负责包装的机构;另一个是负责测试的机构。然后,我们就可以画出脉络图并按图索骥。

在现实中,前两家公司都没有接受记者采访——你会经常发现大量的核心信源是不会接受采访的,比如说,某些深陷舆论漩涡的公司或机关部门,再比如,这个案例中的教授和民工,可能都没有办法采访到。

有关该事件调查做得较为扎实详尽的《21世纪经济报道》的系列报道中,出现的突破正是来自于链条末端的测试公司。这是一个非常有意思的突破口。在芯片的生产流程中,有一家公司来负责测试芯片的质量是否过关、有没有达到预想。上海交通大学当时发给这家公司一个订单,请它们提供相应服务,该公司也给上海交通大学写了收据,表明收到了多少汇款,即将提供服务。记者用美国的注册公司信息库去检索,很快发现这家美国公司的注册人叫作 Jin Chen,很容易让人联想到是陈教授的英文名。签约时,为了回避嫌疑,签字的人是一个叫 Robin Liu 的人。记者去检索这个人的信息,发现了他跟陈教授在同一个大学读过书,是陈进教授的师弟。之后,记者用新科技手段定位公司,发现地址就在美国的普通居民区里面,而房子的户主就是 Robin Liu。这表明,这家公司不是真正有实力的公司,只是一个私人住宅。

"汉芯一号"造假案:陈进与 Jin Chen 的对敲游戏(节选)

记者:杨琳桦,载《21世纪经济报道》,2006-02-18

"Jin Chen"何人

根据上海交通大学微电子学院网站的"'汉芯'一号诞生记"记载:"汉芯一号"是通过中芯国际走流片,通过威宇走封装。

而举报人1月25日晚向本报提供的第一份"证据"表明——陈进曾在2003年3月5日,以"美国 Ensoc 公司负责汉芯 Edsp21600(即'汉芯一号')样片的测试、封装及开发系统"名义,向上海交通大学芯片与系统研究中心(上海交大微电子学院前身)出示 35080 美金的到账收据(Invoice)。

在这份收据单上,同时附有中英文的一份 2002 年 11 月 5 日签订的《美国 Ensoc Technologies 公司——上海交通大学汉芯流片和检测合作协议》(以下简称《合作协议》)复印件。

《合作协议》上,甲方"美国 Ensoc Technologies 公司"与乙方"上海交通大学芯片与系统研究中心"的法定代表人签名分别为——Ensoc 公司总裁 Robin C.P. Liu 和陈进。

......

记者根据举报人提供的第一份"证据"看到，Ensoc 公司的地址为"1819 Montana Sky Drive Austin, TX, 78727"，即美国得克萨斯州奥斯汀市 1819 号。2 月 10 日，记者从 Google maps 的卫星定位地图发现，"美国得克萨斯州奥斯汀市 1819 号"及其附近是一大片的"私人住宅"。

......

随后，记者通过公开的美国得克萨斯州奥斯汀市 Travis 郡房地产评估网显示，此私人住宅信息的所有者为"Robin Liu"及其妻子"Hui-Yao Lin"。

......

与此同时，记者在一个有关美国计算机领域的著名学者 Ed McCluskey 教授的"学生谱"（Tree of Ed McCluskey's students for the Computer History）获悉，Robin Liu 与陈进在美国得州大学奥斯汀分校读书时的博士导师都为美国得州大学电子工程及计算机工程系教授 Jacob Abraham；而陈进毕业于 1998 年，Robin Liu 毕业于 1999 年；毕业后，他们还曾一起在美国"Motorola"工作。

关于 Ensoc 公司的调查一定程度上证实了陈进教授进行获利的悬念。它说明，至少一部分国家拨款在"专利"的生产环节中进入到陈进个人的腰包。在报道的进展中，这是少数被明确证实的悬念。而这家公司之所以进入调查记者的视野，可以理解为是记者从信源脉络图当中进行甄别的结果。

通过以上分析，你可以看到在寻找突破口以回应核心悬念的过程中，画出信源脉络图常常很有用，它既能帮助你打开思路，也能帮你查缺补漏。平时我们可以像这样反复练习：设置核心悬念—进行假设—理清逻辑关系—画出信源脉络图—寻找并采访信源—证实或证伪假设—回答悬念。

三、变动中的核心信源

在具体的新闻工作中，你会发现采访在不停否定你的假设，因而要向新的可能性开放，不要太执着于最早的假设。否定原有假设是一个记者必须要有的心态。

现在让我们用两三分钟做一个练习，假定刚才选的不是第三个悬念，而是第四个，即在层层监管当中陈教授为何能够寻找到漏洞以获取国家课题经费。我们能画出怎样的核心信源脉络图？

首先，我们应该了解芯片获得专利以及拨款的整个流程，只有了解流程才能知道背后的逻辑关系以及哪些人与机构牵涉其中，由此画出更准确的信源脉络图。上海交大可能是要考虑的一个关键部门，它是课题的所属机构，相对知情并且负有监管责任；专利局也是关键信源，当时怎么给他的专利权？谁是专利的评定专家？当时是怎样的评定过程？还有发放课题的机构，可能是科技部门，也可能是各种国家基金。在整个课题申请与发放的过程中，一定会有各式文件，正常的话这些文件都会在学校存档，相关流程甚至会有公示。

你的考虑越是周全，脉络图就会越细致。刚才的例子，还可以列出很多的可能性。在进行调查性报道时，当然要清楚有很多人不会接受采访，但只要你思考能力足够强大、设想的可能性足够多，就有可能幸运地从众多的信源当中突破一个，从而成为解决整个悬念的关键一步。

第二节 如何逼近核心信源

确定了核心悬念和核心信源之后，随之而来的，便是如何逼近核心信源的问题。在调查性报道中，事件往往复杂而混乱，逼近核心信源需要记者有清醒的头脑和冷静的分析。

• 案例："杭州 70 码事件"

2009 年 5 月 7 日晚 8 点左右，杭州青年男子胡某驾驶跑车撞飞正在过马路的男青年谭卓，致谭当场死亡。警方公布车速为 70 公里，公众表示质疑，在网络上戏称该事件为"杭州 70 码事件"。对于这则新闻，我们应该从何入手？哪些信源值得追问？

我们可能会想到很多不同的悬念，并进而画出各种信源脉络图。但在寻找信源解答悬念的过程中，我们要注意一个问题——所有的信源通常会有自己的利益倾向，而且，在信源的链条中，各方有着连锁反应，往往打开一个环节之后才能顺着打开其他的环节。因此，在这些逻辑关系中，你要想清楚彼此之间谁制约谁、谁在上游和下游，然后再想如何逼近、如何找到他们、如何说服他们。这也是本案例要讨论的内容。

一、理解利益链条

如上所说，核心信源通常有不同的利益取向。在这个故事当中，肇事者胡斌及其家人、朋友可能提供别的信息，但在车速界定上，显然不足以过多采信；那么，杭州市公安局呢，是不是一个完全利益独立的第三方？

事故发生后，杭州市公安局很快出具判定：汽车时速大约为 70 公里。这个事件中，为什么"70 码"会变成一个核心因素呢？因为国家有规定，超速驾驶超过 50% 就构成刑事罪，事故所在的道路规定车速是 50 公里，超过 50% 就是 75 公里。因而公安局说车速为 70 公里时，意味着胡某并没有涉嫌交通肇事罪。

这个判定当时引起了轩然大波。这个事故中，谭某是刚从浙江大学毕业的年轻人，质朴上进，而司机胡某则是"富二代"的形象，这涉及弱者跟强者的关系，也容易激起阶层对立甚至仇富的社会情绪。网民倾向于猜想，杭州市公安局是不是牵涉权钱交易，收受了某些好处，故意降低了所判定的驾驶时速？

随后，有目击者在网上写，自己在现场看到谭被撞飞了 5 米高，飞出了 20 多米远。他不能相信 70 公里的车速能把一个人撞那么远。

在压力之下，杭州市公安局表示，现场路段并没有监控录像提供更多的信息，关于 70 公里时速的判定，主要是根据驾驶员的说辞。并且，对这一工作失误，向公众致歉。

这样的故事进展给我们启示，警方也是利益链条上的一环，它可能也有自己的考量和利益驱动。进一步而言,杭州警方、当事人及双方家庭,乃至于在网上发言的公众,都可能有自己的偏向,都需要反复求证。因而记者要去调查真相。

理解事件背后的利益链条,对于记者来说十分重要。你只有设身处地去理解各种信源在事件中的立场和利益关系,才能更好地做到不偏不倚,有的放矢。

二、寻找突破口

关于事件,核心悬念至少有两个。首先,当时车速是不是超过 70 码,这涉及是否判定交通肇事罪的问题;其次,事故是否发生在人行道上,受害者本人是否违反交规?

如果希望回应这样的核心悬念,记者需要找到关键的突破口。

我们可以先来看一下,当时这一事件成为全国各家媒体关注的焦点,它们是怎么报道的呢? 其实比较多的是煽情性报道,比方说,表达对美好生命逝去的哀叹,或者是对胡某私人信息的披露——胡某不是第一次交通违规,原来也有过超速驾驶。这是很常见的新闻操作,你觉得它的缺陷在哪里?

很明显,记者在没有弄清楚事实的情况下,运用了煽情手法。一方面,25 岁的年轻人被撞身亡十分令人痛惜,但作为新闻报道,情感的表达和事实的追问是两个层面的事情——更理想的情况下,对死者的情感表达应该建立在真相追问的基础上;另一方面,胡某不是第一次超速,与这一事件的核心事实可能并无必然联系,也不能帮助判定事故时的汽车时速。所以,这类报道都有明显的不足。

那么,我们如何突破呢? 谁可能是突破口呢? 这与我们对事件利益链条的理解密切相关。我们可以尝试进行这样的分析:谁在利益链条上,谁已经说话了? 谁还可能说话? 谁说的话更为可信?

当地警方已经成为利益链条上的一环。它本来应该是权威机关,但由于早期判定车速为 70 公里,接着又承认该判定是基于司机胡某以及驾驶座上的同伴的说辞,因而遭到许多人的质疑。此时,当地警方希望澄清关系,维护权威。它不一定主动提供不利于胡某的信息,但从警方在利益链条上的角色而言,在已经形成的巨大舆论压力面前,它至少会有意和胡某保持距离,而不愿引起更多的指责。

还有谁可能说话呢? 胡某本人显然不会提供对自己不利的证词。胡某车上的朋友也很难突破,毕竟他们与胡某关系紧密,自然有包庇之心。受害者谭某的家人和朋友倒可能愿意提供信息,但他们能够讲述的更多的是个人的生活故事,对现场的信息所知有限。

我们也许还能想到有目击证人。论坛上有人描述谭某被撞飞的具体场景,这些目击者,是一定要找到也相对容易采访的信源。他们与胡某和谭某都没有直接的利益关系,更可能站在公共利益的角度发言。当然,有的目击证人,可能出于对"富二代"的强烈反感,对情况有所夸大;目击证人也可能记忆模糊,甚至可能是虚假的"目击证人",倾向于提供谣言。所以,对目击证人的采访,也需要谨慎,最好采访多位目击证人,进行循环验证,反复核实。

你肯定体会到了,在画出信源脉络图时,一定考虑各方信源和当事人之间的利益关系,这样才能更快地找到可能的突破口。当清晰把握各种利益关系之后,你可以预判,哪些人是突破可能性比较强的，然后，根据重要性、可行性锁定关键突破口，认真研究其相关背景信息，逐个突破。

通常来说，当信源和新闻当事人越是强利益关系，他们的说辞的可信度就会越低。比如说，司机胡某的家人和朋友属于强利益相关方，他们不愿接受采访；相反，利益超然的一方，则通常更加可信。

三、一场心理战

当你确定核心信源以及他们的利益关系之后，你接下来要面对的是一场心理战。你一定要设身处地去理解，这个人或者机构为何愿意/不愿意接受你的采访，他的动机和恐惧分别是什么。

当地的官员和政府部门，他们想要的是一个有公信力的公仆形象，如果媒体机构能保持相对中立，并给他们表达的机会，他们可能也会接受采访并尝试撇清利益牵连。受害人谭某的父母则会有一种强烈的对正义、安全的需求——很多相对弱势的当事人决定要不要接受你的采访，最重要的考虑就在于能不能伸张正义，以及说了以后会不会对生活和安全带来危害。理解利益链条上各方信源的动机和恐惧，将有助于你沟通、说服以及警惕采访中可能的隐瞒和谎言。

事实上，无论你面对利益链条上的哪一方，都应该展现客观公正的态度。寻求突破口的时候，不妨从他们的处境出发，告知接受客观公正报道的益处，并让他们相信你的职业素养。同时也应该注意，在不伤及公共利益的前提下，最大限度降低对个人的伤害。

四、善用社会网络

事实上，每一个信源都处在社会网络里面，你需要考虑，哪些社会关系能帮助你接近核心信源。通常来说，核心信源的亲人、朋友、同事，都可能是你可依赖的社会网络。

值得注意的是，调查性报道中有一种信源可能是比较便利的，那就是你所调查对象的敌人，他们比较可能出来说话。当然，你需要考虑他是否真的掌握信息以及是否可能在故意使坏，并且在新闻操作中尽量多方核实，而不是过分依赖于单一信源。

五、依赖第三方信源

值得注意的是，关键信源，并不局限于"当事人"。随着事件的进展，有时候第三方信源，比如，没有利害关系的目击证人、第三方评估机构、新闻事件中的关键文书、监控录像或照片等，也会成为重要的核心信源。

在这个事故中，相关部门就邀请了第三方机构进行专业评估——通过车辆的毁坏程度，推导出驾驶速度，形成评估报告。事实上，最后完全扳倒"70公里"说辞的就是这个第三方的专业评估报告。根据报告，时速应该在84公里到101公里之间。换言之，即使是在最低的84公里，也已经足够构成交通犯罪。鉴定机构出具报告的两天后，杭州警方就"70码"的说法表示道歉。

可以看到，核心信源其实是不断发生变动的，调查记者应该对它保持开放性的态度。

而且,记者也应该在报道过程中,随时调整自己的突破重点与策略。当然,记者还应该对核心信源的利益倾向保持警惕,对其提供的内容应进行反复核实。

第三节 如果采访不到核心信源怎么办

由于调查性报道的题材都比较敏感,核心信源又往往是其中的利益相关方,因此,通常都不愿接受采访。本节要讲述的是,在这个情况下,记者可以巧妙地安排自己的调查路径,由外而内,通过接近其他信源而逐渐逼近事实。而且,借助其他信源,也有利于挖掘报道的深度甚至转换报道的角度。

- 案例:宁夏举重队服用兴奋剂事件

这是本书作者曾繁旭在2004年冬天去宁夏完成的一个报道。在全运会前夕,宁夏举重队3名队员在突击检查中被发现服用违禁药品大力补(类固醇)。随后,这3名运动员分别被禁赛两年,教练员终身取消教练资格,而且宁夏举重队被禁赛1年,将错过全运会。

事件背后有多个重要的悬念:运动员是不是知道自己服用了兴奋剂?为什么明知大赛之前药检严格还服用兴奋剂?其背后的原因是什么?

记者带着这些悬念去宁夏进行报道,但真正的核心信源——教练和运动员——都不肯接受采访。这个时候怎么办?有没有别的信源可能帮我们揭开这个谜团?

一、对信源进行分类

既然核心信源不肯接受采访,我们只能从其他信源入手。在这里,我们要介绍信源的分类。通常来说,可以根据与核心信息的远近程度,从近到远,将信源分成以下三类。[①]

一级信源:类似于前文提到的核心信源,主要是指当事人与目击者。在这个故事里,就是运动员和教练,他们最准确知道服用兴奋剂的事实。

二级信源:通常是权威机关或者调查部门。在这个故事里面,应该是宁夏体育局,或者是国家体育总局的突击检查队,等等。

三级信源:通常由了解相关情况的专家、学者和媒体从业人员构成。

每一级别的信源,能够给你提供的东西都不一样。核心信源,能够提供的是关键事实,当然运动员和教练员很可能会跟你说没有服用兴奋剂,你需要有技巧地追问;二级信源,可能提供判断,比如,权威机关的检查结果等;三级信源,则能够提供背景信息和分析性观点,比如,在这个故事中,熟悉情况的专家和学者可能会跟你讲述地方的体育环境和体育文化,帮助你理解新闻事件背后的逻辑。

二、三级信源很重要

记者通常会首先想到一级信源(或者说核心信源),也就是当事人、目击证人,但他们

[①] 这一分类的方式参考了李希光、孙静惟、王晶:《新闻采访写作教程》,332页,北京,清华大学出版社,2011。本书的分类略有不同。

通常都不愿接受采访。事实上,在新闻发酵的过程中,二级信源(权威机关或者调查部门)也非常难以触及。这个时候,三级信源就会变得非常重要。它不仅会成为你进入新闻事件的重要路径,而且,也会为报道提供足够的深度。

你会看到,很多媒体都尝试把不同类型的信源,比如说,一级信源、二级信源、三级信源结合起来。在中央电视台的深度报道栏目《新闻调查》中,新闻故事常常有两条以上的线索:第一条是核心事实和现场信息,第二条就是背景逻辑。第二条线索,通常是由二级、尤其三级信源来讲述的。因此,你可以根据信源级别和特征来作信息整理,组织故事链条。

三、由外而内的路径

理解了信源的分类之后,我们再来思考"宁夏举重队服用兴奋剂"事件的报道方式。本书作者曾繁旭到宁夏银川之后,直奔举重队的训练基地,并设法找到了当事人的联系方式。不出所料,被所有的一级信源拒绝了。运动员们说接受采访会给她们带来很多麻烦,教练则没接我们的电话。在训练基地绕了一圈,只能大致感受一下现场的氛围,为报道寻找一些场景素材。

作为二级信源,宁夏体育局我们也去了,同样被拒绝。因为对他们而言,这并不是一个光彩的题目。而且,突击检查的执行机构,国家反兴奋剂委员会也不跟地方交代过多信息。

这个时候,我们自然就想到了三级信源。

什么人会构成这个报道的三级信源?简单而言,当地的专家、学者和记者,就是很重要的三级信源,他们熟悉宁夏的体育环境、政策特点,甚至也了解当地举重队的运作方式和境遇。之前就已离开举重队的运动员或者教练组成员,甚至早先的宁夏运动员,也会是很好的三级信源。还有一种可能,地方体育部门的退休干部也可能开口,他们说点真话没太大关系。这些三级信源都能够为报道提供背景信息和分析性观点。

考虑到职业的接近性,我们首先去找当地的记者朋友,通过他们了解当地体育领域的发展情况,还有全运会来临前宁夏体育局的举措和思路。有记者告知,宁夏是体育较弱的省份,当地的运动员工资也比较少,但全国各地都很看重全运会,运动员一旦获奖都能拿高达几十万、甚至上百万的奖金。而宁夏也通过各种方式加大奖励额度,提升运动员的积极性。这种奖励机制,可能是举重队队员敢于冒风险的一个原因。

那么,为什么是举重队,而不是其他运动队呢?加大奖励与服用兴奋剂似乎没有太必然的联系。我们显然需要更多的三级信源。通过当地记者朋友的帮助,我们辗转找到了宁夏女子举重队的另外一位教练胡有志。胡教练16年前一手创办了这支队伍,但后来地位一步步被挤压。在这样复杂的心情之中,他向我们诉说了很多故事背后的奥秘:被终身禁赛的主教练王成继,原来在山东执教,在调来之后与宁夏体工大队签订合同,许诺一定在第十届全运会上至少拿一块银牌,体工大队则提供相应的经费,便于招兵买马。而举重队中比较保守、不愿签订承诺书的教练明显受到了排挤,地方部门觉得没必要给更多的资源支持。在此次检查中,正是王成继教练带的三名队员查出服用药物大力补(类固醇)。

胡教练跟我们吐了很多苦水,通过他,我们又采访了宁夏举重队和摔跤队的王建华领队,后者说当时从山东请这个教练过来以为会有很好的成绩,"没想到成为了祸害"。

不仅如此,我们还采访了首都体育学院的教授吴昊和华南师范大学体育学院院长胡小明等专家,他们阐述了国家立场,谈到了因兴奋剂问题而导致的国际压力和地方的短视行为。

这些信源都可以理解为三级信源。通过对他们的访谈,我们理解了这个故事背后的复杂逻辑和利益关系。正如前文所述,在一个很长的信源链条中,一旦你突破了一两个信源,很有可能就会打开其中所有的环节。

这种由外而内的信源获取路径,在调查性报道当中经常得到运用。在核心信源难以突破时,这是可以考虑的采访顺序。

四、回到核心信源

通过外围信源掌握大量信息后,与核心信源的沟通和协商就会更有针对性。当知道我们已经采访了队里的一位教练和领队,被派往贺兰县业余体校的男子举重队队员马文华也同意接受采访,从而我们得以了解他的伤病、他与教练的关系,以及郁闷的现状。这也是我们突破的第一个核心信源。

后来我们再次寻找教练王成继,他显然是最为关键的核心信源。在被终身禁赛后他已经没有体育生涯可言了,一定会觉得压抑,他也有些苦水要吐出来。如果记者表现出自己很了解整件事情,可能就会得到他的信任。

我们早先给他打了很多电话,每次都不回,最后我们给他发了一条短信说:"我们明天早上就离开宁夏了,就目前所获得的信息已经可以写成一个报道,但所有的信息对你而言并不太有利,有没有可能你愿意出来跟我们讲讲你所面临的处境?"发完短信5分钟之内他就给我回复:"我们一起喝酒吧"。

后来采访进展很顺利,王成继说了很多:地方体育部门给他很大的压力;运动员伤病很多,自己用大量的积蓄去买所谓的"营养品",大队也不给报销;目前与体工大队已解除合同,等等。他讲述了很多苦衷。

最终,我们的报道并不局限于举重队这三名队员是否服用、服用了哪一种兴奋剂,更多的是讲述一个相对丰富的故事:为什么在严厉的反兴奋剂管理下,仍然有人敢于铤而走险?这背后不仅关乎某些教练与运动人的道德品质,也与奖励体制、政绩工程及体制压力有关。因此,记者要看到事件中更多的内涵,这就是我们常说的要运用更多的想象力来做这份工作。

被兴奋剂改变的命运——宁夏举重队禁赛前后(节选)
记者:曾繁旭,载《南方人物周刊》,2004年12月31日

区别对待

"王成继来的时间不长,却成了一个害。"宁夏举重队领队王建华感慨。

2002年9月,由国家重竞技中心推荐,王成继从山东新汶矿业集团调到宁夏。

"我领三份工资,宁夏一份,山东一份,国家体育总局人力资源部还有一份补助,是地

方教练的好几倍。"

为此,他一直感到很重的压力。"想着支援西部",同时他也希望,能在这里赶紧出成绩,"为以后到国外执教打下基础"。

王与宁夏体工大队签了一份为期4年的劳动合同,合同写明,他的队员在2005年十运会上至少拿一枚银牌。

在举重队另一位教练胡有志看来,王成继在合同中的许诺太轻率,"举重队目前的底子很薄,我就不敢签这样的合同"。他透露,王成继因此得到了比自己优越许多的条件。

河东训练基地2002年开始动工,旧的举重场馆逐步拆迁,为了保证王成继的训练和招生,大队给了王成继一笔经费。

从2002年10月到2003年12月底,王成继一直在外,内蒙古、河北、东三省、山东、天津、福建,他一边招兵买马一边训练,参加训练的队员一度达40多人,每人每天花费50元。他回忆,那是非常舒服的一段日子,整天吃喝,"不想回银川"。

而胡有志则带着自己的队员在拆迁的旧场馆训练,"条件极其恶劣"。他既没有外出的经费,也不能跨省招队员。

2002年年底,宁夏男子举重队成立,王成继任教练,他还同时与胡有志并列当女子举重队的教练。王成继的队员总共有3人,马文华、丁海峰和孙艳。另11名队员由胡有志带。

胡有志一直很郁闷。作为宁夏女子举重队的主教练,16年前他一手创办了队伍,王成继的到来一步步压迫着他的位置。

按照胡的理解,王成继之所以得到这样的"礼遇",是因为他在合同上的承诺。

第四节 善用互联网突破信源

一、以社交媒体压缩人际距离

2011年6月21日,新浪微博上一个名叫"郭美美Baby"的网友颇受关注,这个自称"住大别墅,开玛莎拉蒂"的20岁炫富女孩,其认证身份是"中国红十字会商业总经理",由此引发很多网友对中国红十字会的非议。

在郭美美炫富事件引发舆论狂潮中,问题指向了中红博爱公司的董事长翁涛,显然翁涛是不可回避的核心信源。采访他便成了报道突破的关键。而《南方都市报》的调查记者王星就通过互联网上的联系,成功对他进行了采访。

《南方都市报》记者王星曾经谈到,当时的媒体大多沿用常规方式去接近信源,比如,通过熟人联系,可线下渠道均一无所获。① 他发挥自己的互联网特长,在微博搜索到了"翁涛yt"的账号,但无法确定那是翁涛本人。这时他查看"翁涛yt"的微博,发现某年6月

---

① 本小节的案例内容主要引自本书作者林珊珊对《南方都市报》记者王星的访谈。访谈时间:2013年11月。

份他发布了"从深圳去北京,翻开事业新的一页",这个时间与工商资料上中红博爱的成立时间一致,大体可以判断就是翁涛本人。

王星关注之后,丝毫没有反应,又查看"翁涛 yt"早期的关注与粉丝,按照经验,早期关注大多是现实中的朋友。他果然找到一个深圳商人,深圳商人对《南方都市报》有所了解,立刻也关注了王星,但是私信说明来意之后,后者又取消了关注。过了几天,翁涛主动在微博联系王星,表示愿意接受独家采访。之前微博上的互动起到了作用。

在社交媒体发达的当下,大多数时候,记者与采访对象其实是处在同一个平台上的,之前突破信源所依靠的传统人际关系,现在很大一部分被社交媒体所替代。通过社交平台,记者直接将想法告诉对方,而不必经过中间人的审查和干扰,极大地降低了接近信源的门槛。

另外,有些时候,记者直接发微博向粉丝求助,也能有所收获。现实的人际关系是离散的,但经过社交媒体的处理,人际距离被瞬间压缩,很多时候通过两三次传递就能够到达目标。

二、线上、线下互动搜寻核心信源

2013年,"6·7福建省厦门BRT公交爆炸案"又是一起热点新闻。人们很快发现,是一个叫陈水总的人制造了爆炸。关于陈水总的信息便是报道的核心内容之一。

《南方都市报》记者王星向我们介绍了通过线上、线下互动搜寻核心信源的方式:传统的深度调查往往是记者单打独斗,但这次报道中,前方记者到现场突破最核心的线索,后方编辑从微博上收集线索——如陈水总曾经发布过什么微博?情况如何?可能居住在哪里?后方把信息提供给前方,以帮助前方记者的突破。

可以说,在这种新的操作模式中,记者的工作效率得到了大幅提升。由后方整合新媒体碎片信息提炼可能的线索,交由前方核实补充;后方可以根据电话、网络做辅助性稿件,最终形成立体新闻产品。和调查记者单打独斗的方式相比,微博和新媒体使得前方记者的人际搜索更有效率,核心信源突破更为便捷,由此拓宽了深度调查报道的空间,甚至改变了其形态。正如王星所说,网络空间海量信息中蕴含的新闻报道的可能性,已经是注重调查效率和质量的新闻媒体无法忽视的了。① 尤其是从网络爆发的新闻事件,线上信源的搜集和获取是一种主导方式,通过论坛、微博进行信源的搜寻,成了记者的必备基本功。

小　结

首先,记者在获取信源的过程中一定要有想象、分析和判断的能力。在这个报道中,最核心的悬念是什么?各种信源的利益关系怎么样?他们的联系是强联系还是弱联系?他们分别是一级、二级,还是三级信源?他们处在怎样的社会网络当中?厘清这些问题将会帮助你作出判断。

---

① 引自本书作者林珊珊对《南方都市报》记者王星的访谈。访谈时间:2013年11月。

其次，你需要更了解中国社会的结构和运作。比如说，对中国各政府部门之间的划分和关系，一定要有所了解。前面案例中提到的专利部门、各级体育局等，对它们要有起码的认知。更宽泛地说，要理解一些人类行为的一般逻辑。为什么一些人会愿意接受你的采访而其他人不愿意，他们的顾虑是什么？体会别人的立场和情感，才能帮助你真正接近他。做记者比拼的不仅仅是谁能第一时间到现场，当然这是很重要的因素，但不是唯一的，甚至也不是决定性的。

再次，遇到困难时保持耐心和冷静，换一种方式寻找突破的可能，比如，先从外围突破，然后再回到核心信源，或者利用社交媒体进行信息搜索，也许会让奇迹发生。通常，越容易拿到的材料，也就越没有价值。

最后，本章所讲述的是信源获取的基本路径和规律，但根据每个案例的具体情形，你可以灵活运用。

【课后习题】

1. 假如你是报社的深度调查记者，突然听到一个消息：一座即将要爆破拆除的城市高架桥突然坍塌，并且将过往车辆砸在废墟之下，造成 9 死 16 伤。现在编辑派你去作一个深度调查。你的核心悬念是什么？谁是可能的信源？请画出你的信源脉络图以及可能突破的路径。换位思考一下：他们各自的利益诉求是什么？准备一套说辞去说服他们。

2. 2013 年 8 月，《财新传媒》记者陈宝成在山东平度家乡被拘留，警方给出的理由是他涉嫌非法拘禁进行拆迁的挖掘机司机，外界质疑警方为逼陈宝成就范而设局。围绕陈宝成，村民们为什么分化为支持和反对两派？事件背后的记者、律师、官员群体，各自的诉求是什么？思考一下，你要通过采访哪些人来还原事实？有哪些风险会造成报道陷入偏颇？

CHAPTER 10
第十章

让调查性报道更严谨：证据链

> **摘　要**
>
> 　　在本章中，我们将结合若干案例，探讨在调查性报道中，如何完善证据链，让其环环相扣又相互印证，从而得出一个明确而又不偏不倚的结论。

前言

这一章主要探讨的是调查性报道的证据链。

首先,我们来了解证据链的定义。概括而言,"证据链是由一系列相互关联的证据构成,用以充分证明事实"。在调查性报道中,只有当证据之间能够相互印证、相互支撑,从而导向一个明确、完整的结论,并且排除其他可能的结论时,这个报道的证据链才是完整和严谨的。[①]

从这个定义出发,一个调查性报道如果形成了完善的证据链,应当就能够得出明确而且不偏不倚的结论。但事实上,不少调查性报道通常是已有预设立场,

并简单采访一些"知晓情况的内部人",就得出调查结论,证据链单一而重复。还有不少报道,停留于表面的平衡,让各方信源提供说辞,而没有深入地处理和分析,最终留下重重悬念。这完全体现不出调查性报道的严谨性。

那么,完善的证据链应该是什么样?如何做到呢?

第一节　寻找关键证据

一、什么是关键证据

关键证据,在调查报道当中也被称为"铁证"(Hard Evidence),通常是指向一些客观、确凿的重要证据。调查性报道往往涉及巨大的利益,因而导致众说纷纭。而关键证据能够指向一个非常明确的结论,帮助记者和读者形成对事件性质的判断,而不会受到各方说辞和利益的影响。因此,运用科学思维寻找关键的证据很重要。

> **• 案例:丈夫不签字与孕妇之死**

2009年一起医疗事件引发全国媒体的关注:孕妇李丽云生命垂危,医院要求实施剖腹产进行抢救,但丈夫拒绝签字,最终产妇死亡。

看到这样的信息,作为一名记者,你会有什么反应呢?在当时,舆论关注点都在于伦理问题和手术签字制度:丈夫为什么不签字?根据规定,必须家属签字才能动手术,这种情况下,医院应该尊重规定,还是应该救人?

是的,伦理与制度的冲突、制度的困境、人性的挣扎……听起来相当有张力,相当有故事性。于是,几乎所有的报道都往这个方向操作了。有人谴责丈夫的冷漠,有人试图找出社会根源——为什么丈夫不签字?因为他是弱者,不幸生在底层,遭遇过层层的冷漠痛苦,从而产生对社会的不信任……记者们找到了一系列的原因,写出了漂亮的故事。当然,当时的新闻故事是各有说辞,甚至是彼此对立的。尽管丈夫反复强调不签字是因为他们是"来看咳嗽的,不是生孩子",多数报道都将之描写为愚昧、固执的形象。

然而,这一系列人性故事几乎都提及了一个基础判断:产妇死于难产。一个被广泛

[①] 黄澄:《王克勤调查报道的模式分析》,黑龙江大学硕士研究生学位论文,2015。

引用的数据是"41周的孕妇"。这个核心事实的判断准确吗？有没有悬念呢？有关键证据支撑这个判断吗？

一年之后，《南方周末》刊登了报道《谁杀死了李丽云？"丈夫拒签手术致孕妇死亡案"再调查》，①文章采访了被法院委托进行尸检的专家，指向了一个新的事实："李丽云怀孕是不足月的"。尸检得出"李丽云死因是妊娠晚期患双侧弥漫性支气管炎合并小叶性肺炎，继发重度水肿、急性呼吸窘迫综合征，最终出现呼吸循环衰竭死亡"。

该报记者柴会群找到了一开始接诊的呼吸科记录：孕36周。但这名病人转到妇产科时诊断为"孕足月，急性心衰、重症肺炎"。报道指出，"所谓孕足月，一般是指孕妇妊娠满38周"（注：也有医学说法称孕足月是指"孕妇妊娠大于37周"）。

这至少说明，对于李丽云是否"孕足月"，医院是否非要剖腹产才能救人，不同科室医生们仍存在不同判断。甚至，最初接诊的呼吸科是否应该将病人转诊到急诊科而不是妇产科，也引起许多专业讨论。无论如何，这篇报道的关键证据表明，难产以及丈夫不签字导致孕妇死亡，很大程度上是一个被构建出来的故事。从更多的证据和专家意见来看，这个事件的另一个悬念指向：是否存在医生的误诊，或者存在医院科室的相互推诿？

我们看到，新闻的陷阱几乎无处不在，对于任何新闻事件，都应该首先寻找关键证据，还原事实。这是一切报道的基础。

二、去哪里寻找关键证据

关键证据的来源取决于你所报道的题材。如果你报道的是一个医疗纠纷，关键证据可能来自于医疗过程当中不同科室和医生的诊疗记录；如果你报道的是一个科学题材，关键证据可能是专家的实验证据；如果你报道的是一场交通事故，那么关键证据则可能是相关路段的监控录像，或者是交警的事故记录；如果你从事的是一个商业调查报道，则可能涉及工商局的企业注册文件或者是招股说明书。

• 案例：谁的5100

2011年，《南方周末》的报道《谁的5100》就是一篇商业领域的调查报道。"5100"是一款矿泉水，它"在动车高铁上大规模派发"，并"屡屡出现在政治色彩很浓的活动场合"。它的成功让人生疑，它何以做到这一点，背后的资源是什么？如果想直接采用常规方法，找到愿意开口的人，难度可想而知。《南方周末》记者采用了什么办法呢？②

根据《南方周末》记者陈中小路后来发表的工作手记，③当时"5100"这家公司正在筹备上市，因此，记者决定根据其招股说明书"将股权背后的关系弄清楚，因为股权归属和利益流向往往关系紧密"。这是一个有8层股权结构的公司，相当复杂。记者采取一种原始的办法，根据招股说明书的一些信息以及能查到的工商材料设置关键词，不断排列组合，在百度和谷歌搜索，每次搜索出来的一些有意思结果又成为新的线索和关键词。最终，记

---

① 柴会群：《谁杀死了李丽云？"丈夫拒签手术致孕妇死亡案"再调查》，载《南方周末》，2009-05-04。
② 陈中小路：《谁的5100？中国第一高端矿泉水八层股权嵌套之谜》，载《南方周末》，2011-07-08。
③ 陈中小路：《谁的5100：感谢百度感谢谷歌》，载《南方传媒研究31》，广州，南方日报出版社，2011。

者发现了一个很有意思的问题：某个在招股说明书上并不显眼的名字，却出现在工商资料显示的多家公司的董事名单里，而这个人具有高官家庭背景。

记者陈中小路将这位女性的名字锁定为重要关键词，反复搜索后，又发现了另一个很有意思的现象：一名多次以"5100"董事长角色出席官方活动的男性，其名字却没有进入上市公司招股书里，既不是股东也不是高管。以此人为线索，记者继续在互联网搜索，发现此人"过去数年里参与投资的上市公司在9家以上，分布在全国各地，而且很多都是上市之前借改制的机会进入某国企，或者直接购买上市公司的法人股"。此人曾担任某领导人后代的秘书。

最终，这篇稿子命名为《谁的5100》，记者通过笨拙又巧妙的互联网搜索，揭示了一个神奇矿泉水公司背后不为人知的背景。当然，基于互联网的搜索，记者还可以进一步到工商部门或证券监管部门寻找相关的重要文书。

与此相似，在《财新》杂志的系列报道《周永康的红与黑》中，①记者们梳理了周永康的数十位涉案亲属、关系人，以及牵涉其中的95家相关公司。这些复杂的人物脉络与公司股权，主要就是根据一些关键证据来总结的。财新传媒常务副主编高昱曾谈及报道背后的故事和当时寻找关键证据的过程："查阅大量的公开资料，比如，公司的上市说明书，并在人名、公司中找关联；在此基础上，进行信息比对，缩小寻找范围；（也就是说，）针对经济行为进行资料的整理。"②

三、避免合理想象

在报道中，很多事实之间的关系是模糊、不确定的，但记者容易为了叙述的便利，或者因为迎合自己或公众脑海当中的理解框架，有意无意地对事实进行剪裁与合理想象，从而暗示其逻辑性，甚至内在的因果关系。而强调关键证据的思维，提醒我们要避免这样的合理想象。

比如，在《复旦学生投毒案》的报道中，一些记者将报道写出了侦探小说般的细节，不但细致描写林森浩同学的作案细节，甚至揣测其作案的心理动机，以及构建了其敏感、自卑的性格特征对于"毒杀室友"的促进关系。在信源较为单一且核心证据有限的情况下，这样的描写方式就带有一定的主观色彩。

事实上，调查报道不仅是一种新闻体裁，还应该是新闻操作的一种基本方法。无论是何种类型、何种角度的报道，都应建立在事实的基础上，而事实应该建立在关键证据支撑的基础上。

进一步而言，我们需要对事实保持敬畏之心，尤其在敏感题材中，要竭力接近关键证据和关键信源，并且反复求证，忠诚于证据本身。

---

① 谢海涛、王和岩：《周永康的红与黑》，财新传媒，2014-07-29。
② 参见对财新传媒常务副主编高昱的采访视频：http://video.caixin.com/2014-07-31/100711561.html。

第二节 超越庸俗的"平衡观"

在调查性报道中,注意信源的平衡是一个重要的原则,它保证记者不至于被一方的说辞所引导,从而失去报道的客观与中立。然而,很多调查性报道仅仅保留了形式上的平衡,将对立、矛盾的观点和证据简单并置,看似平衡,实则是偷懒和回避。这样的处理,会导致调查报道流于表面,伤害了公众对媒体的信任。令人担忧的是,越来越多的调查性报道都出现这样的倾向。

进一步而言,调查性报道,需要拨开笼罩在事件之上的谜团,从而逼近真相和得到结论,而不同信源和证据之间的"平衡",更多的是追求相互印证,确保结论得出的严谨和周密,它只是记者的一种原则和方法论,而不是最终的目的。

• 案例:公民吕海翔的"不寻常"死亡

《南方周末》曾经发表过许多优秀的调查性报道,但在其《公民吕海翔的"不寻常"死亡》一文中,就一定程度存在"简单平衡"的症状,我们以此文作分析。①

这篇法治类调查性报道的事件梗概如下:2004年5月的一天,浙江海宁34岁男性公民吕海翔因在KTV的"淫秽行为"被当地执法的警方口头传唤。据称,在两位民警陪同下,等待警车过程中的吕提出要解手,趁机跳入附近的河中,意外死亡。吕的家人则无法同意这一说法。

对于报道而言,这个事件的悬念无疑在于吕死亡前发生了什么?死因真的是溺水身亡吗?是否有被掩盖的真相?然而,这篇报道的行文相对松散,"记者的调查基本停留在吕海翔父亲、乡邻和海宁市政法委书记三方面叙述的基础上,对重要疑点没有追踪调查",报道也"缺乏明确结论指向"。②

一、无法解答的悬念之一:警方传唤是否合理?

报道首先希望回应的悬念是,警方传唤是否合理?吕被"口头传唤"后是否与警方发生过争执?对此,文章呈现了两种不同的说法:一方信息来自警方代表,所长朱桂祥指出"民警没有不适当的举动";另一方信息的来源则十分模糊。记者指出,事发当晚与吕一起唱歌的姚建国曾向"至少三个村民"讲述:"民警冲进包厢,踢了吕海翔一脚,吕起身还击,两人扭打在一起。"然而,"没人提供这三个村民的姓名和住址""姚建国本人拒绝接受采访"。可以看到,记者希望呈现平衡立场,但又无法核实关键细节,仅仅交代了信源获取上存在的难度,而这不能有效地答疑解惑。事实上,文章缺乏关键信源与明确结论的问题仍然存在,记者的查证也还可以进一步推进。比如,记者还可以尝试采访娱乐中心负责人、陪唱女子或其他目击证人等。

---

① 王小飞:《公民吕海翔的"不寻常"死亡》,载《南方周末》,2004-07-08。
② 傅海:《我国调查性报道的现状、问题及对策研究——以〈南方周末〉为例》,武汉大学硕士学位论文,2005。

二、无法解答的悬念之二：吕海翔是否主动跳河？

事发现场应该是该篇报道的重中之重，吕海翔是否主动跳河，自然是受众所关心的，此部分同样存在证据链断裂问题。

对于跳河的原因，官方说法是：两名民警和吕在娱乐中心门口等候，期间吕称要"小便"，趁机逃逸跳河，而后"不见踪影"。但另一方面，吕的家人也向记者提供了吕"生前水性极好""死后身上多处伤痕、骨折"等信息。多方说法，完全无法印证。

记者虽然再次呈现了几方的说辞，但仅是简单罗列，没有顺着线索深入调查。例如，法医的解剖结果是什么？多位相关民警，是否存在说辞不一？案发地点周边是否还有直接目击者？吕跳河时双手是否被铐住？各种证据相互叠加，才能逼近真相。

不仅如此，关于事发之后的尸检与"经济补偿"，记者再次提供了地方政府和受害者家属的多方说辞，但缺少核心结论。可以说，这篇报道的记者已经尽可能接触不同信源和证据，并且在报道中努力追求平衡，但对于核心事实并未形成真正的突破。

总体而言，调查记者不应停留于呈现悬念，简单提供所谓的平衡信息，而是应该超越庸俗的"平衡观"，通过多方说辞和证据的相互印证、驳斥与核实，形成环环相扣的证据链条，从而更好地探求真相。

第三节　证据链条的完整性

如上文所强调的那样，调查性报道就是要逼近真相，那么，证据链的重要性就是帮助记者和读者排除其他的可能性，比如，利益相关方有意引导、甚至是偶然性的失误与认知偏差，从而得出相对明确而且不偏不倚的结论。而且，调查性报道往往会惊动利益集团，甚至记者和媒体可能遭遇它们的反扑，因此，证据链的扎实、完整是调查记者和媒体保护自己的最好方法。

一、减少利益关联和涉入

• 案例：中国音乐学院"招生黑幕"

中央电视台《新闻调查》栏目曾播出一期节目《命运的琴弦》，揭露了中国音乐学院2004年的艺术生专业考试的"黑幕"。"中国音乐学院的艺术类招生，每年都在全国文化考试前对考生进行艺术专业的初试和复试，只有通过者才有资格报考"。青年二胡演奏家、中国音乐学院教师宋飞向《新闻调查》栏目组举报，在当年的春季艺术考试中，该校某些专业的招生过程存在严重的不公。于洋、孙蕾、张雨等考生虽然在艺术考试中表现不错，但最终得分排名却很不理想，面临淘汰，无法取得文化考试资格。[①]

可以看到，新闻报道的核心证据来自中国音乐学院的二胡音乐家宋飞，她参与了专业考试环节并对其中的不公感到愤怒，因此，用小型录像机拍摄了考试过程。那么，根据录

---

① 柴静、范铭：《命运的琴弦》，中央电视台《新闻调查》栏目，2004年4月5日。

像带与关键人的证词,是否就能得出结论?证据链条完整吗?

如果是一个普通的节目,凭借着"关键人爆料+录像带",可能已经兴高采烈地得到了结论,但《新闻调查》并没有。很显然,这个证据链条并不完整。首先,关键证人宋飞老师虽然有非常高的专业声誉,但其举报行为是否可能出于对某个落选考生的偏爱,或者出于对考试组某个老师的不满,甚至仅仅是因为在专业上有不同的理解?其次,关键证据,这盒录像带记录的仅仅是考试过程,但艺术考试的打分往往有其不确定性,不同专家的判断可能存在明显差异,因此,录像本身未必足以证明专业考试中的不公平。

听起来,这似乎是鸡蛋里挑骨头。但如何确保关键证人不会由于利益关联与涉入而提供不够准确的证词,以及如何确保关键证据是不容质疑的铁证,的确是对调查记者的巨大挑战。

二、多信源循环验证

媒体应该怎么做呢?是否除了关键人与录像带,还要采访其他的信源?如果是的话,应该采访谁?

按照传统的做法,记者可能还会采访面试的教授组,甚至采访学校。这样的尝试,当然会有助于报道的"平衡"。但可以预见,由于这样的做法并没有办法减少利益涉入的问题,其他被采访的利益相关方可能会极力撇清。如果仅止于此,最终可能形成一个各说各话的所谓"平衡"报道。显然,这并不是好的解决方案。

那什么是更专业的做法?如何在关键人爆料和关键证据的基础上进一步累积重要的证据,得出客观的结论?《新闻调查》具体是怎么做的呢?该节目的编导范铭受邀来清华大学讲座时讲述了这一过程:①

> 我们在几个小时的录像中发现了非常关键的影像,那种最基础的、连完全没有音乐素养的人都能看出来的失误,这是一个硬证据。同时我们又把这个录像拿给中央音乐学院器乐系的主任,让他背靠背地,从试唱练耳,到现场演奏,到表现力进行评分,发现得到的结果和实际的结果有巨大的差异。但是这样依然不够。因为中央音乐学院是中国音乐学院的对手,它从竞争的角度也可以说对方有问题。所以我们又把录像寄到了上海,让上海音乐学院的教授进行背靠背地打分。经过几重验证之后,我们确认他们的艺术招生存在着严重的问题。因此一次验证不够,你需要一而再,再而三地反复验证。

可以看到,节目的编导范铭和记者柴静,既极力地避免对单一信源(关键人+关键材料)的依赖,又跳脱了庸俗平衡观念的束缚,通过引入其他并无利益关联、具有专业判断能力的中立信源,并进行多信源之间的循环验证,较为巧妙地形成了完整的证据链条。

循环验证的重要性在这里就体现了出来。因为尽管记者注意到了信源的利益涉入问题,但较少的信源仍然可能由于各种偶然性的因素导致结论的误差,所以就需要反复比对

---

① 前《新闻调查》编导范铭曾于 2015 年受我们邀请到清华大学《新闻采访与写作》课堂进行讲座。以下段落来自讲座内容。本小节其他案例的写作也得到范铭老师的启发,特此致谢。

与验证,使结论的得出更为严谨。

进一步说,信源的引入是有目的性的,通过它们之间的循环验证,帮助记者从某一方的"宣称"或者双方的"不同说辞"逐渐逼近真相本身。理论上说,信源的引入越是丰富,彼此之间的交织与验证越是细密,结论就越可靠。这也是最考验记者功力之处。

三、采集不同视角与不同类型的证据

在上一个案例,我们谈到了多方信源之间的循环验证,进一步说,除了相关的核心信源、中立信源,最好还能整合来自于多个视角、不同类型的证据。这里并不是"平衡"的意思,而是说,通过增加证据的丰富性,有利于提供更加全面的思考与判断,更好地保证证据链的完整。

• 案例:《注射隆胸》

在《新闻调查》2005年的一期节目《注射隆胸》当中,记者柴静与编导范铭报道了一群女子因接受注射隆胸手术而导致身体剧烈病痛的故事。[①] 如果按照信源的类型划分,接受手术的受害者属于同一个类型,而且都是利益相关方。尽管她们从各种角度提供说辞与证据,但仍然有明显的不足。这时候,还有哪些不同类型、不同视角的信源或证据可以引入报道之中?你可能会想到医生、科学家等,但具体应该如何选择呢?

考虑到从事隆胸手术的是一个美容医院,而不是一个权威的三甲医院,于是这期节目采访了北京的协和医院,了解权威的整容科医生的看法并观看医生为受害者手术取出注射材料的可怕过程,由此得到关键证据;记者进而扩大采访范围,确认北京、武汉等地的三甲医院无一进行这样一种通过注射奥美定(聚丙烯酰胺水凝胶)实现隆胸的手术。在这里,权威医生和多家三甲医院与受害者是相互印证的不同信源。

柴静和范铭还找到了各种专家信源,包括支持奥美定的产品发明人,以及参与产品论证会的不同立场的专家,了解产品的技术特征、发展历程与可能的风险。当然,专家各有说辞,而且专业知识又超越了记者的理解能力。因此,节目采访了独立的科学家方舟子,他查证了美国、欧盟的相关科学材料,证明该材料在西方发达国家并不是合法的隆胸产品。可以看到,通过寻找具有独立性和权威性的专家信源,节目又获得了不同类型的证据以及新的视角。

不仅如此,节目还采访了执行手术的深圳富华美容院、监管方深圳市药监局,以及受理相关官司的法院,并梳理国家药监局的各种相关规定,通过一步步拓展信源的类型,回应了产品的"安全性""经济利益"和"监管质疑"等核心问题。节目既做到了支持方与反对方的信源"平衡",又保证了不同类型的证据之间环环相扣,在更扎实的基础上形成了一个证据链的闭环——这一注射隆胸的手术并不安全,在监管上可能存在一定漏洞,应该由相关利益方来承担责任。

---

① 柴静、范铭:《注射隆胸》,中央电视台《新闻调查》栏目,2005年10月24日。

四、运用科学的调查方法

调查性报道的题材越来越广,时常会涉及专业领域,在这些题材当中,证据链的搜集可能需要依靠更为科学的方法,比如,实验、抽样、大数据分析和长时间的科学追踪研究,等等。

在中央电视台《看见》栏目 2013 年的节目"生死时速"中,记者柴静着力于调查东风大卡车的刹车系统隐患。① 在其中,记者就采用了实验法:对于多部大卡车进行实验,更联系了清华大学汽车研究中心对该刹车系统进行专业的检测与评估,寻找其设计上可能存在的问题。不仅如此,节目还采访了德国著名汽车认证机构的专家,由权威信源来提供判断。可以说,节目运用了多种科学的方法进行取证。

其实,类似的科学实验方法,在《走进科学》等专业类的节目当中经常出现,调查记者可以将其运用到更加复杂、充满张力的题材之中。当然,由于这些科学方法的使用需要一定的专业素养,记者在这个过程中,也可能要逐渐摸索、熟悉。

第四节 证据链与报道立论

总体而言,调查性报道证据链的完整性,以及其所支撑的立论的合理性,有非常微妙的把握尺度。接下来,我们结合一个案例,一起来看看报道中的证据链与立论,检视其在新闻实践上的得失。在这部分,我们会引用相关专业人士对稿件的看法,也对报道的记者与编辑进行了采访,由他们进行回应,从而希望形成专业对话,并帮助大家更好地理解调查性报道之艰难与种种困局。

• 案例:唐慧案调查

唐慧是"永州 11 岁幼女被迫卖淫案"中受害者乐乐的母亲。她不满公安机关和法院对此事的处理,多次上访。2008 年 4 月,案件由永州市人民检察院向永州市中级人民法院提起公诉,几名犯人分别获死刑、无期徒刑等罪名。②

在各种媒体的报道中,唐慧经常被描写为一个"伟大母亲",展现了社会底层毫无畏惧、维护自身利益的勇气和决心。《南方周末》则刊登了一组有争议的稿件,包括《"永州幼女被迫卖淫案"再调查:唐慧赢了,法治赢了没?》《什么造就了唐慧》等,提出了不同的观察与看法。③

报道主要有两个焦点:(1)案件中是否存在"强迫卖淫",进一步说,"卖淫案"的判决结果是否量刑过重?(2)唐慧上访是否导致案件偏离"法治轨道",并影响了案件的量刑与最终判决?

---

① 柴静、范铭:《生死时速》,中央电视台《看见》栏目,2013 年 3 月 18 日。
② 参见百度百科的"唐慧"词条。
③ 柴会群、邵克:《什么造就了唐慧》《"永州幼女被迫卖淫案"再调查——唐慧赢了,法治赢了没?》《卖淫店老板"假立功"真相》,载《南方周末》,2013-08-01。

《南方周末》报道刊出后,有人认为这是具有突破性的报道,呈现了唐慧案不为人知的一面,并赞扬《南方周末》的勇气。而另一些人则认为这是失衡的选择性报道,在证据链采集与立论上都存在明显偏差,并谴责《南方周末》失去同情底层的道德立场。接下来,让我们看看批评者的观点、各方争论,以及记者与编辑的回应。

一、证据链能否支撑立论?

一些批评聚焦于技术层面,尤其指向报道信源的"平衡性"与证据链的完整性。这也是对调查性报道非常重要的专业要求。著名评论员宋志标的观点较为典型。

南周唐慧案是如何失控的

来源:网易真话栏目　作者:宋志标　2013年8月6日

> 对材料缺乏交叉验证的自觉,材料之间不是"求证"的,而报道文本也拒绝这么做……采访并使用两方的话,不一定就是平衡。这要看引用的比例,引用方式及对材料是否有行文"论证"。比较唐慧方的材料,与警方及维稳方的材料在数量上是相当不平衡的,主要表现在直接引语上,数量非常不均衡。
>
> 编者按在预设了"回到原点"这个立场时,在一定程度上可以推掉让报道中材料比例均衡的义务。但这组报道在削弱报道的平衡义务方面,是通过专业手段来实现的,那就是不对材料的真实性负责,放弃材料的求证,单方面地强调它们的叙事。比如,在秦星等人是否构成"强迫"卖淫的证据上,材料的使用就相当武断,直接否认。按照一般做法,对于这个关键材料的使用,不仅需要秦星家的说法,还需要唐慧辩护律师的说法,也需要根据判决书及反映控辩过程。

很明显,在宋志标看来,报道的证据链是无法支撑起立论的。面对这些批评,《南方周末》的编辑记者有什么样的说法?

本书作者之一林珊珊对《南方周末》的稿件作者柴会群进行了采访,后者认为:①

> 平衡是一种为了避免稿件失实,约束记者的采访原则。一个事件涉及的各方都要采访,但采访后记者会形成判断。在写作上不能采用"各打五十大板"的形式,这是很庸俗的平衡观。"平衡"仅是指导采访的原则之一,而并非评定稿件的标准。"平衡"是一种极主观的评价,每个批评者都有自己内心的"平衡"标准,迁就这些似是而非、虚无缥缈的"平衡"标准来框定新闻报道,只能导致作者的写作寸步难行。
>
> 进一步说,唐慧案的报道本身已经极不平衡,唐慧劳教之后,媒体上出现的全是一边倒的声音,连谎言都不加选择地呈现。我这个报道的出现本身就是平衡。
>
> 所谓"不对材料的真实性负责,放弃材料的求证,单方面地强调它们的叙事"完全是不实之词,我的唐慧稿的大部分采访,都在求证记者廖隆章报料的真实性。比如,最初的办案警察是否遭到围攻、唐慧所指控的秦家与公安的关系等。在秦星等人是否构成"强迫"卖淫的证据上,不仅没有"相当武断",而是相当谨慎。我仅仅使

---

① 为了写作相关内容,本书的作者林珊珊对于《南方周末》记者柴会群进行了采访,以下是他的回应。

用了卷宗特别是判决书中的内容,既没有采用秦星家的说法,也没有采用唐慧方面的说法。

我的立足点也是质疑而非否定。是否"强迫卖淫"?我并没有说一句"自愿卖淫",而是立足于对"强迫卖淫"质疑。在强迫情节上,只有乐乐一方的说法,并且说法是有变化的。而卖淫女作为第三方,证词并不利于"强迫卖淫"的成立。从利益上分析,这几名性工作者把自己描述为受害者,证明老板的施害形象,似乎更有利于自己。但法官为什么要判处"强迫卖淫罪",也是一个悬念,但操作过程中没法采访到法官。

二、立论是否严谨?

《南方周末》在编者按中说明了报道的立论:

"永州幼女被迫卖淫案"再调查:唐慧赢了,法治赢了没?

记者:柴会群、邵克,载《南方周末》,2013年8月1日

梳理此案的发展过程,我们发现,作为唐慧事件的起点,此案存在核心证据不足、司法程序受到外部压力影响等情况;而被告人亲属与代理律师甚至相关司法机关,也认为判决结果因压力导致量刑过重。

我们也关注唐慧对案件发展的影响。唐慧曾自述"通过以死相逼和不断上访,迫使案件走向正轨"。在这一过程中,此案是否始终保持在法治轨道之上,就具有了辨析的价值。

上访是唐慧维护女儿及自身权益的重要途径,而上访给当地带来激增的"稳控"压力;既使相关部门做出拘留乃至劳教唐慧之举,也把地方政府的信访考核达标与唐慧的诉求绑在了一起,形成极其微妙的共生关系,这正是信访与"稳控"合力导致的奇特图景。

总体而言,《南方周末》试图将案件放在"信访"和"稳控"的张力关系之中,考察这个案件是否符合法治的逻辑;唐慧行为是否得当;是否"妨碍司法公正";如果妨碍了,又是如何实现的;背后的逻辑和更为深层的现实是什么。

关于报道立论的争议,大多集中在对唐慧及其女儿行为和经历的呈现上,尤其是记者关于"是否自愿卖淫""上访是否影响司法"的论证。一些批评是情感道德式的,如"报道竟在证明一个11岁女孩如何自愿卖淫",又如"唐慧的做法当然有问题,通过坚决地上访、媒体、捣乱等各种方式影响司法,获得了她的'正义'。这对被告很不公平。可如果她不这么干,司法就会公平吗?""她一个底层妇女,还能怎么样呢?""换作是你,难道能做得更好吗?"这些批评背后隐藏着一个问题:面对"公权力"和"底层"的博弈,媒体是否能对"底层"进行批评,是否应该是始终站在"弱者"一边?还是应当视具体情况而定?

《南方周末》记者柴会群在接受我们的访谈时认为:"这是一篇带有纠偏性质、质疑既有报道和判决的报道,报道在质疑'强迫卖淫',而非证明'自愿卖淫'";此外,"关于唐慧和

唐慧案，不少人心里有个既定的逻辑：唐慧的一些非理性甚至非法行为，是因当地司法机关，特别是警方的不负责任引发的。如果后者是负责任的，唐慧不会有那些行为。言外之意，就是唐慧是由'良民'被逼成了'刁民'。但是，观感无法代替事实。纵观唐慧案前后，这一点恰恰难以成立。相反，倒是在唐慧及其家人施加的压力下，权力很早就介入了此案，并导致很多无辜者受牵连，其中有平民，也有警察。"

记者柴会群认为报道并没有直接立论："主要是呈现案外的不正常因素、判决结果不正常的地方，并以此提出质疑。质疑的内容恰恰是司法判决的不公正。当然，报道初衷确实想通过唐慧案解读维稳体制和法院判案的关系。但没法得出一个明确的定论，比方说，维稳体制具体是怎么运转的，是如何扭曲的，为什么会扭曲？究竟是上访直接导致了判决不公，还是有间接力量在发挥作用？其内部的操作流程如何？内在逻辑如何？囿于采访环境，这部分没有采到。配稿标题为《什么造就了唐慧》，就是指向了'什么'，只是内部的链条没法呈现。"

凡此种种，对于报道的争议形成了宝贵的业务探讨，也有不同主观意愿、不同经验的投射。作为一名记者，我们能做的是保持独立判断、冷静思考，同时尽可能采集完善的证据链条并恰当地立论。

正如记者柴会群所言，稿子对于体制内部处理"唐慧案件"的过程和逻辑链条呈现不够充分。对唐慧上访行为呈现相对充分，对唐慧具体如何、为何能影响判决没能充分展开。这和新闻采访生产环境的限制密切相关。这一时难以完全打开的环境所带来的结果也造成更深的分歧和误解。

你如果对案例感兴趣，请检索报道进行阅读。阅读时请思考：如何理解稿件所引发的争议？如何理解平衡性？报道的立论是否恰当？如何让报道的证据链更加完整？

在《南方周末》的报道刊登之后，本书作者林珊珊再次对"唐慧案"进行了报道。文章的标题是《唐慧的漩涡》。[①] 文章对案件关键证据链与人物的处理，与《南方周末》以及之前其他媒体的报道又有许多不同。因为文章较长，这里不作摘录，同学们可以找来阅读和比对。文章的第六节，集中讨论了《南方周末》报道引发的各种争议，以及中国舆论场的分裂，值得一看。

林珊珊在报道刊登之后，应媒体之邀，在《南方传媒研究》写了一篇记者手记，讲述了自己处理稿件时的困惑，也讨论了其中对证据链的取舍。在此，摘录部分内容。

唐慧案中的困局和困惑（节选）
作者：林珊珊，载《南方传媒研究》，第 49 期

乐乐案是怎么回事？这涉及到报道平衡性，涉及到新闻真实、客观真实和法律真实的关系。

从法院判决看来，钱的分成和打向乐乐的巴掌已经构成强迫卖淫罪的核心证据，唐慧所披露的乐乐被禁闭毒打的信息并没有被法庭采纳。这在公众看来也许是无法

[①] 林珊珊：《唐慧的漩涡》，载《南方人物周刊》，2014(21)。

理解的。我查阅所能看到的卷宗材料，进行了力所能及的调查，最终呈现时也遭遇了"平衡性"的困惑。

2013年《南方周末》报道发表后，业界热烈讨论着关于平衡性问题，一种意见认为每一则新闻稿要做多方平衡，甚至呈现各方陈述的篇幅也要均衡。还有另一种意见认为，新闻是一个大生态，既然前面铺天盖地的新闻都只有唐慧一方的声音，那么这一篇呈现另一种声音，事实上是对整体性失衡的纠偏。但也有人反驳，并不是所有的读者都会把所有的稿件看完，应该在一个稿件里面实现它的动态平衡。《唐慧的漩涡》一个基石是对案件的真相的探讨，如果没有这些探讨，就是各种混乱说法的呈现。

我花了很大力气去说服当年柳情缘的性工作者接受采访，她们毕竟不是当事人，可能有相对客观的视角。其实她们站出来讲话压力很大，有一些已经结婚了，站出来讲述是要冒风险的。唐慧女儿的自述我也引用了一些，毕竟她在案件中是受害者。

如何引用这些性工作者的表述呢？比方多个小姐提到，11岁的乐乐会去"缠住"别人之类的场景。写稿时反反复复，如果这么写，很容易被误读为你在论证幼女自愿卖淫——事实上，她在溜冰场认识周军辉三天后，就被带到了柳情缘卖淫。我只能尽量全面展开这些信息。通过小姐们的讲述，我了解当地生态、这些男人和女孩的奇特关系以及她们当时的心态，当我听到玲玲15岁时被男友连哄带骗带去卖淫，后来为了挣钱堕胎来到"柳情缘"时，我是很震惊的。而她们之所以愿意站出来，是因为在她们的记忆里，被判决死刑的老板娘秦星是她们所遇过的最贴心、仗义的老板。当然这一切没法推导出乐乐的处境，她的个人状况是没法回避的。采用了小姐们的说法后，我又补充了一些观点："作为11岁的幼女，乐乐并不能为自己的行为负责，却遭遇了成人世界的误读、利用和侵害。"同事讨论这篇稿件时认为这样的判断有些武断，还不如详细分析——从法律的角度应该如何看待这些现象。

从"柳情缘"性工作者讲述的逻辑来看，如若不是唐慧执着，不是公众关注，发生在乐乐身上的事就是她们所经历的故事中普通的一则。这些青年男女缺乏法律观念，按照那个小世界的规则和价值观行事……

小　结

调查性报道依靠的不是"铁肩担道义"的道德热情，也不是"勤能补拙"的简单劳动，而是需要高度的智慧、超常的耐心，以及精妙的技术与方法。

在其中，如何确保证据链条的完整性，并进行准确而恰当的立论尤为困难。调查记者不仅要对社会的复杂性保持开放，也要对自我的经验与意愿心存警惕。

【课后习题】

1. 观看本章讲述的某个《新闻调查》节目,仔细分析其完善证据链的方法,并思考其得失。

2. 请检索若干个调查记者卷入官司的案例,并仔细分析记者在证据链获取上可能存在的不足。将这些不足写下来,并考虑如何避免。

CHAPTER 11
第十一章

让调查性报道更有影响：焦点确定

> **摘　要**
>
> 调查性报道，需要回应社会关切的问题与时代命题，将单个的新闻事件和现象转变成为"公共议题"，从而推动公共规则与政策的完善，而不是停留于简单的"曝光出丑"。

前言

《中国青年报》《南方周末》《财新周刊》《财经》杂志、中央人民广播电台的《新闻纵横》、中央电视台的《焦点访谈》和《新闻调查》以及《每周质量报告》,曾经刊发、播出了一批有影响的调查性报道,对提高公众的权利意识、增加政治和经济活动的透明度、推动公共政策的改善发挥了十分积极的作用。

但近年来,除了《财新周刊》等少数媒体还偶有影响巨大的调查性报道,如周永康家族腐败案和谷俊山军中腐败调查等报道面世外,很多媒体的调查性报道都显得议题空泛、题材琐碎,失去了应有的监督作用。这其中既有外部环境变化的原因,也有不少专业问题值得探讨。

这一章,我们就主要以《焦点访谈》为例,来探讨一下调查性报道应该如何确定焦点问题。①

第一节 焦点何在

一、"焦点"的定义

与前面章节提到的"核心悬念"不同,调查性报道的焦点,并不是在具体报道当中引起好奇的那些未知因素和线索,而是报道所关联的社会问题:当下的,或隐或显,影响大多数人利益和权利的问题。

调查性报道记者时时刻刻要追问自己:什么是当下真正的社会问题?公众真正的社会关切是什么?而"找焦点",就是把那些单一的新闻事件或者现象变成公共议程(Public Issue),或者说通过公众舆论的形成,推动社会规则与公共政策的完善。

《焦点访谈》的前身《东方时空·焦点时刻》的制片人张海潮在回顾《东方时空》20年时这样回答他对"焦点"的理解:"我认为焦点不单指曝光社会的不良现象,也不仅仅是突发灾难事件,它应该是近期内老百姓最关注的问题。"

《焦点访谈》曾经被作为调查性报道和舆论监督的代表性栏目。在《焦点访谈》的官网上,节目定位的表述是"时事追踪报道,新闻背景分析,社会热点透视,大众话题评说";它对自身特点的概括依然是"以深度报道为主,以舆论监督见长"。然而,对照近几年中国社会科学院社会学研究所编辑出版的《社会蓝皮书》发布的网民最关心的热点事件,几乎没有一个事件是因为《焦点访谈》率先揭露或跟踪报道而成为焦点。在某种程度上,《焦点访谈》已经远离了公众的舆论场。

二、报道的失焦

现在我们就来对比一下《社会蓝皮书》近几年的"互联网舆情分析报告"②所排列的20

---

① 本章部分内容曾由本书作者庄永志发表于《青年记者》2013年第21期和2018年第22期。纳入本书时进行了修改与增补。庄永志曾任中央电视台《焦点访谈》栏目主编,本章主要以该栏目为分析对象。

② 汝信、陆学艺等编:《中国社会形式分析与预测》,北京,社会科学文献出版社,2011、2012、2013。

件网络热点事件(以下简称"20件热点事件")与《焦点访谈》近几年所有节目的内容,可以清晰地看出《焦点访谈》在调查性报道方面的失焦现象。

在每年关注度最高的20件网络热点事件中,《焦点访谈》2010年只报道了不到2.5件、2011年只报道了不足4.5件、2012年只报道了6件,而且几乎无一涉及舆论监督。所谓0.5件是怎么算的？哪怕整期节目不是关于这件年度事件的报道,只要提到这个事件一句,就算0.5件。即使如此,许多富有强烈的监督色彩的事件,如"李刚之子校园撞人致死""唐福珍自焚""佛山小悦悦事件""郭美美事件""毒胶囊事件""广东乌坎事件"等均未报道。我们可以列成如下表格。

《焦点访谈》近年对20件年度网络热点事件的报道情况表

2010年(＜2.5件)

排序	事件/话题	《焦点访谈》报道
1	腾讯与360互相攻击	无
2	上海世博会	9期
3	网络红人"凤姐"	无
4	李刚之子校园撞人致死	无
5	富士康员工跳楼	无
6	袁腾飞言论惹争议	无
7	北京查封"天上人间"	无
8	郭德纲弟子打记者事件	无
9	唐骏"学历门"	无
10	宜黄强拆自焚事件	无
11	方舟子遇袭	无
12	张悟本涉嫌虚假宣传	《神乎"大道堂"》(12月29日播出):提到张悟本的名字
13	各地校园袭童案	无
14	安阳曹操墓真伪之辩	无
15	山西"问题疫苗"	无
16	商丘赵作海冤案	无
17	王家岭矿难救援	《王家岭的生命大营救》(3月30日播出),其他新闻时段首播并有长时段直播
18	谷歌退出中国	无
19	唐福珍自焚	无,《新闻1+1》有数期报道
20	部分地区罢工	无

2011年(＜4.5个)

排序	事件/话题	《焦点访谈》报道
1	7.23动车追尾	《关注特别重大铁路交通事故》(7月24日播出),其他新闻栏目有大量播出

续表

排序	事件/话题	《焦点访谈》报道
2	佛山小悦悦事件	无
3	日本9.0级地震	《关注日本大地震》(3月16日播出,其他新闻时段有大量播出)
4	郭美美事件	无
5	深圳大运会	无
6	利比亚局势	1.《卡扎菲之后的利比亚》(10月21日播出) 2.《中国记者在利比亚》(8月29日播出) 3.《利比亚战争之痛》(4月8日播出)
7	药家鑫案	无
8	乔布斯去世	无
9	上海地铁追尾	无
10	各地房产限购	无
11	抢盐风波	无
12	免费午餐计划	无
13	李娜法网夺冠	无
14	神舟八号发射升空	1.《"天宫一号"开启太空新旅》(9月30日播出) 2.《"天宫"、"神八"太空牵手》(11月3日播出)
15	钱云会案	无
16	故宫失窃系列事件	无
17	上海染色馒头事件	无
18	刘志军贪腐案	无
19	双汇瘦肉精	无
20	微博打拐	《小微博服务大社会》(10月19日播出)提及

2012年(6件)

排序	事件/话题	《焦点访谈》报道
1	钓鱼岛与反日游行	1.《钓鱼岛:中国主权不容侵犯》(9月11日播出) 2.《"购岛"闹剧该休矣》(9月12日播出) 3.《捍卫领土 绝不退让半步》(9月13日播出) 4.《"购岛"闹剧背后的阴谋》(9月14日播出) 5.《钓鱼岛:历史作证》(9月15日播出) 6.《钓鱼岛:海空巡航 维护主权》(12月14日播出)
2	伦敦奥运	1.《伦敦:上天入地下海保奥运》(5月10日播出) 2.《奥运启示录(一)眼光与心态》(8月19日播出) 3.《奥运启示录(二)金牌的分量》(8月21日播出) 4.《奥运启示录(三)规则之惑》(8月22日播出) 5.《奥运启示录(四)走出去 请进来》(8月23日播出) 6.《奥运启示录(五)永恒的财富》(8月24日播出)

续表

排序	事件/话题	《焦点访谈》报道
3	"神舟九号"与"天宫一号"对接	1.《火箭飞天"引路人"》(6月13日播出) 2.《飞天三人组全新亮相》(6月15日播出) 3.《科技助推神九飞天之旅》(6月29日播出)
4	黄岩岛与南海局势	《黄岩岛：主权不容侵犯》(5月9日播出)
5	《舌尖上的中国》	无
6	莫言获诺贝尔文学奖	无
7	周克华案	无
8	方韩论战	无
9	王立军、薄熙来事件	无
10	北京特大暴雨灾害	《北京抗击特大暴雨》(7月22日)，其他时段有大量报道
11	毒胶囊与"皮鞋很忙"	无，《每周质量报告》首播
12	电商价格战	无
13	微笑局长成"表哥"	无
14	广东乌坎事件	无
15	四川什邡事件	无
16	陕西孕妇引产事件	无
17	多地曝集资案	无
18	哈尔滨塌桥事件	无
19	沈阳大量商铺关门	无
20	最美女教师张丽莉	1.《最美教师张丽莉》(5月20日播出) 2.《好一朵美丽的茉莉花》(8月20日播出) 3.《最美女教师的至高荣耀》(9月17日播出)

第二节 为何失焦

面对这样的现实，时任国家新闻出版广电总局发展研究中心主任的庞井君在其主编的《2013中国视听新媒体发展报告》中引用了这样一组数据：在20世纪80年代，官方媒体掌握了80%的话语权；而在2012年的20个网络热点事件中，非官方媒体掌握了75%的话语权。[1]

有学者用"两个舆论场"来描述新兴媒体和所谓主流电视报刊的关系，[2]这凸显了舆论场的变化。在今天，仍然有人一提到公众舆论就会想到"社会管治与舆论引导"，这很可

---

[1] 庞井君主编：《中国视听新媒体发展报告(2013)》，北京，社会科学文献出版社，2013。
[2] 何舟、陈先红：《双重话语空间：公共危机传播中的中国官方与非官方话语互动模式研究》，载《国际新闻界》，2010(8)：21～27。

能夸大了传统主流媒体的议程设置能力。殊不知,在网络时代,网民的声浪越来越大,并在相当程度上反过来影响传统媒体的报道,不得不引起重视。

无论是引领,还是跟随,《焦点访谈》的报道这几年很少能够发现热点、制造热点、放大热点,所谓失焦,就是这种对舆论的远离!究其原因,除了监管方面的因素,至少跟以下四大方面的问题相关。

一、如何通过个案回应时代命题?

通过对单一个案、事件的深入挖掘,回应时代命题,涉及到的是媒体机构的问题化水平,这是衡量媒体调查性报道能力的第一指标。媒体机构能不能及时判断各种新闻线索、新闻事件与公众哪些亟须维护的权利相关,与社会发展哪些亟待解决的难题相关,能不能敏锐区分当下个案与以往类似报道的区别,直接影响着报道的认知价值和影响力。

公众关心的历年的"20件热点事件"都折射出当今中国的时代命题。比如,"莫言获诺贝尔奖"与诺奖的去污名化相关;"毒胶囊事件"与食品安全的阈值相关;"乌坎事件"与基层民主建设和政府处置突发事件的能力及方式相关;陕西一孕妇被强制引产则直接指向计划生育政策的合法性问题;即使是免费午餐计划和微博打拐这样的所谓正能量新闻,显示的也不仅是传统的好人善举,更是社会空间的拓展和自组织力量的增强。

但是,《焦点访谈》主动调查与监督的个案往往缺乏重要的内在价值,缺乏对当下的问题意识,且同一议题、同一层面、同一角度多年重复,仿佛为调查而调查。

• 案例:《男科门诊的秘密》

2012年曾遭人诟病的、在医院用茶水冒充尿液送检进行暗访的《男科门诊的秘密》,它呈现的问题、调查的路径、得出的结论与《焦点访谈》十几年来的类似报道几乎完全一样——黑诊所、黑医院、黑医生、乱收费、不道德、缺监管。

这样的选题,不仅2012年还有《红火的黑诊所》《谋财害命的"神医"》,此前类似的报道也几乎年年有,这些报道越来越难以引起全国性的关注,因为它们没有在公众关于医疗问题的认知领域增添任何新的问题点或拓开任何新的认知维度,它的报道依然在重复对医生的道德水准低下的谴责、对医疗机构只顾挣钱的批判。

不少媒体从业者往往以民生性来强调这类题材的价值,但这其实是对"民生"理解的偏狭。

英国著名社会学家 T. H. 马歇尔 1949 年在伦敦经济学院演讲时指出,对公民权这个大问题,不同的时代要解决不同的方面:18世纪,要解决民事权问题,人人要享有人身自由和言论自由、思想自由;19世纪,要解决政治参与权问题,人人要有选举权和被选举权;20世纪要解决社会权问题,人人要享受国家利用纳税人的钱提供的教育、医疗的基本福利。一个人,只有同时享有基本的民事权、参与权、社会权,才算一个完整的公民。[①] 马歇尔不光是社会学家,还是社会活动家,他在联合国任过职。"社会权",在 1966 年写进了联

[①] 该演讲稿在 1950 年由剑桥大学出版社出版,书名为《公民权与社会阶级》,而后又多次再版。中文版参见郭忠华、刘训练编:《公民身份与社会阶级》,南京,江苏人民出版社,2007。

合国的权利公约文件。

作为国家电视台的深度栏目,《焦点访谈》在报道民生新闻时,应该敏感地意识到所谓"民生"其实与民事权、参与权乃至社会权息息相关,当今观众要吃饭看病,也要积极参与社会,很多焦点议题与三项权利高度相关,不是单一的生活问题。

《焦点访谈》选题失焦的表面原因在于信息渠道单一,自主监督的线索主要靠观众来信、电子邮件和电话记录,而节目的示范效应又使观众的投诉与反映陷入自我循环的怪圈。再深入追问,恐怕不少从业者未能深入思考转型中国的改革命题、欠缺深刻体察草根阶层的隐形困境和缺乏直接领悟精英阶层的社会关切有关。

二、如何使用恰当的媒介话语?

所谓媒介话语,就是用符合新闻规律和受众心理的方式进行新闻故事的讲述。比如说,在每年热点事件中往往是那些具有曲折情节、强烈冲突和所谓"雷人话语"的事件得到最多的关注和传播。同样是揭露腐败,被称为"表哥"的官员杨达才在事故处理现场的微笑与腕上名表更具表征意义;同样是反映违法拆迁,唐福珍自焚和宜黄钟家姐妹的遭遇更加惨烈;同样是食品安全案例,《每周质量报告》调查的"双汇瘦肉精事件"和"毒胶囊事件"更加极端和典型。而对这些媒介热点和故事的忽略,意味着新闻敏感度的缺失。

相比之下,《焦点访谈》的叙事态度往往直接以法规、文件、公德为依据,非谴责即同情,几乎看不见恰当的媒介话语表达方式,更不见深度报道记者应有的讲故事的耐心与技法。

仅就标题的修辞而言,《焦点访谈》经常用标语式、禁令式、劝诫式表达,而不是媒介话语。比如,2012年播出的《依法打击恶意欠薪》(2月1日播出)、《依法惩处造谣传谣》(4月16日播出)、《莫让微信成"危信"》(12月9日播出)、《网络不是法外之地》(12月20日播出)、《莫让"水军"搅浑网络》(12月24日播出)等。有时候,又使用嘉奖令、表扬稿一般的颂扬方式,依然不是媒介话语。比如,《大病保险解民忧》(10月18日播出)、《一切为了病人》(10月19日播出)和《积小善 行大德》(12月30日播出)等。

三、如何通过报道推动社会规则的完善?

对那些与时代命题相呼应的典型案例进行调查性报道,往往能够产生强烈的舆论效应,从而推进社会规则的完善。

事实上,那些引起全国关注的年度热点事件的最初报道者和着力推进者,不仅注重所选事件的离奇与荒诞,更在意这些标志性事件对现行法律、文件和道德的冲击与再造,会自觉地按照"议题化—问题化—规则化"的路径着力策划与推进。

• 案例:唐福珍自焚事件报道

在"唐福珍事件"中,央视《新闻1+1》和一些报纸从第一则报道开始就有意探究事件背后的权利关系和运行模式,从邀请著名法学家发表评论到采访北京大学提出法律意见的五位教授、再到追踪国务院法制办公室的反馈、直到最后对《国有土地上房屋征收与补偿条例（征求意见稿）》各方意见的报道，这一系列的努力，找到了社会改良的法制出口，促成了公众、媒介和政府部门的又一次良性互动，以专业智慧向同行示范了"建设性"的真正含义。

而《焦点访谈》的很多报道往往止于"曝光出丑"和"抓现行"，美其名曰"电视特性使然"，而且抓的往往是一些民众的"违法违规"和"缺德"的现行，比如，随地吐痰、闯红灯，或者造假货，至于法律和政策的疏失、修订、废止或推进、出台几乎从不主动涉及；口号般的"建设性立场"，往往也是通过演播室头尾或节目中间的几句近乎格式化的套语予以呈现，例如，"要想杜绝此类事件，必须完善……"或者"我们不禁要问……""我们相信，随着法律的完善、随着有关部门的进一步重视……"之类。

这样的报道，仅限于就事论事，至于问题本身的复杂结构、问题背后的制度支撑、利益相关者的深层关系，《焦点访谈》则一般不予深究。这样的调查性报道，也就无法起到推动社会规则完善化的作用。

四、如何在报道中体现专业理念？

> ● 案例："文明天下"大型媒体行动

调查性报道，或者说舆论监督，本来是监督公权力对公民个人和法人组织的合法权益的不法侵害，但开播之初，《焦点访谈》的监督焦点就大多停留在普通公众身上。《焦点访谈》2012年开始播出多期"文明天下"大型媒体行动节目，更是直接将监督的镜头瞄准普通观众的随地吐痰、乱扔垃圾之类的不文明行为。与其说《焦点访谈》出现了严重的职业倦怠与职业枯竭，不如说陷入了明显的路径依赖。

如果央视是一个社会媒体或公共媒体，它以平等社会成员的身份提醒公众言行文明尚情有可原，但央视作为纯然国家媒体，对普通人的轻微不雅行为无遮挡地进行曝光，就难免遭遇"媒体暴力"的指责。

监督来监督去，普通公民居然成了重点监督对象，不能不说是调查性报道或者舆论监督的扭曲与变形。对比前述的年度焦点事件，我们不得不说，以对公民表达权、参与权、社会权的维护和对政府部门及官员侵权行为的监督为核心的真正舆论监督，已经转移到了以《财新周刊》《南方周末》等为代表的市场化媒体和人人可以使用的新媒体一起构成的崭新的场域之中。

对调查性报道和舆论监督的庸俗化理解、对时代命题的模糊认知、充满说教与行政批判色彩的表达方式、满足于让包括普通公民在内的采访对象的曝光出丑，造就了今日《焦点访谈》远离舆论焦点、背离舆论监督的窘境。

要想脱离窘境，真正赢得公众的信任，只有以监督政府善治、促进社会成长为己任，重新确立调查性报道的实践范式，舍此，别无出路！

第三节 如何聚焦

我们以 2009 年的年度焦点事件"张海超开胸验肺"的报道过程来看记者应该如何在焦点事件中进行聚焦,如何做到准确、细致、有力。

• 案例:"张海超开胸验肺"报道

2009 年 6 月,"为了证明自己得上了职业病——尘肺,河南新密农民张海超到郑州大学第一附属医院胸外科切开了自己的胸膛。此前,为了获得一个职业病诊断的机会,他无数次到原工作单位、新密市信访局寻求帮助,结果一次次失望"①。

这个事件引起舆论沸腾。随后,当时的卫生部组织专家督察组到河南郑州展开调查,而"郑州市卫生局也责成郑州市职防所组织专家会诊",最终,张海超被诊断为"尘肺病三期"。从原来诊断为"无尘肺 0＋期(医学观察)合并肺结核"到后来的"尘肺病三期",先后两次的诊断结果差异如此巨大,这愈发让人感到故事的惨烈。对此,身处舆论旋涡中的郑州市职防所曾作出解释:张海超误诊是由于该所专家组的业务水平不高。

当时的卫生部官方网站载文说:"与'业务水平不高'相比,更可怕的是诊断机构的冷漠和维权成本的高昂。按照我国现行法律,诊断职业病所需的材料主要有劳动关系、临床诊断、作业现场检测。这些材料既可以由工厂提供,也可以由劳动、卫生和安监部门在行使监督职业卫生职能后提供。但目前这些主管部门仍在为各自的执法范围争执,工人只好面对'一个人在战斗'的窘境。"②

在舆论的推动下,职业病鉴定的法规进入修改程序。2010 年 11 月 4 日,国务院法制办面向全国征求社会各界对《中华人民共和国职业病防治法》诊断鉴定制度条文(草案)的意见。

如果此时编辑请你报道该议题,你会如何进行聚焦?

一、从社会问题到公共议题

如上所说,找焦点就是把单个的新闻事件与社会问题变成公共议题。所谓"公共议题",则通常关乎"公共事务的处理和公共政策的出台"。③ 因此,调查性报道的焦点确定,应该能与公众产生广泛的共鸣与呼应,由此共同聚焦于某一社会问题的论辩之中,进而促成相关公共政策的完善。

事实上,媒体在公共政策的制订过程中扮演着非常重要的角色。传媒形成的议程也

---

① 对该事件的报道可参见陈磊:《张海超:以命相搏,开胸验肺》,载《南方人物周刊》,2009(32)。
② 卫生部:《从"开胸验肺"到"尘肺门":职业卫生再次敲响警钟》,载卫生部网站,2011-09-10。
③ Rober L. Heath. *Strategic issues management: organizations and public policy challenges*. CA: Sage Publications Inc., 1997.

可能为政策议程带来巨大的压力,使其产生调整。① 而调查性报道,则往往是媒体影响政策议程的重要方式。

社会学家一般会把社会问题区分为私人困扰或者私人麻烦(private troubles)和公众议题(public issues)。还有学者把社会问题分为以下几种。②

1. 个人适应的失败(精神病、心理病、自杀、性犯罪、药物沉溺);
2. 社会结构的缺陷(边缘人、种族、男女平等、卖淫);
3. 个人的制度适应失败(青少年犯罪、成人犯罪、转型期的家庭、青少年危机、正式教育);
4. 政治与经济问题(劳工的生活与工作、世界人口);
5. 社会政策中的制度落后问题(自然资源的保护、工业社会的老人、战争与和平、健康与长寿、社会福利、计划和政策的制定)。

各种民调、研究报告、可视化的大数据解读、重大的公共事件,其中都蕴含着各种各样的焦点问题。这就需要调查记者充分利用政界、学界、公众、传媒的信息来训练自己的问题意识,更好地理解公众的哪些合法权益正受到破坏,并透过对个案的挖掘而推进公共政策的完善。

二、公共规则如何完善

让我们回到"张海超开胸验肺事件",结合以上提及的"从社会问题到公共议题"的操作模式,一起思考报道聚焦的方式。事实上,这个阶段的报道重点,是如何让读者或观众更加具体地了解张海超遭遇了怎样的法律困境,要防止张海超的悲剧重现该如何改进我们的法规。这时候可以按下列方法聚焦。

(一)议题化:张海超是偶然个案,还是具有普遍性的社会现象?

读者和观众一定会关心,如此惨烈的悲剧,是偶然发生的事件,还是与广大劳工群体的权益维护相关。为了回应这样的公众关切,我们可以将个案放回到社会语境之中。

根据卫生部当时发布的"2009年职业病防治工作情况通报":中华人民共和国成立以来至2009年年底,全国累计报告职业病72万余例。2009年新发各类职业病1.8万余例。在其中,2009年共报告尘肺病新病例1.4万例,死亡病例748例。总体而言,目前尘肺病仍是中国最严重的职业病,2009年,报告尘肺病例数占职业病报告总例数的79.96%。在尘肺病新病例中,煤工尘肺和矽肺占91.89%。根据这份报告,职业病病例数列前3位的行业依次为煤炭、有色金属和冶金。超过半数的尘肺病分布在中、小型企业当中。此外,在职业中毒方面,2009年共报告各类急性职业中毒272起,中毒552

---

① Kingdon, J. W. *Agendas, alternatives, and public policies*. Boston: Little, Brown, 1984.
② 兰迪士(P. H. Landis):《社会问题和世界》,1959。参见:查尔斯·扎斯特罗(Charles Zastrow)著:《社会问题:事件与解决方案》(第5版),罗玲等译,北京,中国人民大学出版社,2010。

例,死亡 21 例。①

不难发现,这一个案有其深远的社会意义,足以引发公众的普遍关注。进一步而言,这样的社会现象又和劳工职业权益这一时代命题紧密相连。通过引入这些数据,报道就可能从"单一事件"上升到"社会现象"乃至"时代命题"。这也说明,《中华人民共和国职业病防治法》诊断鉴定制度条文(草案)的修订可能惠及数量庞大的社会群体。

(二)问题化:什么制度困境导致了张海超式的悲剧?

从单一事件到社会现象之后,媒体还可以进行"问题化"的追问。这一悲剧的上演是因为怎样的制度困境?悲剧的发生是必然的吗?当事人是否有其他的替代性路径可以实现自救?

回到案例本身不难发现,"张海超们"面临的制度困境大致如下:(1)用人单位不提供相关的职业史和职业病接触史资料,导致病人无法证明自己的劳动关系;(2)当病人对用人单位提供的资料有异议时,当地劳动争议仲裁委员会不予受理、拖延或者专业水平不足;(3)在寻求仲裁或诉讼期间,病人无法得到医疗保障。

正是因为这样的制度困境,张海超才不得不以如此惨烈的方式来寻求公众关注和社会正义。那么,张海超在当时有其他的替代性方案吗?他是否可能寻求媒体曝光或进行法律诉讼流程?相关劳工部门或劳工组织有可能提供援助吗?如果其他的方案都无法实施,张海超的悲剧就难以避免。

(三)政策出发点:国家如何进行监管和权力救济?

面对一个显要的社会问题,国家将如何进行回应。这也是媒体可以聚焦的方向。具体而言,可以探讨的关键细节可能包括如下两个方面。

首先,国家对张海超案例中涉及的用人单位和相关鉴定机构是否进行了追惩?操作是否落到了实处?

其次,国家对于防止此类事情发生,准备出台怎样的公共政策?根据上述报告:"卫生部表示,2010 年,卫生部门将根据部门职责分工,进一步完善职业病防治法律法规,积极配合有关部门修订、完善职业病防治法;加强部门协调配合,建立职业病防治长效机制;突出重点,加强职业卫生监督检查;加强能力建设,提高职业病防治技术和监管水平;加强职业卫生培训和宣传教育。"②

事实上,国家的监管力度,也在这份报告之中可见端倪:2009 年各地卫生部门共检查用人单位 12.5 万余家,依法查处用人单位 1 万余家。与此同时,共检查职业卫生技术机构 2710 家,其中包括职业健康检查机构 1511 家、职业病诊断机构 331 家等,依法查处职

---

① "卫生部通报:2009 年全国报告新发职业病案例 1.8 万余例",载《中央政府门户网站》,参见:http://www.gov.cn/jrzg/2010-05/01/content_1597269.htm.

② "卫生部通报:2009 年全国报告新发职业病案例 1.8 万余例",载《中央政府门户网站》,参见:http://www.gov.cn/jrzg/2010-05/01/content_1597269.htm.

业卫生技术机构 140 家。[①]

（四）政策着力点：公共政策的构思是否合理？

对于公共政策的具体构思，媒体可以起到向公众阐明、解释的作用。因此，媒体可以聚焦于政策的核心原则和关键细节。

仔细研读《中华人民共和国职业病防治法》诊断鉴定制度条文（草案）以及当时卫生部的相关文章，就能体会到公共政策的着力点——国家希望从用人单位、地方劳动争议仲裁委员会、职业病检查鉴定机构和医疗援助等方面推进职业病诊断、鉴定和医治工作的顺利进行。其中的核心精神是保障职业病患者的权益，并且明确用人单位、鉴定机构和仲裁委员会的责任。

具体而言，针对张海超式的制度困境，《草案》提出一系列对策：（1）病人无法证明劳动关系，或者用人单位不提供相关资料时，可以到当地劳动争议仲裁委员会申请仲裁，仲裁委员会应当受理，并且在 30 天内作出裁决；（2）在处理劳动争议案件时，仲裁委员会应当邀请医学专家和卫生部门人员参加相关流程，以提升仲裁结果的专业性；（3）用人单位如果在劳动争议仲裁委员会指定期限内不配合提供相关资料，将会承担经济和法律的后果；（4）如果因为用人单位不服从仲裁委员会的判定而进入法律诉讼流程，病人的治疗费用将按职业病待遇进行支付。

（五）公众参与和政策的完善化

那么，在公共政策的关键细节上，是否仍有可以完善之处？公众和专家如何参与其中？社会各方如何进行良性互动？这也是媒体机构可以聚焦的方向。

在操作中，媒体可以通过采访相关领域的律师、专家乃至人大代表，为公共政策的制订搜集专业建议；也可以搜集广泛的公共意见，比如，通过网络民意调查等方式，促进公共政策制订过程中的民众参与；还可以具体告知公众如何了解相关信息并表达自身的意见，具体的操作步骤有哪些，等等。当然，在政策的实施过程中，媒体机构也可以进行后续的跟进报道。

总体而言，只有深入到事件的关键细节，并透过案例勾连社会现象与制度安排上的困境所在，调查性报道才能真正推动公共政策的完善化，并且对民众的生活产生深远的影响。

小　　结

通过以上几章，同学们可能会发现，调查性报道是一个难度很高的报道门类，现在的媒体实践仍然存在诸多的不足。事实上，除了监管方面的框限，媒体自身的缺陷也十分明显。

---

① 《卫生部通报：2009 年全国报告新发职业病案例 1.8 万余例》，载《中央政府门户网站》，参见：http://www.gov.cn/jrzg/2010-05/01/content_1597269.htm。

仅以本章的"焦点确定"为例，媒体机构在调查性报道中应该有开阔的社会问题意识，致力于重新发现社会的"真问题"；与此同时，还应不断提升自己的专业水平与表达能力，从而在公共政策的制定过程中扮演更为积极的角色。

【课后习题】

1. 假如你在"江西宜黄拆迁事件"发酵的过程中对其进行报道，你应该有怎样的社会问题意识？如何通过对个案故事的报道推动社会规则的完善？

2. 比较几家著名报纸的调查版或深度调查版，分析它们的调查性报道在过去一年当中所聚焦的问题都是哪些方面的社会问题。

第六部分

环境科技报道

PART SIX

CHAPTER 12
第十二章

环境科技报道的专业化之路：
成为合格的沟通者

> **摘　要**
>
> 　　环境科技报道是日益得到重视的一个报道领域，涵盖了许多崭新而重要的新闻议题。在本章中，我们将从报道理念、报道立场和主流科学观点三个方面探讨环境科技报道的专业化之路。在理想的状态下，这个领域的记者应该是专家与公众之间合格的沟通者。

前言

一个无法否认的事实是,我们生活在风险社会之中——快速发展的科学、技术和现代工业在为我们带来便利的同时,也伴随着诸多不确定性与潜在风险,对生态、环境以及人类自身造成了威胁,因此,著名学者贝克提出了"风险社会"的概念。①

针对这一现象,媒体业出现了大量新的题材,比如,环境、科技、健康、能源、气候等,本章统称为环境科技报道。在传统的定义中,环境报道,聚焦于"和环境保护息息相关的新闻事件",②而后来则拓展到"人与自然的关系",包含"绿色经济、健康、城市发展、新能源等相关内容,牵涉着国家发展、企业营运,以及生活模式等各个层面"。③ 与此相似,科技报道,也从原来对科技进步和知识普及的关注,逐渐触及"健康、医药与心理、自然科学、地球科学与生命科学、工程与技术、历史与文化等议题"。④ 本书正是在这样一种宽泛的意义上使用"环境科技报道"的概念,以涵盖更多的相关题材。这些题材,也都"以准确的科学知识为报道的基础"。⑤

在媒体实践中,对于这些概念的使用不尽相同。比如,《南方周末》开辟了专门的"绿色版",涵盖了绿色经济、环境、健康、食品安全、能源、低碳、城市等诸多新兴议题,而且也报道与环境、科技题材相关的突发新闻,例如,各地风起云涌的反对PX事件、反对垃圾焚烧厂事件、不时出现的转基因食品争论,乃至日本大地震引发的全球性核恐慌等。而在另外一家著名的媒体机构《财新传媒》当中,则设立了环境科技新闻部,并使用环境科技报道的表述。

报道这类新兴题材,面临着一系列的困难。

首先,它带来了认知上的挑战。由于技术的发展和知识的分化,人们越来越难以在特定议题上达成共识。不仅专家与公众常常各执一词,即使是属于同一领域的专家学者也可能表达迥然相异的观点。作为记者,你如何寻找自己的立场?你如何提升自己的专业知识?

其次,它形成了对表达能力的挑战。普通公众往往缺乏专业知识,那些复杂的原理让他们却步。作为环境科技报道记者,你对自己讲故事的能力是否充满信心?你如何选择报道的角度?

最后,这一领域的新闻还常常引发民众谣言与抗争,而相关的利益集团又频频进行危机公关,让事件更具迷惑性,这些都增加了记者报道的难度。

接下来,我们将讨论如何让环境科技记者走上专业化之路,从而更好地应对以上提及的这些挑战并成为专家与公众之间的沟通者。

---

① Beck, U. *Risk society: towards a new modernity*. London: Sage. 1992.
② 吴荣娜:《我国环境报道发展过程中的问题与分析》,河北大学硕士学位论文,2004。
③ 邓晓璇:《〈南方周末〉绿色版新闻文本的框架研究》,西北大学硕士学位论文,2013。
④ 于美娜:《人民日报与纽约时报科技新闻比较研究》,湖南大学硕士学位论文,2010。
⑤ 吴荣娜:《我国环境报道发展过程中的问题与分析》,河北大学硕士学位论文,2004。

课前提问

- 现在很多人谈"PX 项目"色变,但你是否知道"PX 项目"究竟有多大的危害呢?你所看过的报道是怎样解释这个关键问题的?你对转基因食品等问题又是怎样理解的?

第一节 重塑专业理念

一、传统理念与新理念

- 案例:各地民众反对"PX 项目"

在环境科技报道中,各地民众反对"PX 项目"、核电项目、垃圾焚烧项目等议题成为了常规题材。在其中,"厦门 PX 事件"是广受关注的一个议题。

2007 年,厦门民众以非常理性、平和的方式反对在海沧区建设"PX 项目",得到了各地媒体的大量报道,最终厦门市政府接受了民众的要求,承诺不作建设。在当年年底,《南方人物周刊》将厦门民众评选为年度人物,并由本书作者曾繁旭和当时的另一位编辑蒋志高一同前往厦门,最终完成了报道《厦门民众与 PX 的 PK 战》。① 我们的报道,更多是站在"公民权益"角度,强调多方行动者如何在议题当中进行微妙、复杂的互动,并共同作用于地方政府的决策。总体而言,这样的报道角度,是当时很多市场化媒体的共识,都是呼吁公民权,倡议程序正义。这也是很典型的一个时政报道的角度。

今天再来看当时的报道,会觉得可能"立场"压倒了"专业认知"。我们常常会用比较煽情的方式去讲这些故事,但是如何去评估这种技术风险,其实我们并不是很了解。比如说,"PX 项目"的毒性到底有多大?对公众的健康可能带来什么风险?在日常运转当中,出现风险事件的概率如何?能否有效管理?建设项目的利弊如何衡量?等等。

而且,由于存在"立场先行"的问题,媒体人甚至不经意传播了一些"谣言"与"传说"。当时,在公众中流传的一个说法是:按国际惯例,"PX 项目"应建在城市民众集中居住地 100 公里以外。很多媒体对此都加以引用,并以此来批评地方政府的选址欠缺考虑。随着厦门民众反对"PX 项目"的成功,这一说法又延续到之后多地民众反对"PX 项目"的斗争当中,最终形成了一种多米诺骨牌的效应。这与媒体的作用不无关系。

但从专业角度而言,后来有权威专家和诸多证据表明,100 公里这个说法并不准确。"中国安全生产科学研究院危险化学品安全技术研究所高工师立晨告诉《新世纪》记者,关于安全防护距离,没有任何一个国家有具体规定。即便是在发达国家,也要平衡土地利用等多个因素测算出一个'可以接受的距离',所谓间隔 100 公里,或者是几十公里、十几公里,都无法做到"。②

再后来,关于"PX 项目"的毒性,也有了更多来自专业领域的判断。2014 年 4 月,近 10 位清华大学化工系学生昼夜坚守,维护百度百科词条对"PX"的"低毒"描述,防止网民

---

① 曾繁旭、蒋志高:《厦门民众与 PX 的 PK 战》,载《南方人物周刊》,2008(1)。
② 崔筝、蒋昕捷:《中国 PX 出路》,载财新《新世纪》,2011(41)。

将其修改为"剧毒"。随后,其中多位同学前往人人、知乎等网站展开科普活动,希望能够去除公众脑海中对"PX 项目"的标签化认知。这一事件,引起了大众媒体与网民的关注。①

这其实也进一步从旁证明,早期媒体对"PX 项目"的报道,在"专业认知"上存在明显不足。事实上,类似这样在"专业认知"上并不准确的媒体报道,在多个热门的环境科技议题当中频繁出现——不仅"PX 项目",媒体对于核电项目、垃圾焚烧项目也有相似之处。

这样的现象让我们觉得,一个题材领域的报道理念,未必适用于另外一个题材领域。换言之,将传统的时政报道理念运用于环境科技报道题材当中,在相当程度上是不贴切的。但总体而言,很多媒体还是将此类新闻当作传统的"时政题材"来处理,而常规的报道角度则是"公民权益"。当然,这类议题的确涉及"公民权益",并且地方政府在环境影响评估和民众参与等环节中往往存在操作上的漏洞,但是否因此就应该把项目停下来?停止项目建设,对于当地老百姓是否就是正确的决定?如果项目能为当地带来巨大的发展机遇而且风险也在可控范围之内,能否在老百姓的监督下有序推进?这就涉及专业的判断。从这个角度来说,环境科技新闻,更应该被当作"专业题材"对待,它们未必适合简单地用公民权的角度来解读,更恰当的方式应该是回到专业上加以识别和判断。

二、为何形成这种报道理念?

那么,为何当时我们的报道不能从更专业的思路来看待这样的一些话题?为何许多记者仍然执着于传统的"时政报道"理念?

首先,中国绝大多数的媒体机构仍然缺乏环境科技报道部门的细分,很多的相关题材,往往由社会部记者来承担。可以想见,社会部记者的基础理念,正是"铁肩担道义"的理想情怀和"公众权益"的立场,而情怀与立场有时是有悖科学知识的。

其次,中国的记者往往来自新闻学等文科专业,而较少来自相关的理工科专业,这在一定程度上就影响了记者们对于环境和科技题材的专业认知。他们对技术问题天然缺乏敏感性和判断力。

再次,受到媒体机构推崇的"时政报道理念",在日常实践中,通常以底层行动者和政府互动的叙事为主;消息来源的使用普遍依赖民众信源,忽略官方信源;在报道倾向上,往往对地方政府持批判性的态度。② 这种报道理念有利于呼吁公众权益,并批评政策制定中可能的漏洞。但是,当运用于环境科技等涉及复杂科学认知的议题时,这一报道理念未必有利于真正的风险沟通。

三、重新定义专业理念

也是因此,学者们提出需要重新定义"专业理念":"具体而言,在风险争议的报道中,媒体的传播目的不是简单地让政府退让,接纳公众的诉求,而应该在充分掌握与辨析专门风险知识的基础之上,成为批判性选择、陈述、传播公共信息的平台,成为公民政治参与和

---

① 是钟寅、施忆:《PX 词条被篡改为"剧毒" 清华化工学生反击》,载《人民日报》,2014-04-06。
② 白红义:《环境抗争报道的新闻范式研究——以三起邻避冲突事件为例》,载《现代传播》,2014(1):45~50。

社会民主文化的一种资源,①以协助民众全面地认知风险,并参与到风险决策过程中。与此同时,作为调停者,媒体要帮助促进官方与民间话语的沟通。"②

> **讨论**
> - 2011年8月14日,大连民众"集体散步","成功"要求地方政府承诺放弃建设"PX项目"。今天回顾此事,你觉得民众真的"成功"了吗?你如何衡量其中的利与弊?

第二节 立场:在公众与专家之间

一、两种风险故事

在风险社会的研究中,有学者提出,专家话语和公众话语往往是两套故事:一种可以称作"专家故事";一种则是"外行故事"。前者从科学的角度来讨论风险的可能性,后者主要从日常生活的逻辑出发来讨论风险。③ 由于两类话语在本质上存在巨大差异,因而彼此之间的沟通也面临诸多挑战。

事实上,在现代社会当中,两类话语的传播平台也截然不同。"专家故事"更多出现在传统媒体上,尤其是各种党报上,而"外行故事",常常是在微信、微博等社会化媒体上,两者各行其是,并无交集。或者,专家认为公众"缺乏专业素养",而公众则称对方为"砖家"。

有些时候,两种故事之间也会产生一些连接点。这类连接点通常是由比较专业的深度报道来促成的。这些报道将双方的观点放在一起,逐一质询、解释,达到促进沟通的效果。我们做过一些统计发现,一旦这种深度报道被大量转发,对于弥合专家观点和公众观点的作用是非常大的。④

那么,在经常引起争议的环境科技报道中,如何促进专家与公众之间的沟通?我们该如何确定报道的立场?是站在专家的立场,用专业的术语和学界的观点来报道新闻,还是站在公众的立场,用通俗易懂的方式讲述老百姓的身边事?

简而言之,我们认为,最好的立场就是在专家话语与公众话语之间找到平衡。

---

① Bardoel, J., & Deuze, M. Network Journalism: converging competences of old and new media professionals. *Australian Journalism Review*, 2001 (2): 91~103.
② 曾繁旭、王宇琦:《风险社会语境与媒体的"再专业化"》,载《青年记者》,2015(1)。
③ 彼得·M.韦德曼、马丁·克劳伯格、霍尔德·舒茨:《领会复杂风险事件的放大:应用于电磁场案例的风险情境模式》,载尼克·皮金、罗杰·E.卡斯帕森、保罗·斯洛维奇主编:《风险的社会放大》,谭宏凯译,北京,中国劳动社会保障出版社,2010。
④ 曾繁旭、戴佳、杨宇菲:《风险传播中的专家与公众:PX事件的风险故事竞争》,载《新闻记者》,2015(9):69~78。

二、在专家与公众之间找到平衡

● 案例：转基因食品

2012年9月19日，法国卡昂大学研究人员塞拉利尼（Gilles-Eric Seralini）在《食品化学毒物学》杂志发表文章称，用抗除草剂的NK603转基因玉米喂养的大鼠，致癌率大幅度上升。文章引起了世界性的恐慌。NK603转基因玉米是由美国孟山都（Monsanto）生物技术公司开发的一种玉米品种，已经在欧盟、美国和其他一些国家获准种植，供动物和人类食用。①

转基因食物到底有没有害？这是一个经典的环境科技报道的题材。

（一）公众立场

在塞拉利尼的研究中，吃了转基因玉米的大鼠身上出现肿块，令人感到恐怖。此时，如果从公众的立场出发，媒体会选择怎样的报道方式呢？一般而言，一项新的技术，除非研究者能证明它是绝对无害的，否则，就不应该大规模生产。这是鲜明的公众立场。

若立足于公众，记者们通常会采访有着鲜明反对转基因立场的公益组织或者科学家。他们往往会为你提供大量的反对理由。当时，《南方周末》发表了一篇题为《转基因玉米致癌实验研究者有话说》的报道。因为，塞拉利尼的实验结果公布之后，来自全世界的很多科研人员都发表了批评意见，认为他的研究设计存在明显漏洞。《南方周末》将发言的机会交给了塞拉利尼，让他去辩解。整篇报道以问答的形式出现——记者问，塞拉利尼答。这是一种简单站在"公众立场"的报道方式。当然，《南方周末》在绝大多数题材的操作上都表现出极为卓越的品质，这一篇也可能是为了抢时效，或者希望给当事的一方以表达的机会。

然而，所谓的公众立场在环境科技报道中往往是最为保守的立场。这样的报道方式在环境科技议题当中可能是不恰当的，因为它倾向于否定一切在发展中的、仍存在不确定的新技术，而且基于这样的立场，你很难给出全面客观的信息。事实上，读者中有很多专业人士，他们非常反感缺乏专业性的报道。

请注意，我们并不认为公众不重要——媒体永远要把服务公众放在第一位，而是要强调，如果你希望更好地服务于公众的利益，就应该在环境科技报道中为他们提供专业、全面、证据充分的报道，从而帮助他们去判断发生在身边的事情和讨论。

（二）中间派的立场

那么，我们如何能站在其他的立场上去作这样的一个报道？

在这个问题上，《三联生活周刊》的资深环境科技记者袁越（笔名土摩托）写过一篇很有意思的文章《转基因报道的媒体呈现》。袁越是生物学专业毕业，曾在美国从事相关研究与工作，回国后长期跟踪报道转基因等议题。在文章的开篇，他提到了关于转基因报道

---

① 曹玲：《转基因玉米致癌风波》，载《三联生活周刊》，2012(41)。

的一个基本原则：

转基因报道的媒体呈现（节选）

作者：袁越（土摩托），载作者新浪博客，2012年9月5日

  转基因报道，说简单也简单。既然这是一个科学问题，那就按照科普文章的基本原则去写就行了。这些原则包括重事实、讲逻辑、注重细节和推理过程、尽量报道主流科学观点，等等。

  转基因报道又很难写，因为这里面涉及了大量非科学的东西，尤其是各种政治组织和利益集团对转基因技术不遗余力的诋毁，会让没有经验的记者感到无所适从，并渐渐对这个题材感到畏惧，或者对自己失去信心。

  在这里，文章的作者袁越最强调的是事实、逻辑、细节和推理过程，并且说明，对于环境科技报道而言，相当重要的就是"尽量报道主流科学的观点"。如果从这个基本原则来说，刚才提及的那篇《南方周末》的报道可能就不够理想，因为它对主流科学观点缺乏反映，而仅仅展现了较为迎合公众的观点。尽管如此，简单展现"公众立场"的报道仍常出现在各类报纸和杂志中。我们曾说，写文化报道的人不少，但写得好的并不多。这一现象在环境科技领域更为明显，公众期待更为专业、理智、有逻辑的报道者。

  如果停留在"报道主流科学的观点"，似乎袁越的观点也仅仅强调了"专家话语"，而忽略了"公众话语"。但袁越接着阐释了环境科技领域的报道者应该有的立场。

转基因报道的媒体呈现（节选）

作者：袁越（土摩托），载作者新浪博客，2012年9月5日

  你的文章是写给"感兴趣的中间派"看的。"中间派"这个词很好理解，这就是一群尚未下结论的人，有可能倒向任何一方，当然是舆论争取的对象。"感兴趣"这个定义同样重要，有很多中间派其实对这个争论不感兴趣，没有动力或者能力去研究它，对于他们来说，文章写得是好是坏完全没有任何区别，他们只听政府的，或者只听熟人的。但是对于真正感兴趣的那群人来说，情况就不同了。他们真心希望通过阅读各种文章，加上自己的思考，找出更可信的一方。只有这样的人群才会真正耐心地阅读你的文章，他们才是转基因报道真正需要面对的读者群。

  也就是说，在写作中，你并不是要假装成一个专家，使用艰深复杂的术语，竭力去说服那些持不同观点的专家，更不是用似是而非的故事与传说去获得一些公众的认可。事实上，在完全反对与完全支持的两个人群之间，总有相当一部分持相对开放心态的人，而这往往才是环境和科技领域的记者主要的沟通对象。出于这样的考虑，记者所使用的报道立场，也应该在专家与公众之间取得平衡。

  那么，具体如何操作呢？袁越的文章讲述了几个报道转基因问题时应该有的原则。这些原则总体上体现了一种比较平衡的态度，因此也可能对其他环境科技报道议题提供参考。以下我们对袁越这篇文章作简要的介绍。

  第一，他提到，作为记者要了解转基因的历史。"转基因技术已经有很长的历史了，而

且已经在医药等领域使用了很多年""人类使用了很多年的人工胰岛素制剂就是一个地地道道的转基因产品"。

第二,袁越强调,"需要了解转基因在农业领域已经取得的辉煌成就"。公众有批评的权利,但是当记者从事环境科技报道时,首先要在自己心中想一想,我们所要批评的技术已经帮助我们获得了什么。换言之,在我们谈论它的缺点时,应该了解它到底有什么样的优点。按照袁越的说法:"转基因技术在农业上的应用只有十几年的历史,但也在农业领域取得了很多实实在在的成就。"在文章中,袁越提到了1992年华北地区棉铃虫大爆发的例子,以及随后引进转基因抗虫棉带来的贡献。

第三,"报道转基因需要具备国际视野"。尽管我们经常只讲述中国的故事,但记者一定要对全球的发展有所了解。目前,转基因种植技术已在全球诸多国家使用,除了美国,还有印度、南非等发展中国家,其影响远远超过我们的想象。文章也提及,"大部分转基因种子均来自少数几家跨国公司"。

第四,就育种的角度而言,正是因为"传统育种的方法遇到了很大的瓶颈",转基因技术才得到发展。因此,"需要明确告知读者的是,这是一项中性的技术,考察这项技术的好坏必须从实际需求出发,盲目崇拜或者一棍子打死都不是科学的态度"。

第五,袁越提出,环境科技报道一定要如实地反映新技术存在的不足,"但报道时必须分清哪些是真正的缺点,哪些是反对派强加给转基因的"。比如,反对者提出转基因技术面临的一系列问题,包括潜在的健康风险、导致基因扩散、导致害虫产生抗性、专利问题、并未直接造福消费者等,对于这些可能的不足,袁越逐一进行了细致的讨论并提供了许多主流科学界的研究证据。

最后,袁越强调,作为环境科技记者,你需要从更为宏观的历史视角和农业体系视角来看待一项技术。"有一个流传很广的说辞,那就是转基因技术只应用了十几年,将来很可能会发现有毒,因此必须谨慎。从纯科学的角度来看这个说法没错,但是如果用大的视角来看待这个说辞,你会发现它适用于所有领域,如果你严格照办的话,你根本就没办法在现代社会生活"。

从袁越的这篇文章中,可能带出"中间派"的一些工作方法。

> "中间派"工作方法
> 1. 充分了解某项科技的发展脉络与历史。
> 2. 首先了解技术的作用和优势。
> 3. 了解国际上的主要趋势和做法。
> 4. 从社会实际需求出发来判断某项科技的好与坏。
> 5. 如实反映技术的缺点,但必须基于主流科学的证据。
> 6. 运用宏观视角,从系统的观念来理解科技。

当然,这篇文章的观点和专业细节也遭到一些批评,感兴趣的话你可以进一步检索和了解。接下来我们想说说如何在具体的案例中实行这种"中间派"立场。

三、具体操作

回到此前法国研究人员塞拉利尼的新闻事件,当时一些媒体发表的报道引起了公众极大的恐慌。《三联生活周刊》有篇报道《转基因玉米致癌风波》(记者:曹玲)则尽可能地站在了相对中立的立场。这篇报道一共有四个部分。①

(1) 质疑者众:讲述有关此事的第一个报道出现后,主流科学界对这位法国科学家提出了种种批评。记者访问了包括伦敦国王学院营养学研究部负责人、英国剑桥大学公共风险管理系教授、澳大利亚阿得莱德大学植物功能基因组中心教授等国内外知名研究机构的权威专家,指出这个研究的设计和流程中存在很多问题。不仅如此,论文的发表,"更像是一次精心策划的媒体宣传"。

(2) 塞拉利尼其人:报道仔细介绍这个研究者所处的学术环境、其并不光鲜的研究记录,以及其在法国学术体制中的边缘位置。这样的追溯,能帮助我们更好地判断其研究结论。

(3) 流言存在的土壤:记者曹玲开始考察为什么欧洲经常会出现持这类观点的科学家。通过信源的讲述,记者提到了欧洲的粮食安全、文化传统与政治架构等方面。

(4) 结尾:记者着重介绍了澳洲、美国、英国对转基因食品的态度和方式,说明政府如何开展转基因技术的公众教育。

从以上的报道案例来看,对于环境科技议题的操作,一个相对中立的报道方式便是将新闻事件和人物放回到主流科学界的脉络之中加以打量。事实上,批评或赞成转基因的人一直都有,但这些人在科学界的位置是主流的还是边缘的呢?通过科学界的方法,这可能并不难以追溯。在此基础上,记者需要将主流科学界的观点,用具备新闻特征的语言进行表述,使公众易于理解。更为重要的是,对于公众可能的担忧和顾虑,记者要主动提及并交由真正的权威专家来回应,这样才能起到促进专家与公众的对话效果。从长期来说,这样才能提升读者的科学素养。②

当然,这要求你掌握一定的专业知识,尤其是了解科学界的基本运作规律,从而拥有更好的判断力。同时,你也应该懂得公众的担忧,在专家话语与公众话语之间找到平衡点。③

第三节 什么是"主流科学观点"

我们刚才提到,环境科技报道需要反映"主流的科学观点"。这似乎是一个简单的要求,但操作起来又很难——很多记者对主流的科学观点并无判断能力。什么才是"主流观

---

① 曹玲:《转基因玉米致癌风波》,载《三联生活周刊》,2012(41)。
② 关于转基因发展的脉络,还可以参考《三联生活周刊》2013 年第 49 期《转基因 30 年》、第 50 期《转基因在英国、法国、西班牙》等相关报道。
③ 如果你对转基因的原理、发展以及报道非常感兴趣,还可以通过检索看看科学松鼠会主办的"科学报道工作坊:转基因"。

点"？依据消息源的头衔来作判断是否合适？

一、了解学术界的规则与逻辑

首先，记者需要紧跟行业内重要的科学刊物。尤其是那些受到学术同行高度重视的学术刊物，例如，《科学》杂志、《自然》杂志、医学领域的《柳叶刀》杂志、《医学》杂志，等等。刊物的权威性，在行业内有着比较一致的认定。

我们曾经邀请资深的环境科技记者李虎军到课堂来分享，他尤其强调这一点。[①]"作科技报道，首先需要记者们了解科学界的'潜规则'。与娱乐圈的潜规则不同，科学界通行的游戏规则在进行报道时尤为重要。例如，其中很重要的游戏规则就是所谓的'科技成果'都是要在有同行评议的学术刊物上发表的。当然即使这样有时候也靠不住，比如说，几年前韩国的黄禹锡在美国的《科学》杂志上发表的论文，是关于人类克隆胚胎的，但是最后大家还是认为他在作假。No paper, no news。在美国和欧洲，科技期刊与大众媒体建立了比较固定的信息发布和反馈渠道。"

按照李虎军的观点，能否在实行同行评议的学术刊物上（而不是大众媒体）发表论文，往往是判断一个专家权威性的重要标准。他曾写文章建议环境科技记者如何了解重要的科研进展。

了解科学界的潜规则（节选）[②]
作者：李虎军，载《中国记者》，2009(12)

倘若作一篇与垃圾焚烧有关的报道，想采访"靠谱"的中国科学家。那么，可以在学术论文数据库（如世界最大学术出版公司 Elsevier 的 Science Direct）中搜索垃圾焚烧的论文，看看谁在这方面有比较深入的研究。

……

或许，你不是学理工科的，科学论文难以下咽，何况英文是科学界最流行的语言。不要紧，很多情况下无须通读论文全文，看看论文摘要、前言、讨论和结论部分即可。

或许，你觉得学术文献浩如烟海，很难从中寻找采访线索。别担心，有的机构专门为科学记者"量身定做"了基于论文的新闻发布系统。这当中，美国科学促进会的 EurekAlert! 最有影响。很多有影响的学术刊物，如《科学》《柳叶刀》《中国科学》系列等，都在上面发布最新论文的新闻稿。

其次，记者要有独立判断的能力。比如说，两篇科学论文可能展现了矛盾的结论，这时候记者可以通过数据库查看论文发表学刊的影响力、论文发表时间的先后、论文被引用的情况，以及学者和团队的发表记录等，帮助判断其权威性。通常，在同一个领域中，学刊影响力较高，论文发表后被引用较多，研究团队在该领域有长期发表记录的论文，会更加

[①] 李虎军受邀于 2012 年 12 月 27 日到清华大学新闻与传播学院讲座。他曾供职于《科学时报》《南方周末》《财经》以及《财新传媒》等媒体，并担任过《创业家》杂志执行主编。报道领域包括科学、技术、环境（气候）与健康等。2003—2004 年，于麻省理工学院 Knight 科学新闻任访问学者。

[②] 李虎军：《了解科学界的潜规则》，载《中国记者》，2009(12)。

权威、可靠。总之,在将观点呈现给读者之前,记者应该判断其是否合理、符合科学逻辑,以免形成误导。如果你善用各种论文数据库,在各类中文学术期刊中,也完全可以找到权威的论文和专家。

科技媒体果壳网所编辑的《科学写作指导手册》,专门写了一篇《理解与使用数据》,[①]讨论记者和公众如何对科学研究进行独立判断的原则,具体包括如下:(1)研究是如何设计与实现的?(2)研究样本是否足够大,从而使结论令人信服?(3)结论是否有其他可能的解释?(4)是否存在有意或无意的偏差?等等。文章有更具体的阐释,你可以找来仔细阅读。

二、选择具有权威的信源

环境科技题材涵盖的内容甚广,记者也经常会进入"陌生领域"。在这种情况下,很多记者会过分依赖某些对媒体较为友好的科学家作为重要信源。通常,记者在报道"垃圾焚烧技术""PX项目""塑化剂危机"等不同议题时都使用了同样的一些专家信源,这很明显体现出媒体的信源依赖状态。

事实上,细致甄别信源的权威性,同时变换不同信源去追寻一个平衡的故事,在这种有争议性的故事里面显得尤其重要。这跟常规的调查性报道是同等的要求。

那么,如何去寻找权威的信源呢?

第一,寻找专家时,一定要注意他们的研究领域必须与议题高度契合。比如,报道一个转基因的议题,你应该寻找真正研究转基因的专家,而不是一个化工专家。但在一个科学知识越来越专业化、细分化的时代,每一个议题内部还会有很多不同学科、不同视角的研究者。在转基因议题中,记者可以找基因工程学方面的专家(其中仍有许多细分的研究方向)、营养学专家、生态学专家、科学史方面的专家、法律与伦理专家、贸易专家、风险管理专家,乃至公共政策制定方面的专家,而且,这些专家还可能来自不同的背景,比如,来自政府部门、学术性机构或者公益组织等,不同的背景也会使其侧重点有所差异。所以,记者要明白自己的报道焦点,这样才能寻找真正合适的信源。当然,如果你希望推动不同领域的学者之间形成有针对性的对话,也可以同时采访不同领域的专家,但也要注意他们的权威性以及对话的可能。

第二,不要被信源的职称或头衔所误导,从而影响了专业判断。这和上面一点有密切的关系。引人注目的头衔,比如教授、博士生导师、长江学者、院士,也许能够保障信源在某个专业领域的权威性,但并不意味信源掌握着众多的科学知识。[②] 在很多情况下,一个专业领域高度契合的信源,会比一个头衔光鲜的信源更合适。

第三,记者应逐渐形成自己的专家库。随着一个记者对某些报道题材逐渐熟悉,他/她应该清楚哪些专家在做相关议题的研究及各自的专长、优势与弱项,甚至其一贯持有的

---

① 《理解与使用数据》,来源:果壳网编辑的《科学写作指导手册》。参见:http://s-camp.songshuhui.net/2011/09/a-field-guide-for-science-writers0103/

② 资深的环境科技记者李虎军在清华大学新闻与传播学院的讲座也提及了这一观点。讲座时间为2012年12月27日。

观点和支持性证据。这样一来,当新闻发生时,记者就能毫不费力地找到合适的权威专家,甚至,当学者发表重要成果或者希望对公众发言时,会主动跟这样的记者联系。由于中国的科学家相对缺乏面向公众进行表达的传统和习惯,还时而被戏称为"砖家",他们对媒体和公众难免有所顾虑,因此,记者与自己的专家库信源建立长期信任尤其重要。

还有一点值得注意,在环境科技报道中,信源有时也会受政治或经济等其他因素的干扰,而不尽然依照科学的逻辑发言,这是记者需要有所警醒的地方。

三、以主流科学观点为依据

我们生活在一个环境科技类议题此起彼伏的社会,很多时候,我们不必急于对一个事物的好恶表态,或者轻易陷入恐慌与情绪之中,更好的方式是耐心梳理、整合科学界长期的记录与思考,得出中肯的结论,从而引起专业人士和政策制定者对相关领域的关注。例如,河流污染、土地污染、有毒大米、空气污染、垃圾污染,等等。

环境科技新闻报道经常会面对一个难题:如何证明某种疾病的多发(比如癌症村)与环境中的特定污染源有关?这需要记者有非常有力的证据,并且合理地排除其他的可能性。接下来我们来阅读一个案例,看看记者如何以各种"主流科学观点"为依据展开故事的讲述。

● 案例:镉大米的健康危害

下面这篇文章是《财新周刊》2013年第21期的封面报道,讨论中国某些区域是否存在镉等重金属污染及其对相关民众的损害。文章引用的死亡病例只有少数几例,但通过记者细致、专业的调查和比对,将生命的逝去与主流科学界诸多重要的研究联系在一起,让报道更加扎实权威。报道引用了多种主流学术刊物的观点,包括展现逝者尸检结果的研究性论文、对于相关受污染地区长达十年的研究结果,以及《柳叶刀》等国际权威期刊对美国人群的对比性研究。而且信源的背景也十分丰富,有国内外知名研究团队、地方政府与全国疾控中心,乃至世界卫生组织的健康指导意见,等等。请你仔细阅读报道,注意记者是如何说明这些"科学观点"的权威性,并且恰当地将它们组合在一起的。

值得注意的是,在文章中,记者不仅巧妙地掌握主流科学观点和相关知识,同时运用调查性报道的手法,细致追溯镉污染的来源,并谨慎比较,排除各种可能,最终得出结论与建议。这是一种非常注重逻辑、用证据说话、理智中立的表述方式,结合了专家立场和公众立场,值得我们反复体会。

镉病将至(节选)

记者:刘虹桥,载《财新周刊》,2013(21)

一篇关于中国镉中毒患者尸体解剖的学术论文,近期引起中国环境界的重视。这篇论文是1949年以来,首篇记载中国镉中毒死者详细尸检信息的文章。

2009年夏天,湖南省浏阳市镇头镇双桥村两位村民罗柏林、欧阳树枝先后死亡。湖南省官方成立的调查组随后介入调查。尸检报告显示,两名死者体内尿镉严重超标;污染区内571名村民尿镉超标,其中208人被诊断为镉中毒。不仅如此,4 000余亩土地被镉污染，大米等农作物也被镉污染。

2012年2月，承担死者尸体解剖工作的医学工作者常云峰、文继舫等人将两位死者的尸检结果整理成论文，在《国际法医学》期刊上发表。

这篇论文认为，44岁的罗柏林和61岁的欧阳树枝的死亡，与镉中毒有极为密切的关联。

一年后，随着"镉米"问题成为社会关注的焦点，这篇论文也引起中国环境学界的重视。

……

镉病迷踪

在双桥村之外，中国的镉健康损害的全面图景并不清晰。但有限证据的指向，让人无法乐观。

2002年9月，ChinaCd团队在瑞典皇家科学院出版的《人类环境研究》期刊第6期、第31卷上发表文章《中国环境镉暴露下的低骨密度与肾功能不全》称，中国东部某地镉接触人群中存在前臂骨密度降低的现象。这是日本以外的亚洲地区首次确认存在与环境镉接触相关的"肾脏-骨损伤"效应。

ChinaCd团队还观测了上述污染区居民肾脏损伤情况。他们2008年发表于《环境研究》期刊第108期上的论文《一项中国人群在大米中镉暴露减量后的肾功能评估》显示，在暴露阻断（即不再食用污染稻米等农产品）前尿镉水平高于10微克/克（肌酐）的当地居民，肾脏损伤在三年后仍在恶化，且这种损伤是不可逆转的。

……

2006年，权威医学杂志《柳叶刀》刊发的论文《环境镉暴露与癌症风险》，报告了低镉污染浓度暴露下的人体尿镉含量与所有癌症及肺癌之间存在显著的正向关联。两项基于美国人群的研究结果也显示，仅就男性而言，尿镉含量达到0.28微克/克（肌酐），会显著增加癌症死亡率、心血管疾病和全因死亡率（指计算所有因素时的死亡率）。

一项由中山大学公共卫生学院与广东省疾控中心合作完成、发表于2011年9月《生物微量元素研究》的研究显示，经过基于年龄、性别、具体死亡原因的污染区死亡率与全省死亡率的对比分析，研究组发现，长期环境镉暴露会增加全因死亡、心血管和所有癌症死亡率。

这份研究对不同暴露区进行对比后发现，污染区居民的所有类型的癌症风险与环境镉暴露水平之间存在正向关联。也就是说，环境镉暴露水平越高，当地居民患有癌症的风险就越高。

小 结

本章内容可以用几个关键词来作总结。

首先，是报道观念。环境科技议题的报道者需要重新塑造自己的专业观念，以风险知识的辨析与沟通为主要目标，而不是简单运用传统的"时政报道理念"。业界也应丰富记者的学科背景，逐渐提高环境科技记者的专业能力。

其次，是报道立场。我们已经看到，这个报道领域的很多故事常常引发公众恐慌，其背后的原因之一则是因为公众对相关专业知识缺乏了解。那么，环境科技记者最好能够站在强烈的民众情绪以及冰冷的科学证据之间，努力做一个理性、中立的沟通者。这也要求记者尽量将新闻事件和故事放在科学发展以及生态系统当中去考察，充分了解其复杂性，这样有助于消弭观点偏狭的问题。

最后，是报道的基本原则。如《三联生活周刊》的记者袁越所说，为了提升公众的认知，记者应该"重事实、讲逻辑，注重细节和推理过程，尽量报道主流科学观点"。为了实现这一原则，需要紧跟重要学术刊物的进展，寻找权威的专家，并以主流科学观点为主要依据。

【课后习题】

1. 假设我们处在"大连PX事件"的发酵过程中，请分别从媒体、地方政府、企业等不同角色出发，思考应该如何进行有效的风险沟通。

2. 2013年7月，广东江门鹤山民众激烈反对中核集团在当地建设核燃料加工厂，并促使地方政府将项目取消。如果你参与当时事件的报道，会如何处理？你会赞成公众的立场吗？你会去哪里了解主流的科学观点？谁可能是权威的专家信源？

CHAPTER 13
第十三章

环境科技报道的专业化之路：克服本能

> **摘　要**
>
> 　　本章强调，环境科技记者需要克服一系列的本能，比如，常识性的判断、煽情性的表达以及傲慢的姿态。
>
> 　　首先，我们探讨环境科技报道的专业判断问题。它应该以专业证据为标准，而不能囿于常识。在这类题材中，常识经常出错。
>
> 　　其次，我们将聚焦于环境科技报道的语态。记者应保持客观与专业的叙述方式，而不能为了轰动效应进行煽情、哗众取宠，甚至"传播谣言"。
>
> 　　最后，我们将探讨环境科技报道的贴近性问题，从而避免高高在上或曲高和寡。

前言

环境科技报道所要求的特质对于一般记者而言,其实是"反本能"的。

本能之一是,面对风险议题的时候,记者往往会诉诸"常识判断",将议题放在日常生活的经验与逻辑中来理解。但那些充满争议性的风险议题,由于其高度的专业性,其实很难纳入常识的范畴,而是需要扎实的专业判断。可想而知,无论是"PM2.5"所引发的恐慌、"PX项目"困局,或者是食品添加剂顾虑、核恐慌等,都不是一般公众、记者能够形成简单判断的议题。

本能之二是,一旦形成判断,记者又容易在情感上卷入,有告知和警醒的冲动,甚至诉诸煽情与感性,以讲述"动人"的故事。而在我们看来,当公众因为身处风险社会而深感不安时,环境科技记者尤其要诉诸理性与客观。如果你能运用专业、理性的话语来组织你的报道,那么你就远远胜过那些盲从、煽情甚至传播谣言的记者,从而促进公众的科学认知和理性实践。

本能之三则是,记者自觉掌握了"真理"的傲慢。环境科技报道的题材包罗万象,却又常常遥不可及,而且由于其内容的专业性较强,不容易受到公众的关注和喜爱。在这样的氛围中,一些环境科技记者可能会觉得无法得到理解,或者认为公众的素养太低,进而形成高高在上的"精英感",这是需要警惕的。不难发现,环境科技的相关信息,存在着"劣币驱逐良币"的效应——各种与健康相关的传说和谣言,早已一次次刷爆朋友圈,但一本正经、过于严肃的报道,则几乎无人问津。因此,我们需要与公众的贴近感。

那么,在这些议题当中,我们应该如何形成专业判断?作为一个记者,你应该采取什么样的语态来讲述故事?环境科技报道究竟如何在专业性与贴近性之间寻找到平衡?

第一节 判断:一般常识 VS 科学证据

选取一个环境科技报道题材时,你常会基于一般常识作出反应,进而选择你的报道视角。但一般常识可能引导你作出错误判断,使你的报道过于简化且脱离现实。所以,你最强有力的认识工具不是常识,而是科学证据。

> • **案例:沙漠化与植树造林**

2004年,本书作者曾繁旭刚进入报社工作便被编辑部派往内蒙古阿拉善盟,报道的新闻线索是近100个中国企业家共同发起了民间环保组织"阿拉善SEE生态协会",约定每年每人捐款10万元,连续10年,通过植树造林等方式推动当地的沙漠化治理。阿拉善盟位于内蒙古和宁夏交界处,当地的沙漠化速度相当快。

如果你是前往报道的记者,会想对读者讲述一个怎样的故事呢?

也许你脑海中会出现一系列的想法。首先,你可能会因为沙漠治理的故事而兴奋莫名。我们很多人都参加过植树造林活动,并且认为植树的好处之一就是防止沙漠化。其次,你可能想讲一个中国企业家道德觉醒与自发承担责任的故事。当然,还有很多的可能性。

咱们先来看看第一个想法。植树造林的努力能起到治沙效果吗？在沙漠化很严重的地带，植树造林有什么需要注意的？我们是否应该高调赞扬企业家们的治沙梦想？回答这些问题，需要一定的科学证据。

事实上，"阿拉善盟中有三大沙漠，再加上戈壁，整体荒漠化的面积达到22.39万平方公里，在这片巨大的荒漠面前，植树造林可能只是沧海一粟。"而且，"阿拉善盟低降水、高蒸发的现状使得在当地种植任何一种植物都可能进一步消耗地下水并加剧生态的失衡。"在如此极端的自然环境下，我们关于植树造林的一般常识，存在明显的谬误。比如，杨树是植树造林的常规选择，但"杨树属于阔叶树，在沙漠中存活所需的耗水是当地降水的两倍。"① 也就是说，除了靠降水之外，它另外一半的补水将依靠于地下水，这无疑会加速原本就匮乏的地下水资源的损耗。可以说，如果不了解当地的情况，植树造林非但不能起到保护环境的作用，还可能加速破坏。这样的科学认知明显不同于我们的一般常识。

在作者采访的时候，企业家们着力推广的植物叫"苁蓉"。它耗水量极低，适合在当地存活。他们采取了针管灌溉，在一切环节尽量减少对地下水的消耗。他们还在当地推广高产杂交小米，也能比当地原有的作物节省水资源。同时，他们积极说服当地牧民改变畜牧方式，用圈养替代放养，以缓解羊群啃食植被的问题。这样一看，企业家们的"植树造林"的确远比一般的志愿者更为专业、科学，但当时实践才刚刚展开，企业家的治沙效果还有待观察。也是因此，我们选择了另外一个报道角度：这群企业家为何形成了道德觉醒？他们如何相聚在一起？他们能否运用商业方式来推进环境公益？当然，这并不是环境科技报道的切入角度，而是一个企业家报道，或者说是一个公益现象报道。

引用这个案例想表达的是，我们经常被一般常识所束缚，认为某种行为正当且不可质疑，结果却事与愿违。例如，很多地方政府积极推动植树造林：黑龙江省要求适龄公民每年种植3棵树；湖南郴州制定全民义务植树管理办法等。但是，你选择的树种和当地的生态环境是否相契合？有没有后期的跟进？是否是在当地生态环境可承受范围之内？这些满怀激情的活动或许会因盲目的发展而效果堪忧。一些生态学家认为，要警惕这种全民运动式的种植可能带来的危害。②

• **案例："奶粉与女婴性早熟事件"**

在2010年，武汉媒体开始报道"圣元奶粉"事件，称其造成了几个女婴性早熟，随后，多家媒体迅速跟进。有记者高呼："又是一个三聚氰胺事件出来了。"而据报道，在媒体压力之下，企业主动上门与女婴家长沟通并表示提供数万元的经济补偿。类似这样的涉及民生的环境与科技报道题材经常出现，往往导致公众一片哗然。如果你来报道，会如何操作？

从常识的角度判断，你可能会觉得企业一定是有明显的过失，竟然希望用经济方式掩盖事实。因此，你可能希望帮助女婴家长伸张正义，表达他们的质疑。

---

① 罗文胜：《阿拉善追沙者说：如"精卫填海"般治沙》，载《21世纪经济报道》，2011-11-22。
② 刘书润：《植树造林"神话"如何打破？》，载财新网，2012-10-19。

但是从科学证据的角度出发,你可能会追问,这家企业的奶粉是否真的导致了女婴的性早熟?家长们的证据是什么?这样的性早熟,是否有其他的原因?资深环境科技记者李虎军在清华大学的讲座上就从科学角度分享了他对事件的分析。[①]

当时我们在《财新》的编辑部一直在讨论应该怎么报道,我觉得这个时候要慎重。一方面,它是一个新闻热点;但另一方面,圣元奶粉到底有没有问题?在武汉圣元奶粉的消费者,可能有十万,如果在这个城市找了三个女婴,即使是真的性早熟,是否有代表性?其他与武汉同样规模的城市,是不是有同样比例性早熟的孩子?比如说,100万个奶粉消费者当中,会不会就有二三十个性早熟的孩子?在这个人群当中,即使她们没有吃圣元奶粉,是不是也有相近的比例?如果是的话,大约就说明有其他的可能性。

可以看到,成熟的记者对于"下判断"是非常谨慎的,他们始终在寻找"科学证据"。这个事件的发酵过程十分热烈,面对公众的舆论声浪,卫生部随后召开了媒体发布会,称"患儿乳房早发育与所食用乳粉没有关联",但也难以马上取信于公众和媒体。建议你找来当时的媒体报道和发布会内容,仔细体会"常识判断"和"科学证据"的关系。

通过以上案例我们不难发现,对于某些环境科技议题,公众往往会有很多一般性的常识,但这些常识判断却未必是准确的。这一领域的报道最值得重视和最有说服力的还是科学证据。读者常常会被裹着公益、正义、创新、进步等外衣的报道而感动和激动,但作为一个记者,你需要学会从专业的角度独立思考,用事实说话,为读者提供理性的声音。

第二节　语态:煽情 VS 专业

如果你经常阅读中国媒体的环境科技报道,可能会发现,很多记者喜欢煽情的叙述,而不是专业、客观的表达,而且他们引用的信源也常常使用煽情的话语方式,这是一套常见的语态。这种语态在环境科技报道领域的效果很值得玩味:通过煽情,报道更能引起公众对环境事件的关注,并形成警醒;但这种语态又往往与简单化、缺乏严谨的新闻操作相伴而行,甚至导致以讹传讹的风险。

> **提问**
> - 回忆一些你所看过的报道,当涉及环境污染、食品安全、生态保护等话题时,记者或者主持人都会用怎样的语态来表述?

[①] 李虎军受邀于2012年12月27日到清华大学新闻与传播学院讲座,分享了这一观点。本章的"白酒业塑化剂危机"等案例的写作也得到了李虎军老师的启发,特此致谢。

一、煽情化的倾向

> • 案例：白酒业的塑化剂危机

2012年11月19日《21世纪网》刊登文章《致命危机：酒鬼酒塑化剂超标260%》。文章直呼：酒鬼酒有毒！[①]

在文章中，记者使用了许多煽情的表述，比如，"让人无法想象的是，酒鬼酒却存在意想不到的致命危险""酒鬼酒，业绩突飞猛进之时，却把大量带毒的酒不断抛向市场"。而对于塑化剂的危害，记者这样阐述："台湾大学食品研究所教授孙璐西认为塑化剂毒性比三聚氰胺毒20倍。长期食用塑化剂超标的食品，会损害男性生殖能力，促使女性性早熟以及对免疫系统和消化系统造成伤害，甚至会毒害人类基因。"

文章引起剧烈的舆论反响，除了酒鬼酒，还波及茅台、五粮液等诸多大牌白酒厂商，导致其股价迅速下跌。但具体而言，塑化剂的危害有多大？目前几大高端品牌白酒的塑化剂含量是否符合国内外相关部门的安全标准？饮用多少的高端品牌白酒，可能带来对身体的危害？塑化剂超标在食品行业是否非常普遍？文章则完全没有具体的证据。后来又有媒体采访了其他信源，提供了截然不同的专业解释。

这篇报道，也不能说是"谣言"——一些白酒企业在生产中的确有塑化剂超标的问题出现，但起码是夸大其词、以偏概全的。类似这样的报道，在环境科技议题中经常出现，兼之记者所使用的语态又甚为煽情，容易引起公众恐慌甚至社会连锁反应。非常值得警惕。

如果你对议题感兴趣，可以追溯关于该议题的报道，讨论哪些媒体报道体现了明显的煽情化倾向，而哪些媒体报道较为客观、克制与专业。哪些媒体成功说服了你，为什么？

事实上，煽情化的倾向并不仅仅体现在"表述风格"上，也通过采访方式、证据链的采集，以及结论的得出等多个环节得以呈现。

在"转基因争议""PX事件""毒疫苗事件"以及一些"食品安全事件"中，多次出现了引起公众轰动但在科学界内部众说纷纭的报道。这些报道可能都出于维护公共利益的用心，但却在"表述风格"与"证据采集方式"上存在煽情化倾向，导致报道在一定程度上偏离了科学证据，结果不但未能消弭观点上的对立冲突，而且带来更深的认知断裂。在这样的背景下，如何选取专业的报道题材，如何在报道的每一个环节以及叙述当中保持严谨与专业，显得尤为重要。

> • 案例：《转基因报告》调查纪录片

我们再来看一个案例。崔永元拍摄的《转基因报告》是一个好的报道吗？其中的报道语态是否具有科学性，还是过于煽情？

我们都知道，崔永元以鲜明的"反对"立场，参加了关于转基因的论战。在节目中，他采访了多位美国官员、学者、业界人士和民众。节目提供了很多有价值的信息，而且时时透露着对民众的关怀。但在播出之后，节目引起了不少专业上的争议。比如，采访人的提

[①] 李耳：《致命危机：酒鬼酒塑化剂超标260%》，载21世纪网，2012-11-19。

问方式具有引导性、受访人的权威性不足、取证过程和结论得出相对随意、证据链存在一定程度的前后矛盾等。①

请仔细观看节目,尤其着重分析报道的语态,看看它是否存在煽情、感性以及不够严谨的问题,从而导致了事实的简化与叙述上的漏洞? 或者,你深深地被节目的理想主义情怀打动,觉得所谓专业人士的批评实在过于吹毛求疵?

二、专业化的表达方式

案例:"地球一小时"

近年来,每到 3 月的最后一个周六,媒体都会有一个固定的新闻选题——"地球一小时"。你怎么看这样一个选题? 当我们重新思考环境科技报道的语态时,你如何选择自己的语态?

事实上,很多媒体在报道中也动用了各种煽情化的报道方式,对于参与人数的增长欢呼雀跃,对于各路明星在其中的活动津津乐道,但对于活动可能的益处与可能的影响却语焉不详。

当一群人称赞叫好时,也有一些人发出了异样的声音。他们提出,通过这一活动节约用电而减少碳排放的初衷值得肯定,但这一做法却可能违背科学规律,值得商榷,并列举了电网负载和电力系统运作原理等理由。②

乍一听,你是否会觉得第二种声音更为有理有据呢? 他们的反对是否切实合理呢? 这时,我们就需要更加专业的分析和判断。

在这个争议议题当中,果壳网的文章很值得关注。严格来说,这篇文章并不是报道,而是专业学者的专栏文章,但文章既带有新奇、时尚的元素,又呈现出专业的语态,让读者增长知识。我们看看果壳网的《谣言粉碎机》栏目是如何报道这一争议事件的。

地球一小时会损坏电网吗? (节选)

作者:潘龙,载果壳网《谣言粉碎机》栏目,2011-03-25

"地球一小时",节能减排吗?

"地球一小时"能减少的用电量主要是来自照明用电。据统计,照明用电量约占全国用电总量的 12%。这其中也只有部分用户参与了熄灯活动。因此,在活动中减少的电能消耗量是微乎其微的。2010 年"地球一小时"活动后,从北京市电力公司了解到的情况是,电网负荷并没有出现较大减少……

"地球一小时",对电网危害有多大?

有不少人担心,"地球一小时"参与者在同一时间开灯、熄灯,瞬时的电压波动很可能造成供电线路瘫痪。不过,这种极端情况几乎不可能发生。正如前面所分析的那样,"地球一小时"对电量变化的影响是微小的,它对电力系统的一些危害同样是微

---

① 感兴趣同学可以看知乎对于该话题的讨论。https://www.zhihu.com/question/22892142.
② 《地球一小时:请停止伪科学闹剧》,参见:http://www.sohu.com/a/8379721_115701.

乎其微的(两者间可能并没有完全构成因果关系)。

即便是出现了瞬间的同时开灯和熄灯,电力系统也不至于瘫痪。在发电机组与用户之间有着一个设计科学、功能强大的复杂的输电网络,这个多区域、多层级的网络无时无刻不在应对用电量的起伏变化。例如,城市交通照明的规模和开关的同时性都远超参与"地球一小时"活动的分散用户,但电力系统仍然保持着正常的运转……

如果说,上文只是一篇科普文章,而不是严格意义上的报道,那么我们接着来看《南方周末》的一篇报道。2005年4月,英国《旗帜晚报》的报道发出"牙膏可能致癌的警告"。作为一名环境科技记者,当你得到这样一个新闻线索,你会怎样看待和处理?是否应该抓紧跟进报道,将"警告"转达给公众?

我们一直在讨论是诉诸煽情还是诉诸专业的问题。在环境科技领域,当一个热点新闻引起了公众的关注,回到具体的研究人员、论文出处和科学证据本身去看一看,可能更为专业和严谨。在这个非常典型的案例中,《南方周末》采访了所谓"癌症警告"背后最核心的科学家,揭示之前相关的报道断章取义、缺乏科学常识的问题,并阐明国内媒体在事件中的不当操作所引起的公众恐慌。

谁制造了"牙膏信任危机"?(节选)

记者:李虎军,载《南方周末》,2005-04-21

……

"一篇非常差的新闻"

国内媒体的报道大多源自英国《旗帜晚报》(*The Evening Standard*,国内媒体普遍误译为《标准晚报》)4月15日的一篇报道。文章的标题极为醒目:《牙膏致癌警告》。

这篇文章从几个方面报道了事件的严重性。其一是发出"癌症警告":超市里出售的数十种牙膏被点名,受影响的还包括洗洁精和洗手液等抗菌清洁产品。其二是摆出"科学依据":美国弗吉尼亚理工大学研究人员发现这些产品中含有的三氯生,能够与水反应生成三氯甲烷。其三是介绍"产品下架":《旗帜晚报》调查发现,包括高露洁等品牌在内的数十种超市商品均含有三氯生,而马莎百货正在撤出所有含三氯生的商品。其四是提供"专家说法":世界自然基金(WWF)毒理学专家Giles Watson警告说,消费者如果不放心的话,最好的建议是避开含有这种化学物质的产品。

显然,这篇"有理有据"的科学报道给人的感觉就是在发出一个"癌症警告",但事实上并没有一个监管机构真正发出这种警告。主持相关研究的弗吉尼亚理工大学土木与环境工程系助理教授Peter Vikesland根本就不认同"牙膏致癌警告"的说法。

他告诉《南方周末》:"我们绝大部分研究工作采用的是纯化合物,仅仅对实际抗菌产品进行了有限的试验,尚未涉及到任何种类的牙膏产品。考虑到三氯甲烷的生成受到温度、三氯生浓度、水中氯的浓度、水的酸度等多种因素的强烈影响,认为使用含三氯生的牙膏会出现问题，是非常草率的。目前并没有理由发出警告，但应该开展进一步的研究工作。"对于马莎百货的撤货之举，Vikesland 则认为是反应过度。

他也对《旗帜晚报》的报道表示遗憾："这是一篇非常差的新闻——如果有人称其为新闻的话，它明显扭曲了我们的研究工作……"

"牙膏信任危机"

其实，美国和英国的主流媒体并未太多关注 Vikesland 等人的研究。但《旗帜晚报》的报道却通过网络很快引起了国内的关注。许多国内媒体由此采访专家，采访质检总局，采访高露洁牙膏的生产厂家，忙得不亦乐乎。但此刻绝大多数媒体似乎没有想到去查阅原始的研究论文，或是去采访 Vikesland 本人。

与《旗帜晚报》的报道相比，国内个别媒体的报道在某些方面有过之而无不及。例如，有的媒体将《旗帜晚报》自行调查的含三氯生的商品名录奉为"涉案产品名录"；有的媒体直接将高露洁全效牙膏定性为"含间接致癌物"。

就这样，在一份英国的非主流媒体以及国内诸多媒体的渲染之下，一场"牙膏信任危机"被制造出来。媒体不仅给公众带来了恐慌，而且导致一种不信任的气氛迅速蔓延。即使是一些专家也受到这种气氛的波及。中国疾病预防控制中心职业卫生与中毒控制所吴维皑教授等专家在媒体上对"高露洁牙膏致癌说"提出了质疑，马上就有一些网友怀疑这些专家是厂家利益的代言人。

……

总之，环境科技领域有太多充满争议、操作难度很高的议题，我们期待的是记者可以通过多种权威信源、科学证据以及专业化的方式推进科学对话的展开，形成更为严谨的证据链，从而得出理性、专业的结论，而不是出现各说各话，甚至断章取义的局面。

第三节　环境科技报道的贴近性

由于题材的高度专业性，环境科技报道常常让公众觉得"云里雾里"或者"高高在上"。在这样的背景下，记者对于题材的处理技巧尤为重要——通过恰当的操作，完全可以提升报道的"贴近性"。

一、深挖民生题材

许多媒体注意在题材选择上下功夫，深挖医疗健康、食品安全、城市环境规划、传染性疾病、空气污染以及重大化工项目等与民生息息相关的题材，借此引起公众的关切。

传统的环境科技记者，相对更为强调科学界内部的认知突破与理论发展。但是，这样的路径决定了报道难以有广泛的公众影响。而当具有强烈民生色彩的环境科技题材与重大新闻相结合时，就会产生更大的传播效果。

《中国青年报》3 位记者刘星、何林璘、卢义杰的报道《你身边潜伏的化学危险源》，获得了 2016 年最佳环境报道奖之"最佳深度报道奖"，评委会的颁奖词强调了该报道与民生之间的密切关联："天津港大爆炸，令不少港口城市的居民不安，自己是不是离危险化工产品仓库也很近?《中国青年报》特派记者刘星、何林璘、卢义杰赴上海、宁波、青岛这3个中国最重要的港口,历时一个月调查发现,相当多危险源突破了与居民区之间1000米的安全红线。这是一个重大的安全隐患,却一直被人忽略。《中国青年报》的报道分析了1000米安全红线没有落实的原因,并提出了制度上的建设性意见。这些媒体人的工作,真正体现了普利策所说的记者的责任。"①

当然,如上一章我们提及的《财新周刊》的封面报道《镉病将至》,深挖具有民生色彩的环境科技题材,也应该巧妙借助于主流科学观点,并结合细致、专业的调查,从而得出恰当的结论。

二、寻求议题的社会与政策内涵

由于很多环境科技议题的发展牵涉了诸多的商业利益或公共政策的因素,记者有时难以在纯粹的科学范畴当中对其进行阐释和报道,因此,一些记者就在经典的环境科技报道题材中融入宏观的社会视角,或者带入调查性报道、时政报道的手法,从而让报道具有更为广泛的关注度。

在果壳网主办的科学报道工作坊中,曾以"聊'医'事,长'医'智"为主题,邀请多位资深媒体人和专家一起讨论健康报道的话题,其中时任财新传媒资深记者的戴廉就细致论述,为何在健康报道当中往往同时涉及科学与政治等不同的维度,并总结了自己的报道经验。比如,要彰显"健康议题当中的程序正义""挖掘议题背后的制度缺陷",并且"在可能的情况下,提一些制度性的解决方案"。这个谈话很有启发性,建议大家可以找来仔细阅读。②

当然,如何在"科学"与"政治"的不同视角当中加以平衡,非常考验记者的功力。理想的状态是,记者需要熟悉相关的专业知识,但又主动超越"科学"的范畴,追问科学议题背后的利益链条与政策安排。这样,才能更好地为科学报道带入宏观的社会和政治视角,而不是脱离了科学知识谈政治与制度。其中的尺度与边界甚为微妙。

《南方周末》曾在2004年发表了一篇引起轰动的转基因报道《转基因稻米:13亿人主粮后的利益悬疑》。③ 记者刘鉴强没有过多聚焦于转基因稻米是否对人体有害以及是否适合商业化这个科学话题,而是紧扣"程序正义和利益透明"这一报道主线,运用调查性报道的方法追问转基因商业化背后的利益链条——那些极力支持商业化的科学家背后是否有利益纠葛?学术界内部为何分化?学术研究与政策讨论的流程是否公开公正?请仔细阅读这篇影响深远并具有一定争议性的报道,看看其报道主题、处理手法和信源的选择有怎样的特点?你会赞成这样的报道手法吗?你也可以与上一章讨论的《三联生活周刊》的转基因报道进行对比。

---

① 参见2016年最佳环境报道奖之"最佳深度报道奖"评委会颁奖词:http://news.sina.com.cn/c/nd/2016-05-27/doc-ifxsqxxs7782645.shtml
② 第4期科学报道工作坊:《"聊'医'事,长'医'智"》,来源:果壳网主办的科学传播训练营,本段内容为戴廉讲述。参见:http://s-camp.songshuhui.net/2011/12/s-workshop004/。
③ 刘鉴强:《转基因稻米:13亿人主粮后的利益悬疑》,载《南方周末》,2004-12-09。

三、让报道更好读

在环境科技报道中,往往牵涉较多的专业知识,甚至复杂的概念,因此,背景知识的引入变得非常重要。那么,如何才能让大量的专业术语和背景信息巧妙融入报道之中,不至于让文章变得艰涩、拗口呢?

首先,我们要尽量让背景知识融入新闻故事当中,尝试由人物故事、细节和情感来带动背景知识。换言之,虽然在环境科技题材中,记者通常都是运用解释性报道的写作方式来突显证据和数据,但仍然可以借用一些"特稿写作"的技巧,以免开篇部分就出现大段的背景知识。

当然,更多的情况下,很难在环境科技报道中呈现一个冲突性很强的故事,记者可以考虑引入一些叙述者、场景描写和生活中的小故事,随后再展开对主题和背景的阐述,并且有意识地在其中穿插一些有趣的内容,形成阅读上的节奏变化。

其次,注意凸显报道的逻辑线索,让逻辑的力量牵引读者。在这样的报道中,作者通常可以多提出问题,再用通俗易懂的语言由浅入深地展开对背景知识的叙述,带领读者一起寻求答案。

上述两种方法在以下文章中得到了体现,请加以体会。

雾霾健康研究里的"雾霾"三十"难"立

记者:汪韬,载《南方周末》,2013-03-29

大气污染对健康有什么危害?

中国至今尚缺乏掷地有声的系统性研究,特别是针对有"中国特色"的大气污染。原中国预防医学科学院(现为中国疾控中心)研究员何兴舟在三十多年前就负责了一项全国研究,然而时至今日,已届耄耋之年的老先生依然在念叨:"要加强基础资料的积累。"

……

最需要的,却是最缺乏的

"大气污染健康效应研究,国家关注得晚了一点。"潘小川叹了口气。

这位北京大学公共卫生学院教授在本科时就开始研究大气污染和肺癌的关系,三十多年里,他本已偏离这一领域。如今他又被雾霾"刮回来了"。

2012年年底,他与国际环保组织"绿色和平"联合发布了针对PM2.5健康损失的研究报告。结果显示,2012年北京、上海、广州、西安四城市因PM2.5污染造成的早死人数将高达8572人。近日,他正在计算1月份北京雾霾导致的超额死亡人数。

……

在全球影响疾病负担因素的定期报告中,2000年,"城市室外空气污染"排在第十六位。最新的报告是对2010年的数据进行分析,报告尚未公布,据接触报告的专家透露,这个指标改名为"室外颗粒物污染",升至第八。

中国尤为严重。这一指标在中国的排名竟升至第四。

在各类空气污染物中,粒径小、组分复杂的颗粒物PM2.5目前最受重视。PM2.5

的危害可分为急性和慢性效应。前者如1月份雾霾导致的咳嗽、眼睛刺激、呼吸系统和心血管病症状加重。我国目前绝大部分研究集中于此。

后者是PM2.5的长期健康危害。长期暴露于高浓度PM2.5中,健康人群也会增加呼吸系统疾病、心血管系统疾病和肺癌的患病风险,风险远大于短期健康危害。

研究慢性影响需慢工出细活,跟踪大量的人群,长期监测,这在学术界被称为队列研究。对PM2.5最经典的队列研究来自美国哈佛大学和美国癌症协会:PM2.5的年平均浓度每增加10微克/立方米,全病因死亡率、心血管病死亡率和肺癌死亡率分别上升4%、6%和8%。

队列研究是长期的工作。在我国,至今仅有复旦大学公共卫生学院开展了一次回顾性队列研究。然而,因为仅有TSP(总悬浮颗粒物)数据,研究者根据TSP乘以0.5变为PM10,再乘以0.6得出PM2.5浓度。

这也正是中国目前最急需的大气污染健康效应研究。业内已经呼吁了多年。"目前为止,我还不知道国内有人在做。"复旦大学公共卫生学院教授阚海东说,"一般国家自然基金只支持三四年,但队列研究通常需要跟踪十年以上。"

再次,可以将大量的背景知识用图表、视频甚至数据新闻的方式加以呈现,这会让我们的环境科技报道更加清晰且更贴近读者。这几年,信息可视化在全球范围内流行起来,就是因为它往往能够用一目了然的形式来呈现巨大的信息含量,达到文字表述难以取得的效果。

还有很多环境科技记者提出要让"科学变得简单",比如,使用类比、比喻的手法,巧妙地将数字形象化,将概念简单化,等等。① 这都是很重要的科学写作的技巧,学者们的总结也比较完整,在此不加以赘述。

小 结

今天,社会化媒体正变得越来越活跃,然而信息的极大丰富也意味着鱼龙混杂。尤其在重大的环境科技议题中,公众更是期待看到专业、权威、关乎切身利益而且容易理解的报道。在这个新兴领域中,记者的报道理念、立场、观点、专业判断、语态,乃至表达技巧都面临巨大的挑战,因而需要探索不同的实践范式。

本章重点讲述了三个关键词:(1)专业判断。环境科技记者应该努力摆脱固有常识的束缚,要更多运用科学的证据来形成判断。(2)语态。运用理性、专业的语态,对于时常引起争议的环境科技报道来说至关重要。(3)贴近性。记者也得注意题材选取和表达方式,从而在报道的专业性和贴近性之间获得平衡。

---

① NadiaEl-Awady:《世界科学记者联盟在线教程》第四章"写作技巧",叶轶译,http://www.wfsj.org/course/ch/L4/L4P07.html。

【课后习题】

1. 如文中所说,请追溯关于"白酒行业塑化剂危机事件"的报道,思考哪些媒体报道体现了明显的煽情化倾向,而哪些媒体报道较为客观、克制与专业?哪些媒体成功说服了你,为什么?

2. 浏览果壳网等新兴科普网站的报道,尝试从简单的科普文章里获得写作的灵感,总结如何才能使你的环境科技报道既好看又专业。

3. 假如你对都市里可能存在的"自来水污染"现象感兴趣,试着寻找一个故事线索,并且将你搜集到的科学数据制作成易于读者理解的图表。

参考文献

专著

彼得·M.韦德曼、马丁·克劳伯格、霍尔德·舒茨:《领会复杂风险事件的放大:应用于电磁场案例的风险情境模式》,载尼克·皮金、罗杰·E.卡斯帕森、保罗·斯洛维奇编:《风险的社会放大》,谭宏凯译,北京,中国劳动社会保障出版社,2010。

伯恩哈德·里格尔(Bernhard Rieger):《人民的车:大众甲壳虫的全球史》,剑桥,哈佛大学出版社,2013。

查尔斯·扎斯特罗(Charles Zastrow)著:《社会问题:事件与解决方案》(第5版),罗玲等译,北京,中国人民大学出版社,2010。

晨曦:《转型期中国人物报道创新研究》,南京师范大学硕士学位论文,2011。

邓晓璐:《〈南方周末〉绿色版新闻文本的框架研究》,西北大学硕士学位论文,2013。

傅海:《我国调查性报道的现状、问题及对策研究——以〈南方周末〉为例》,武汉大学硕士学位论文,2005。

郭忠华、刘训练编:《公民身份与社会阶级》,南京,江苏人民出版社,2007。

黄澄:《王克勤调查报道的模式分析》,黑龙江大学硕士研究生学位论文,2015。

克莱顿·克里斯坦森、迈克尔·雷纳:《创新者的解答》,李瑜偲、林伟、郑欢译,北京,中信出版社,2010。

李希光、孙静惟、王晶:《新闻采访写作教程》,北京,清华大学出版社,2011。

刘海贵:《新闻采访写作新编》,上海,复旦大学出版社,2004。

梅尔文·门彻:《新闻报道与写作》(第9版),展江 主译,北京,华夏出版社,2003。

密苏里新闻学院编:《新闻写作教程》,北京,新华出版社,1986。

庞井君主编:《中国视听新媒体发展报告(2013)》,北京,社会科学文献出版社,2013。

彭艳萍:《叙事视野中的〈三联生活周刊〉文化报道》,兰州大学硕士学位论文,2009。

汝信、陆学艺等编:《中国社会形式分析与预测》,北京,社会科学文献出版社(2011、2012、2013 版)。

吴荣娜:《我国环境报道发展过程中的问题与分析》,河北大学硕士学位论文,2004。

于美娜:《人民日报与纽约时报科技新闻比较研究》,湖南大学硕士学位论文,2010。

张洁、吴征编著:《调查新闻调查》,北京,文化艺术出版社,2006。

张力生、胡志刚:《钢铁大王是怎样炼成的》,南京,凤凰出版社,2010。

张志安:《深度报道:理论、实践与案例》,北京,高等教育出版社,2015。

仲伟志:《江南转型——一个记者的十年江浙观察》,青岛,青岛出版社,2012。

《理解与使用数据》,来源:果壳网所编辑的《科学写作指导手册》。参见:http://s-camp.songshuhui.net/2011/09/a-field-guide-for-science-writers0103/。

Beck, U. *Risk society: towards a new modernity*, London: Sage. 1992.

Kingdon, J. W. *Agendas, alternatives, and public policies*. Boston: Little, Brown. 1984.

NadiaEl-Awady:《世界科学记者联盟在线教程》第四章"写作技巧",叶轶译。

Rober L. Heath. *Strategic issues management: organizations and public policy challenges*. CA: Sage Publications Inc. 1997.

期刊

白红义：《环境抗争报道的新闻范式研究——以三起邻避冲突事件为例》，载《现代传播》，2014(1)：45～50。

陈中小路：《谁的5100：感谢百度感谢谷歌》，载《南方传媒研究31》，广州，南方日报出版社，2011。

杭敏：《传统媒体财经报道中的信息图像可视化——以华盛顿邮报为例》，载《新闻与写作》，2015(1)：29～32。

何舟、陈先红：《双重话语空间：公共危机传播中的中国官方与非官方话语互动模式研究》，载《国际新闻界》，2010(8)：21～27。

金琛、张贤、冯慧珠：《美国哥伦比亚大学新闻教育的改革实践》，载《新闻战线》，2017(7)下：127～128。

李虎军：《了解科学界的潜规则》，载《中国记者》，2009(12)。

李守仲：《何谓商业新闻？》，载《新闻战线》，1991(1)：22～23。

林珊珊：《马航事件中，作为一名人物记者……》，载《南方传媒研究47》，广州，南方日报出版社，2014。

林珊珊：《唐慧案中的困局和困惑》，载《南方传媒研究49》，广州，南方日报出版社，2014。

刘翼：《全媒体时代更需要"专家型记者"》，载《青年记者》，2016(28)：63。

马骏：《"国进民退"五大案例背后》，载《中国经济周刊》，2010(12)。

欧逸文(Evan Osnos)：《纽约客的采写规范》，载《读库1200》，北京，新星出版社，2011。

王积龙：《环境新闻发展涨红的问题与对策——"环境保护新闻与传播"高端研讨会综述》，载《新闻记者》，2011(6)：76～79。

夏德元、白红义、张燕：《专家型记者：新机遇与新挑战》，载《传媒评论》，2014(5)：39～41。

徐学江：《提高突发事件报道总体水平的关键》，载《中国记者》，2000(2)：4～6。

尹鸿：《意义、生产与消费——当代中国电视剧的政治经济学分析》，载《现代传播》，2001(4)：1～7。

曾繁旭、林珊珊：《调查报道的信源突破：专业常规与替代策略》，载《新闻记者》，2014(2)。

曾繁旭、戴佳、杨宇菲：《风险传播中的专家与公众：PX事件的风险故事竞争》，载《新闻记者》，2015(9)：69～78。

曾繁旭、王宇琦：《风险社会语境与媒体的"再专业化"》，载《青年记者》，2015(1)。

曾繁旭、林珊珊：《人物报道的视角选择：以民间人物为例》，载《新闻与写作》，2015(10)。

曾繁旭、林珊珊：《公众人物的报道视角》，载《新闻与写作》，2015(11)。

曾繁旭、林珊珊：《人物报道的坐标系与故事主线》，载《新闻与写作》，2016(3)。

曾繁旭、彭毅文：《时代符号VS个人细节：延展性人物的报道视角》，载《新闻与写作》，2016(1)。

曾繁旭、陈之琰：《商业报道的专业性：分析框架与问题意识》，载《新闻与写作》，2016(6)。

曾繁旭、陈小瑾：《商业人物报道的方法选择》，载《中国记者》，2009(9)。

曾繁旭：《文娱报道的脉络感与纵深感》，载《新闻与写作》，2019(5)。

庄永志：《〈焦点访谈〉何以失焦》，载《青年记者》，2013(21)。

庄永志：《从监督到解释：〈焦点访谈〉的策略选择》，载《青年记者》，2018(22)。

Bardoel, J., & Deuze, M. *Network Journalism: converging competences of old and new media professionals. Australian Journalism Review*, 2001(2): 91-103.

Porter, M. E. *Strategy and the Internet. Harvard Business Review*, 2001(3): 63-78.

媒体报道

包丽敏、李润文:《无声的世界杯》,载《中国青年报》,2006-07-12。
包丽敏、张伟、蒋韡薇、徐百柯、郭建光、王波:《北京时间拨快30秒》,载《中国青年报》冰点特稿,2008-07-30。
曹玲:《转基因玉米致癌风波》,载《三联生活周刊》,2012(41)。
柴会群:《谁杀死了李丽云?"丈夫拒签手术致孕妇死亡案"再调查》,载《南方周末》,2009-05-04。
柴会群、邵克:《什么造就了唐慧》《"永州幼女被迫卖淫案"再调查——唐慧赢了,法治赢了没?》《卖淫店老板"假立功"真相》,载《南方周末》,2013-08-01。
柴静:《旁观者周星驰》,中央电视台《看见》栏目,2013年2月25日。
柴静、范铭:《命运的琴弦》,中央电视台《新闻调查》栏目,2004年4月5日。
柴静、范铭:《生死时速》,中央电视台《看见》栏目,2013年3月18日。
柴静、范铭:《注射隆胸》,中央电视台《新闻调查》栏目,2005年10月24日。
陈磊:《谁成就了顾雏军》,载《南方人物周刊》,2005(20)。
陈磊:《张海超:以命相搏,开胸验肺》,载《南方人物周刊》,2009(32)。
陈中小路:《谁的5100? 中国第一高端矿泉水八层股权嵌套之谜》,载《南方周末》,2011-07-08。
崔筝、蒋昕捷:《中国PX出路》,载财新传媒《新世纪》,2011(41)。
戴廉:《"聊'医'事,长'医'智"》,果壳网主办的科学传播训练营第4期科学报道工作坊。
丁伟:《记录光荣,放大梦想:一本杂志,以及它承载的商业史》,载《中国企业家》,2005(24)。
冯青:《兰世立:东星五年由盛而衰》,载《第一财经日报》,2010-04-12。
何瑫:《每个帝国都有它的秘密:鹿晗的粉丝帝国》,载《GQ智族》,2015(12)。
何伊凡、张刚:《郭台铭走出紫禁城》,载《中国企业家》,2010(12)。
胡舒立、王烁:《王志东沉没》,载《财经》,2001(7)。
鲸书:《惊惶庞麦郎》,载《人物》杂志,2015(1)。
困困:《路金波和他嚣声作响的出版王国》,载《GQ智族》,2010(2)。
赖芳:《潮人都爱奥巴马》,载《南方周末》,2008-11-27。
李冰清:《黄耀明:少数派报告》,载《GQ智族》,2012(5)。
李耳:《致命危机:酒鬼酒塑化剂超标260%》,载21世纪网,2012-11-19。
李攻:《日照钢铁被国有化,老板杜双华冒险出击洽购石钢》,载《21世纪经济报道》,2009-12-22。
李海鹏:《举重冠军之死》,载《南方周末》,2003-06-19。
李鸿谷、金焱:《秘书的权力》,载《三联生活周刊》,2002(20)。
李虎军:《谁制造了"牙膏信任危机"?》,载《南方周末》,2005-04-21。
李静:《健力宝之父李经纬因贪污公款买保险获刑15年》,载《新京报》,2011-11-05。
李宗陶:《中国制造:欲望时代的干露露们》,载《南方人物周刊》,2013(11)。
林珊珊:《唐慧的漩涡》,载《南方人物周刊》,2014(21)。
林珊珊:《小城拳击队》,载《南方人物周刊》,2013年(12)。
林珊珊、陈之琰:《李开复的中国逻辑》,载《南方人物周刊》,2013(29)。
林珊珊、杜强:《九号院的年轻人》,载《南方人物周刊》,2013(28)。
林珊珊、李玲利:《"搜索"杨达才》,载《南方人物周刊》,2012(31)。
林珊珊、申文静、石慧:《第84号乘客》,载《南方人物周刊》,2014(8)。
刘斌、宋凌燕、夏以华:《温家宝从政往事》,载《南方周末》,2013-03-07。

刘虹桥：《镉病将至》，载《财新周刊》，2013(21)。
刘鉴强：《转基因稻米：13亿人主粮后的利益悬疑》，载《南方周末》，2004-12-09。
刘书润：《植树造林"神话"如何打破？》，载《财新网》，2012-10-19。
刘涛：《三一的"重基因"》，载《中国企业家》，2008(6)。
刘欣然：《陈平：五十岁的新长征》，载《南方人物周刊》，2009(20)。
刘子超、易立竞：《毕业十年：章子怡和她的同学们》，载《南方人物周刊》，2010年总第207期。
鲁伟、刁晓琼：《何享健：美的绝对不会搞成家族企业》，载《财经》杂志，2012年1月4日。
罗文胜：《阿拉善追沙者说：如"精卫填海"般治沙》，载《21世纪经济报道》，2011-11-22。
马昌博：《"黑砖窑"风暴眼中的山西官员》，载《南方周末》，2007-07-04。
马昌博：《你所不知道的"两会"——年度政治盛宴细节观察》，载《南方周末》，2009-03-12。
马金瑜：《蜂巢人生》，载《南方都市报》，2012-11-21。
马青、林珊珊：《几度琼瑶红》，载《南方人物周刊》，2007(21)。
欧逸文(Evan Osnos)：《废纸女皇》，载《纽约客》，2009年3月30日。
欧逸文(Evan Osnos)：《禁区》，载《纽约客》，2009年7月20日。
潘龙：《地球一小时会损坏电网吗？》，载果壳网《谣言粉碎机》栏目，2011-03-25。
潘文(John Pomfret)：《A New Gloss On Freedom》，载《华盛顿邮报》，2003-12-06。
平客：《一个贫困县的摇滚音乐节》，载《南方周末》，2009-08-13。
覃敏、于宁：《乐视疯狂找钱》，载《财新周刊》，2015(13)。
屈运栩、郑丽纯、刘晓景等：《网约车监管冲击波》，载《财新周刊》，2016(43)。
是钟寅、施忆：《PX词条被篡改为"剧毒"清华化工学生反击》，载《人民日报》，2014-04-06。
苏小和：《柳传志的坚持与进退》，载《南方人物周刊》，2008(33)。
苏小和：《声声叹息荣智健》，载《南方人物周刊》，2009(17)。
苏小和：《王石：一座正在坍塌的偶像》，载《南方人物周刊》，2008(17)。
孙春艳：《荣智健谢幕：一个家族的百年》，载《中国新闻周刊》，2009(14)。
汪韬：《雾霾健康研究里的"雾霾"三十"难"立》，载《南方周末》，2013-03-29。
王小飞：《公民吕海翔的"不寻常"死亡》，载《南方周末》，2004-07-08。
王晓峰：《邓丽君和我们的一个时代》，载《三联生活周刊》，2005(17)。
王晓峰：《邓丽君十周年祭：何日君再来》，载《三联生活周刊》，2005(17)。
王晓峰：《娱乐至上时代的三台演义——卫视的战争》，载《三联生活周刊》，2013(13)。
吴虹飞：《春树：〈时代〉封面上的中国女孩》，载《南方人物周刊》，2004-07-31。
吴敏、林其玲：《柳传志持有联想控股3.4％股份》，载《新京报》，2012-04-18。
徐和谦：《Uber创始人确认将在中国正式组建本土公司》，载财新网，2015-07-01。
徐丽宪、杨静茹：《孤独仇和》，载《南方人物周刊》，2015(8)。
徐琳玲：《商人朱骏：一个人的掘金游戏》，载《南方人物周刊》，2008(8)。
许知远：《李东生——静悄悄的革命者》，载《经济观察报》，2003-07-14。
杨波：《韩国鸟叔，征服了全世界》，载《南都娱乐周刊》，2012-10-15。
杨澜：《胡舒立访谈》，电视栏目《杨澜访谈录》，2009年11月14日。
杨琳桦：《"汉芯一号"造假案：陈进与Jin Chen的对敲游戏》，载《21世纪经济报道》，2006-02-18。
杨潇：《PK》，载《南方人物周刊》，2011(1)。
叶檀：《世上再无兰世立式的"灰商"》，载《南方都市报》，2011-03-24。
叶文添、唐清建、张曙光等：《娃哈哈与达能纠纷真相》，载《中国经营报》，2007-08-31。

易立竞：《病人崔永元》，载《南方人物周刊》，2005(19)。
袁蕾：《你不会懂得我伤悲——杨丽娟事件观察》，载《南方周末》，2007-12-27。
袁蕾：《我还是没敢告诉杨丽娟》，载《南方周末》，2012-12-27。
袁一泓：《潘石屹：被放大的透明度》，载《南方人物周刊》，2007(27)。
袁越（土摩托）：《转基因报道的媒体呈现》，载作者新浪博客，2012-09-05。
曾繁旭：《白岩松：改革者还是守成者》，载《南方人物周刊》，2007(19)。
曾繁旭：《被兴奋剂改变的命运——宁夏举重队禁赛前后》，载《南方人物周刊》，2004-12-31。
曾繁旭：《刘德华与香港电影二十年》，载《南方人物周刊》，2005(18)。
曾繁旭、陈磊：《杨振宁的多重世界》，载《南方人物周刊》，2005(1)。
曾繁旭、蒋志高：《厦门市民与 PX 的 PK 战》，载《南方人物周刊》，2008(1)。
曾繁旭、梁慧敏：《李静：我更愿意亲近野兽》，载《南方人物周刊》，2005(19)。
张欢：《"橙王"褚时健》，载《南方人物周刊》，2012(6)。
张力：《最富争议的市委书记》，载《南方周末》，2004-02-05。
张亮：《你所不知道的李嘉诚》，载《环球企业家》，2006(10)。
张小平：《李彦宏的"影子敌人"》，载《南方人物周刊》，2008(29)。
张卓：《正确先生》，载《人物》杂志，2012(9)。
仲伟志：《沈文荣：苏南模式守望者》，载《经济观察报》，2002-12-30。
朱红军：《细节中的"老卫"》《前海南省委书记卫留成回望八年海南为官心路》，载《南方周末》，2012-10-12。
Hannah Beech：《80 年代出生——中国的新"激进"分子》，载《时代周刊》，2004-02-02。

致　　谢

本书引用了不少媒体的报道，其中部分是本书作者的作品，更多则来自媒体同行，借此我们要特别感谢相关报道的记者、编辑以及媒体机构。为了尊重版权，我们通常只节选报道的一小部分内容，并用特殊的字体加以标识。不仅如此，我们在最显眼的位置注明媒体机构、记者与出版日期，希望能更准确地凸显作品的来源，并且更充分地表达敬意，也便于读者进一步检索。尽管如此，书中的处理可能仍有疏漏之处，也欢迎朋友们告知，以便我们在将来进一步完善。

我们曾邀请多位知名记者来清华大学分享心得，包括李海鹏、范铭、陆晖、李虎军、牛文文、刘鉴强、刘万永、易立竞、杨潇、胡蓉萍等。他们的到访，对本书的写作有很多启发，在此向他们致谢。为了更好地阐释书中一些案例的生产过程，我们还采访了若干位记者、编辑，也一并致谢，访谈内容在文中都加以标识。

谢谢本书的合作者林珊珊和庄永志。他们两位有非常丰富的行业经验，正是得益于他们的参与，这本书增色许多。要特别感谢清华大学新闻与传播学院的毕业生陈之琰，她为本书的写作提供了诸多的帮助。此外，也对王宇琦、陈晓波、杨洁、王妍、刘明瑶等几位同学表示深深的谢意。

最后，谢谢本书的编辑纪海虹，如果不是她反复鼓励、催促，本书可能还要无限期拖延。

曾繁旭